Agrippina J. Waganowa
Grundlagen des Klassischen Tanzes

Agrippina J. Waganowa

Grundlagen des Klassischen Tanzes

HENSCHEL

Redaktionelle Notiz zu den Illustrationen:
Bei einigen Zeichnungen bleibt die Bewegungskoordination der Arme unberücksichtigt. Damit wird der russischen Originalausgabe entsprochen. Aus dem Original wurden auch die dargestellten Phasen übernommen. Sie sind nicht identisch mit der musikalischen Akzentuierung. Ziffern unter den Figurinen geben einen möglichen musikalischen Akzent an. Ein Pfeil kennzeichnet die Abfolge der Bewegung.

Bibliografische Information der Deutschen Nationalbibliothek
Die Deutsche Bibliothek verzeichnet diese Publikation in der Deutschen Nationalbibliografie; detaillierte bibliografische Daten sind im Internet über http://dnb.dnb.de abrufbar.

ISBN 978-3-89487-418-6

Titel der russischen Originalausgabe:
А. Я. Ваганова: »Основы классиесково танца«
Ґосударственное издатеЛьство »Искусство«, 1948

8. Auflage 2025, Henschel Verlag
in der E. A. Seemann Henschel GmbH & Co. KG, Leipzig

Übersetzer und Bearbeiter: Jochen Scheibe
Illustrationen: Michael Schulze
Fachliche Beratung: Ursula Kirsten-Collein
Umschlaggestaltung: Ingo Scheffler, Berlin
Titelbild: © Mario Perricone
Satz und Gestaltung: Grafikstudio Scheffler, Berlin
Druck und Bindung: MultiPrint Ltd.
Printed in the EU

www.henschel-verlag.de

Inhalt

Vorwort zur deutschen Neuauflage 11

Vorwort 15

Vorwort zur dritten russischen Auflage 19

Aufbau der Unterrichtsstunden 23

Die Grundbegriffe des Klassischen Tanzes 33
Die Positionen der Füße 33
Plié 34
Épaulement 37
Die Begriffe croisé und effacé 38
  Croisé 38
  Effacé 39
Drehungen en dehors und en dedans 39
  En dehors 39
  En dedans 40
Standfestigkeit (Aplomb) 42

Battements 44
Battement tendu 44
  Battement tendu simple 44
  Battement tendu jeté 46
  Battement tendu pour batterie 47
Grand battement jeté 48
  Grand battement jeté pointé 49
  Grand battement jeté balancé 49
Battement frappé 50
  Battement double frappé 51

Petit battement sur le cou-de-pied ... 51
Battement battu ... 52
Battement fondu ... 52
Battement soutenu ... 53
Battement développé ... 54
Battement développé tombé ... 55
Battements divisés en quarts ... 56

Kreisbewegungen des Beines ... 58
Rond de jambe par terre ... 58
Rond de jambe en l'air ... 59
Grand rond de jambe jeté ... 60

Die Arme ... 62
Positionen der Arme ... 62
Vorbereitende Position ... 62
I. Position ... 63
II. Position ... 63
III. Position ... 63
Port de bras ... 64
Beispiele für die Beteiligung der Arme bei Übungen ... 72
Beispiele von Übungen an der Stange ... 72
Temps lié (im Freien) ... 73

Körperhaltungen des Klassischen Tanzes ... 76
Attitudes ... 76
Attitude croisée ... 77
Attitude effacée ... 77
Arabesques ... 78
1. arabesque ... 78
2. arabesque ... 79
3. arabesque ... 79
4. arabesque ... 80
Écarté ... 81

Verbindende und Hilfsbewegungen 82
Pas de bourrée 82
Pas de bourrée (mit Wechsel der Füße) 82
Pas de bourrée (ohne Wechsel der Füße) 84
Pas de bourrée dessus-dessous 85
Pas de bourrée en tournant 87
Pas couru 89
Coupé 89
Flic-flac 89
Flic-flac en tournant 90
Passé 91
Temps relevé 91
Petit temps relevé 91
Grand temps relevé 92

Die Sprünge 94
Changement de pieds 97
Petit changement de pieds 97
Grand changement de pieds 97
Pas échappé 98
Petit échappé 98
Grand échappé 99
Pas assemblé 100
Pas jeté 103
Grand jeté 104
Jeté fermé 105
Jeté mit Bewegung zur Seite in halben Drehungen .. 106
Jeté passé 107
Jeté renversé 109
Jeté entrelacé 110
Jeté en tournant par terre 111
Jeté en tournant 112
Soubresaut 113
Sissonne 114
Sissonne simple 114
Sissonne ouverte 114
Sissonne fermée 115
Sissonne fondue 116
Sissonne tombée 116
Sissonne renversée 117
Sissonne soubresaut 117

Rond de jambe en l'air sauté 118
Pas de chat 119
Pas de basque 120
Grand pas de basque 121
Saut de basque 123
Gargouillade 123
Pas ciseaux 124
Pas ballotté 125
Pas ballonné 127
Pas chassé 129
Pas glissade 129
Pas failli 131
Pas emboîté 132
Pas emboîté en tournant 132
Pas balancé 133
Cabriole 134

Batterie 136
Pas battus 137
Entrechats 138
Royal 138
Entrechat quatre 138
Entrechat six 138
Entrechat huit 139
Entrechat trois 139
Entrechat cinq 139
Entrechat sept 139
Entrechat de volée 140
Brisé 140

Der Spitzentanz 144

Touren 152
Vorbereitung für das Studium 152
Touren von einer préparation dégagée 156
Touren aus der IV. Position 157
Touren aus der V. Position 159
Touren in attitude, arabesque und anderen Haltungen . 161

Touren à la seconde in Höhe von 90° aus der II. Position ... 162
Touren aus dem tiefen plié der V. Position ... 164
Tours chaînés ... 165
Tours en l'air ... 166
Allgemeine Bemerkungen über Touren ... 167

Andere Arten von Drehungen ... 169
Drehungen im adagio ... 169
Renversé ... 169
Fouetté en tournant in Höhe von 45° ... 171
Grand fouetté ... 172
Grand fouetté en tournant ... 174
Grand fouetté en tournant sauté ... 175

Erstes Beispiel einer Unterrichtsstunde ... 176
Exercice an der Stange ... 176
Pliés in den fünf Positionen ... 176
Battements tendus ... 176
Battements fondus und frappés ... 176
Ronds de jambe ... 176
Battements battus und petits battements ... 177
Développé ... 177
Grands battements jetés balancés ... 178
Exercice im Freien ... 178
Petit adagio ... 179
Grand adagio ... 180
Allegro ... 180
Übungen auf Spitze ... 181

Zweites Beispiel einer Unterrichtsstunde ... 182
Exercice an der Stange ... 182
Pliés in den fünf Positionen ... 182
Battements tendus ... 182
Ronds de jambe par terre und grands ronds de jambe jetés ... 182
Battements fondus und frappés ... 183
Ronds de jambe en l'air ... 183

Petits battements 184
Battements développés 184
Grands battements jetés 185
Exercice im Freien 185
Übung I 185
Übung II 185
Battements tendus 186
Battements fondus und frappés (kombiniert) 187
Großes adagio 187
Allegro (Sprünge) 188
Übung I 188
Übung II 188
Übung III 189
Übung IV 189
Übungen auf Spitze 190
Übung I 190
Übung II 191
Übung III 191

Vorwort zur deutschen Neuauflage

Wenn wir den Namen Waganowa hören, denken wir sofort an ein Lehrsystem, das alle Schritte und Bewegungen des Klassischen Tanzes in sich vereint. Ein System, das uns die Sicherheit verleiht, das Richtige zu lehren und zu lernen. Denn wir alle wissen, dass die größten Ballerinen der Vergangenheit und Gegenwart und die berühmtesten Ballettensembles nach diesem System lernten und trainierten. Längst hat das Waganowa-System in die Ballettsäle und Schulen Europas und darüber hinaus Einzug gehalten. Es existiert neben anderen, bewährten Lehrsystemen Frankreichs, Italiens, Englands, und alle inspirieren sich gegenseitig und erfahren auf diese Weise ständige Bereicherung. Dies ist ganz im Sinne der großen Pädagogin Waganowa. Sie liebte Entdeckungen und nahm sie mit Freude in ihre eigene Arbeit auf.

Basierend auf ihren eigenen Erfahrungen als Tänzerin und Pädagogin entwickelte sie ein Unterrichtssystem des Klassischen Tanzes. 1932 erschien der erste Sammelband ihres Lehrprogrammes, das verbindlich für alle Ballettpädagogen ihres Landes wurde. »Der Klassische Tanz ist keine Technik, er ist eine Kunstsprache, erfüllt von Inhalt und Seele«, das sind ihre Worte, und dahinter steckt ein ganzes Programm.

Es ging ihr darum, ihre Schüler zu befähigen, geistig und emotional die Schritte, Bewegungen und Formen zu verinnerlichen, sie zu beherrschen, zu führen, zu wissen, was man tut, und entsprechend »Herr im eigenen Hause«, im eigenen Körper zu sein. Die Bewegungen mussten im höchsten Maße musikalisch ausgeführt werden, und damit war nicht nur die rhythmische Genauigkeit gemeint, sondern auch den Melodiebogen und die Charakteristik der Musik zu erfüllen. Die Unterrichtsstunde erhielt einen klaren Ablauf, das Exercice an der Stange, das Exercice in der Mitte des Saales, das adagio, das allegro. Niemals erlaubte sie eine Verkürzung dieses täglichen Unterrichtsprogrammes, steckt doch in ihm das Geheimnis der Wirkung der Ganzheitlichkeit ihrer Methode. Ständiger Wechsel von langsamen und schnellen Bewegungen, von Beugen und Strecken, von Bewegungen am Platz und raumgreifenden Bewegungen, von Standfestigkeit und Sprungvermögen, von Biegsamkeit, von Plastizität, von Empfindsamkeit und höchster Mobilität. Auf dieser Basis entwickeln sich Kondition und tänzerisches Vermögen. Sie brachte den großen Reichtum von tänzerischen Schritten und Bewegungen, der längst vor ihr auf den Bühnen dargeboten wurde, in eine Reihenfolge des Erlernens.

Alles beginnt mit der Grundhaltung des Körpers, mit der Platzierung der Längsachse, mit der Auswärtsdrehung der Füße und Beine, um die größtmögliche Stabilität aller Gelenke und der Wirbelsäule zu erreichen. Nur wer den Rumpf, den Rücken und das Becken stabil zu halten vermag, wird zu größter Freiheit der Bewegung gelangen. Es folgen die Positionen der Beine und Arme, die Posen im Raum, die arabesques, die battements, die pliés, die große Zahl der Bewegungen des Klassischen Tanzes. Alle sind charakterisiert durch die Koordination der Armbewegungen, die der Beine, Körperneigungen und Kopfhaltungen, in verschiedenen Richtungen des Raumes, in unterschiedlichem Tempo und verschiedenem musikalischem Charakter. Eben diese Koordination galt es zu sortieren und in Regeln zu fassen, in Regeln der ports des bras, der Posen, der arabesques.

Sie rückte die Bedeutung der Arme im Tanz in den Mittelpunkt der Aufmerksamkeit. Sie sind ein wesentliches Mittel der Ausdrucksfähigkeit, sie lassen den Sprung wie einen Flug erscheinen, sie geben der Drehung Energie, sie geben einem Schritt oder einer Pose Zielstrebigkeit und Genauigkeit, sie scheinen im adagio weich und geschmeidig.

All diese Bewegungen und kleinsten Nuancen der Hände, Finger und Arme sind zurückzuführen auf Positionen und Formen. Auch sie sind in ein Regelwerk gefasst, das im Gleichklang mit dem der Beine, ja des gesamten Körpers den Bewegungsstil des Klassischen Tanzes darstellt.

Stets suchte die Waganowa nach Neuem, nach Bereicherndem, ohne je das zu Bewahrende, das, was Petipas Schule charakterisierte und in Fokins Choreographien neuen Ausdruck fand, zu verwerfen. Ihr ist es zu danken, dass die großen Sprünge, die nur dem Männertanz zugeordnet waren, in den Frauentanz aufgenommen wurden. Weitschwingend, raumgreifend, wendig und ausdrucksstark, so muss Tanz sein.

Sie erzog ihre Schülerinnen zu größter Aufmerksamkeit, Disziplin und Hinwendung zu der zu erlernenden Kunst. Ihr Unterricht zeichnete sich durch Einfachheit, einen klaren Stundenablauf, das notwendige Lehrtempo und unbedingte Musikalität aus. Ihr ging es darum, dass die Schülerinnen die Bewegungen, die Vielfalt der Elemente des Klassischen Tanzes verinnerlichten. Niemals ging es ihr um allzu kunstvolle Kombinationen oder eitle Zier. Keine Unterrichtsstunde glich der vorangegangenen. So konnte sie höchste Aufmerksamkeit erzielen und ein Verantwortungsgefühl für das Wesentliche erwecken.

Galina Ulanowa, eine ihrer berühmtesten Schülerinnen, charakterisierte es folgendermaßen: »Wenn wir ihren Unterricht betraten, hatten wir immer ein großes Gefühl der Selbstverantwortung. Sie forderte den ganzen Menschen, den wachen Geist, absolute Offenheit und Arbeitsliebe. Nicht Strenge war es, die ihre Stunden bestimmte, sondern Hingabe und Unerbittlichkeit.«

Wenn wir heute nach ihrem System lernen und lehren und wenn wir glauben es verstanden zu haben, denn es scheint längst Allgemeingut geworden zu sein, dann müssen wir uns unbedingt fragen, ob wir ihr Anliegen verstanden haben: nämlich die Einheit von Technik und künstlerischer Ausdruckskraft in der noch so kleinsten wie in der virtuosesten Bewegung, nämlich Körper, Geist und Seele in schönste Harmonie zu bringen. Da es der Mensch ist, der im Mittelpunkt des Klassischen Ballettes, des Tanzes im weitesten Sinne steht, können System und Regeln niemals starr sein. Es gilt sie zu füllen mit dem Blick auf das Individuelle, das Besondere, das jedes Kind in sich trägt. Seinen Charakter, sein Temperament, seine Begeisterung für das Tanzen zum Mittelpunkt seiner Selbstverwirklichung gedeihen zu lassen.

Der Tanz ist in den letzten fünfzig Jahren, seit Waganowas Lebenswerk sich vollendete, reicher geworden. So nimmt es nicht Wunder, dass die verschiedenen Genres der Tanzkunst – Modern dance, Jazz dance, Folklore und viele andere, nicht nur nebeneinander existieren, sondern miteinander. Der Tänzer unserer Zeit muss disponibel sein, muss beinahe alles können. Er muss sowohl das klassische Erbe als auch die modernste Choreographie verkörpern. Diese Möglichkeit der Darstellungsvielfalt in einem einzigen Interpreten macht ein klares, alle Regeln von Zeit und Raum beinhaltendes Trainings- und Ausbildungsprogramm unabdingbar. So kommt es, dass alle Tänzer, egal welchem Genre sie sich zuordnen, täglich oder in einer für sie notwendigen Regelmäßigkeit nach den von Waganowa aufgestellten Regeln trainieren.

Tänzerinnen und Tänzer unserer Gegenwart fürchten keine Länder- und Kontinentgrenzen. Sie tragen ihre Unterschiedlichkeit, ihre wertvollen nationalen Besonderheiten in die Ballettsäle der ganzen Welt. Traditionell gewachsene Bewegungssprachen Asiens, Amerikas, Afrikas, Australiens und Europas fließen in der zeitgenössischen Tanzkunst zusammen. In den Ballettsälen gibt es keinen Rassismus, hier gibt es Inspiration und Neugier, hier herrscht die Liebe zu einer Kunst, die Sprachbarrieren überwindet und ganz und gar von Menschen für Menschen gemacht wird.

Die tanzbegeisterten und tanzwilligen Kinder müssen wir sorgsam begleiten und hüten, damit die Freude an dieser Kunst wächst. Lassen wir sie systematisch und mit Geduld das Vokabular ihrer Kunst erlernen, Eitelkeit und vordergründige Selbstdarstellung vergessen und in diesem Sinne das Erbe der großen Waganowa lebendig erhalten.

Ursula Leesch

Staatliche Ballettschule Berlin

Vorwort

Unserem Theater ist die Aufgabe gestellt, einerseits unermüdlich nach neuen Formen für die Ballettbühne zu suchen, die dem neuen Inhalt entsprechen, andererseits das überkommene klassische Erbe unter kritischer Analyse zu wahren.

So sorgfältig wir um dieses klassische Erbe bemüht sind – die Zeit schreitet weiter, alles vervollkommnet sich. Und so streben auch wir Tänzerinnen nach Vollendung. Täglich haben wir im gleichen Exercice den gleichen Stoff zu bewältigen, und unsere Technik wird immer vollkommener. Dieses ungestüme Vorwärtsdrängen ist unausbleiblich, uns reißt das Tempo der Zeit mit sich fort.

Aber nicht durch die Technik ist das von uns bewahrte klassische Erbe bestimmt. Die Vollendung der Formen ist es, die die Schönheit der alten Ballette ausmachte und die wir bewahren und entwickeln müssen. Diese Vollendung zu ergründen, die Besonderheiten des Klassischen Tanzes aufzuspüren, das ist eine verlockende Aufgabe, der auch ich mich gewidmet habe.

Bei der Arbeit an meiner Unterrichtsmethode bemühe ich mich, die Grundlagen der Wissenschaft des Tanzes, meine Erfolge, all das, was mir die jahrelange Erfahrung als Tänzerin und Pädagogin gegeben hat, festzulegen.

Meine Kenntnisse erwarb ich mir natürlich nicht von heute auf morgen. Wenn ich zurückblicke, sehe ich vor allem den Anfang meiner Arbeit am Theater, das erste Jahr nach Beendigung der Schule. Damals, in den neunziger Jahren, herrschten die veralteten Ballett-Traditionen, die sich Ende des achtzehnten Jahrhunderts gebildet hatten. Mit dem Erscheinen des italienischen Tänzers Cecchetti auf der Ballettbühne herrschten nun zwei Systeme: das französische und das italienische. Das Haupt der Italienischen Schule war Cecchetti mit einer ganzen Reihe gastierender Tänzerinnen, von denen die Legnani lange Zeit am russischen Theater auftrat. Die namhaften Lehrer der

Ballettschule jedoch wie auch die gesamte Truppe hielten an den Traditionen der Französischen Schule fest, die zu jener Zeit die Züge des Verfalls trug, wie Schlaffheit in der Haltung, seelenlose Arme mit durchhängenden Ellenbogen, Weichlichkeit in der Durchführung der virtuosen Bewegungen. Niemals und von keinem meiner Lehrer hörte ich Worte, die die Schöpferkraft weckten oder begeisterten. »Beinchen! Beinchen! Koketter!«, so etwa hieß es bei den alten Lehrern. Demgegenüber war Cecchetti der typische Vertreter der Italienischen Schule, in dessen Unterrichtsmethode alle Haltungen energisch und dynamisch wirkten und die Arme straff ausgestreckt oder scharf eingebogen waren, Eigenschaften, die dem Tanz klare Ausdruckskraft verliehen. Dieser Unterschied in den Methoden machte mich aufmerksam und nachdenklich.

Nachdem ich die Schule verlassen hatte, machten mir meine Arme noch lange zu schaffen – sie waren ausgesprochen schlecht. »Die Arme! Die Arme!«, hörte ich von allen Seiten rufen, aber niemand zeigte mir, niemand erklärte mir, was ich mit den unglückseligen Armen anfangen sollte. Da hatte ich einmal Gelegenheit, mit einer Vertreterin der Italienischen Schule zusammenzuarbeiten. Sie hielt die Arme während des Exercice gespannt und gestreckt. Auf die Bemerkung einer Kollegin: »Was sind denn das für Stöcke?« antwortete sie ruhig, dass die Arme dann während des Tanzes nicht hängen, nicht hilflos und ausdruckslos herumbaumeln würden. Dieses Gespräch zwang mich zum Nachdenken über die Verschiedenheit der Ballettschulen und schärfte meinen Blick, und bald führte mich mein schöpferisches Suchen für immer fort von dem seelenlosen »Beinchen! Beinchen!«-Tanz. In der ersten Zeit entlehnte ich von ihr die Art, die Arme zu halten, aber natürlich konnte ich mich damit noch nicht zufrieden geben. In ihrer Art war noch keine methodische Unterweisung für die Arbeit der Arme enthalten. Die ganze Umerziehung meiner Arme führte ich selbst durch und erarbeitete an mir die Methode der Beherrschung der Armtechnik, die ich jetzt in der Praxis anwende. Vergleichend, beobachtend und in mir neue Entwicklungsmöglichkeiten suchend, begann ich die zweite Hälfte meiner Bühnentätigkeit schon mit einer ausgereiften Technik, die ich meine eigene Technik nennen kann, da sie trotz vieler fremder Einflüsse keine der Schulen wiederholt oder kopiert. Sie ist die Fortsetzung und Weiterentwicklung der russischen klassischen Ballett-Tradition. Eine ähnliche Entwicklung machten auch einige meiner gleichaltrigen und jüngeren Kolleginnen durch, und schon seit den ersten Jahrzehnten unseres Jahrhunderts war auf unserer Bühne in reiner Form weder die Französische noch die Italienische Schule anzutreffen.

Meine pädagogische Tätigkeit begann 1917 und entwickelte sich mit dem Wachsen der sowjetischen Gesellschaftsordnung und Kultur. Die neuen Verhältnisse begünstigten jede selbständige Entwicklung schöpferischer Kräfte. Meine pädagogischen Fähigkeiten fanden ein breites Wirkungsfeld, und es gelang mir, eine ganze Generation junger Künstlerinnen auszubilden, die auf all unseren Bühnen verantwortungsvolle Arbeit leisten.

Dieses Buch ist eine Darlegung meiner Erfahrungen, meiner Leistungen und meiner Unterrichtsmethode. Außer einem Lehrbuch des Klassischen Tanzes ist es aber auch gleichzeitig ein praktisches Handbuch für junge Tänzerinnen und Pädagogen, die ihre Kenntnisse festigen wollen oder die weit von der Metropole entfernt sind, keine persönliche Hilfe haben und einer Auffrischung ihres Wissens bedürfen.

Aus diesen Gründen wählte ich für meine Darlegungen die einfache Umgangssprache, wie sie in der Klasse üblich und dem Ohr vertraut ist, und komplizierte sie nicht durch Wissenschaftlichkeit und Pedanterie der Terminologie oder der Redewendungen. Dadurch werden andererseits auch dem nicht fachlich vorgebildeten Leser diese Darlegungen zugänglich, wenn er sich mit Einzelheiten des Klassischen Tanzes vertraut machen will. Das Interesse am Klassischen Tanz wächst von Jahr zu Jahr in weiten Zuschauerkreisen, und ich glaube, dass solch eine verständliche Darstellung seiner Theorie und Praxis der Zeit gerecht wird.*

In Anbetracht des großen kulturellen Aufschwungs unseres Landes ist die Heranbildung neuer Ballettpädagogen dringend notwendig geworden, und so ist an dem mit dem Leninorden

* In der vorliegenden Übersetzung von A. J. Waganowas »Grundlagen des Klassischen Tanzes« habe ich mich bemüht, auch im Deutschen die Beschreibung der Bewegungen und Schritte so wiederzugeben, dass sie klar und leicht verständlich ist. Dazu war es notwendig, eine einfache, primitive Sprache anzuwenden. Stilistisch einwandfrei würden die beschriebenen Übungen schwerer verständlich sein; der Sinn eines Lehrbuches ist es aber, eine klare Vorstellung der Übungen zu vermitteln. (Anm. d. Übers.)

ausgezeichneten Leningrader Konservatorium ein Lehrstuhl für Ballettpädagogik zur Ausbildung junger Pädagogen eingerichtet worden; hier bin auch ich tätig und kann meine Methode des Klassischen Tanzes vielfältig anwenden.

Bei der Sammlung des Literaturmaterials und bei der Gestaltung der ersten Auflage des Buches leistete mir L. D. Blok außerordentlich wertvolle Hilfe.

A. J. Waganowa

Vorwort zur dritten russischen Auflage

In diese dritte Auflage meines Buches »Die Grundlagen des Klassischen Tanzes« sind einige Ergänzungen und Berichtigungen aufgenommen worden sowie ein zweites Beispiel einer Unterrichtsstunde.

Die für den Klassischen Tanz gebräuchliche französische Terminologie ist, wie ich schon in allen Diskussionen über dieses Thema betont habe, unumgänglich, weil sie international ist. Für uns ist sie das, was das Latein für die Medizin ist – wir müssen uns ihrer bedienen. Der Italiener Cecchetti, der in den letzten Jahren seines Lebens in England wirkte, gebrauchte diese Terminologie, deren Sprache ihm und seinen Schülern fremd war. Kurz, sie ist absolut international und wird überall angewandt. Allerdings muss ich hier einen Vorbehalt machen: Nicht alle unsere Bezeichnungen fallen mit den bei den Franzosen gebräuchlichen zusammen. Jahrzehntelang schon entwickelt sich unser Tanz ohne unmittelbare Verbindung mit der Französischen Schule. Viele Bezeichnungen sind fortgefallen, manche abgewandelt, manche auch neu eingeführt worden. Aber all das sind Varianten des einen allgemeinen und internationalen Systems einer Balletttterminologie.

In den Kapiteln, die die Formen des Klassischen Tanzes beschreiben, habe ich mich an eine Reihenfolge gehalten, wie sie mir für jene Leser angebracht erscheint, die sich mit dem Klassischen Tanz im Allgemeinen bekannt machen wollen. Deshalb habe ich die Beschreibung nach den allgemeinen Gruppenbegriffen wie battements, Sprünge, Touren usw. zusammengestellt, in einer Anordnung also, wie sie keineswegs dem Unterrichtsgang entspricht, deren Systematik aber das Erfassen des gesamten Materials erleichtert. In jedem Kapitel sind die Bewegungen von ihrer einfachen Form bis zur vollendeten und schwierigsten beschrieben, was jedoch ihre

Ausführung in dem klassenplangemäßen Unterricht nicht erschwert.

Leser, die den Verlauf einer Unterrichtsstunde, die von mir angewandten Kombinationen usw. kennen lernen wollen, finden die Antwort in dem Kapitel über den Aufbau einer Unterrichtsstunde und in den beigefügten Beispielen.

Bei der Beschreibung der verschiedenen Bewegungen nehme ich immer den rechten Fuß als vorn stehend oder die Bewegung beginnend an, ohne jedes Mal darauf hinzuweisen, dass man auch mit dem linken beginnen kann. Ich tue das der Kürze der Darstellung wegen und um nicht jede Beschreibung mit Überflüssigem zu belasten, eine andere Bedeutung hat es, wohlverstanden, nicht.

Außerdem habe ich mich bemüht, die Beschreibung einer Bewegung nicht zu wiederholen, falls sie bei einer anderen Bewegung erneut auftritt. In der Mehrzahl der Fälle gebe ich die Beschreibung einer Bewegung in ihrer vollen Form im Freien mit den Armen. Wenn in der dazugehörigen Zeichnung die Bewegung an der Stange dargestellt ist, kann man aus der Beschreibung leicht die Armbewegungen hinzufügen.

Zur Kennzeichnung der verschiedenen Körperhaltungen habe ich mich Steppanows »Alphabet der Bewegungen des menschlichen Körpers« bedient, gebe aber seinem Schema (Abb. 1 a) eine umfassendere Auslegung. Es schien mir angebracht, die Nummerierung zu ändern*, und ich wende folgendes Schema an (Abb. 1b):

Abb.1 Diagramme der Bewegungsrichtungen. A Standpunkt des Tänzers.

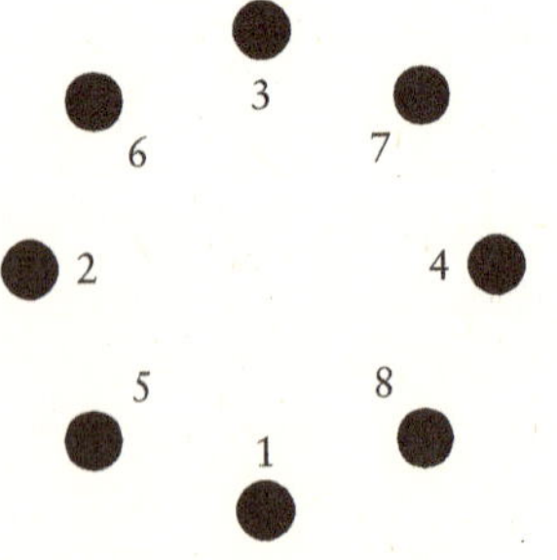

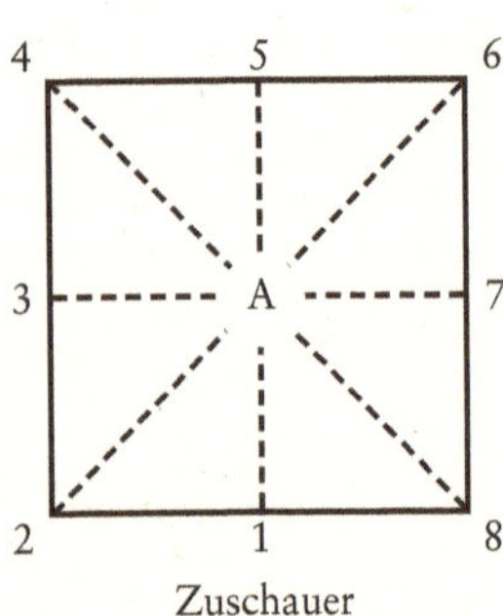

Das Verfahren der Anatomie, die Höhe der Arm- bzw. Beinhebungen im Winkel zu messen, und zwar im Verhältnis zur Vertikalachse des Körpers, habe ich dem Buch von Steppanow entlehnt. Wir sprechen von einem Heben des Beines zur Höhe von 45°, 90° oder 135°, obgleich natürlich in jedem einzelnen Fall Abweichungen in der Winkelgröße nach der einen oder anderen Seite vorkommen, je nach dem Körperbau des Tanzenden. Mit anderen Worten, eine Höhe von 90° bedeutet nicht immer schematisch genau 90°, es ist eine relative Bezeichnung für die horizontale Haltung des Beines, wobei sich die Fußspitze in Hüfthöhe befindet.

Es muss noch gesagt werden, dass die im tänzerischen Exercice einmal erreichte völlige Harmonie aller Bewegungen des menschlichen Körpers verlangt, dass im weiteren die Bewegungen durch den Gedanken, durch die Stimmung beherrscht werden, das heißt, dass man ihnen die Bedeutung gibt, die sie auf die Stufe des Künstlerischen hebt. Ich gehe im vorliegenden Lehrbuch nicht auf diese Frage ein, löse sie aber täglich im Unterricht in den Klassen der Fortgeschrittenen und in den Meisterklassen.

A. J. Waganowa

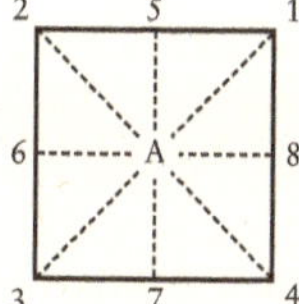

* In der Staatlichen Ballettschule in Berlin richten wir uns zur Raumorientierung nach dem nebenstehenden Diagramm von Cecchetti. Es ist das gleiche Diagramm wie das von A. J. Waganowa, nur ist die Nummerierung eine andere. (Anm. d. Übers.)

Aufbau der Unterrichtsstunden

Im Klassischen Tanz muss das Studium jedes einzelnen Schrittes stufenweise erfolgen. Es beginnt mit der einfachen schematischen Form und wird bis zum ausdrucksvollen Tanz fortgeführt. Dieselben Abstufungen bestehen beim Studium der gesamten Kunst des Tanzes vom ersten Schritt bis zum vollendeten Tanz auf der Bühne.

Der Unterricht, mit Exercice an der Stange, im Freien, adagio, allegro, beginnt nicht gleich im vollen Umfange. Kinder, die mit dem Studium anfangen, beginnen mit dem Exercice an der Stange und im Freien, und zwar in der einfachsten Form, ohne jede Variation. Es folgen einfache Kombinationen an der Stange und im Freien. Die Grundhaltungen werden gelehrt. Um die Standfestigkeit zu erreichen, wird ein leichtes adagio ohne komplizierte Kombinationen geübt. Nun kommen zusammengesetzte Bewegungen dazu, in die wir die Arbeit der Arme einführen.

Auf diese Art und Weise kommen wir nach und nach zu Kombinationen, zum komplizierten adagio. Alle Bewegungen, die ich unten in ihren elementaren Formen beschreibe, werden auf halber Spitze ausgeführt. Endlich werden Adagiokombinationen mit Sprüngen hinzugefügt und so der Schüler zur letzten Vervollkommnung geführt.

Im adagio lernt der Schüler die Grundhaltungen, die Drehungen des Körpers und des Kopfes beherrschen.

Das adagio beginnt mit den einfachsten Bewegungen. Mit der Zeit wird es variiert und komplizierter. In der letzten Zeit der Ausbildung wird das adagio in der kompliziertesten Form gebracht. Um diese komplizierten Kombinationen ausführen zu können, muss sich der Schüler gut vorbereitet haben. Er muss restlose Körperbeherrschung erworben haben, damit er nicht die Selbstkontrolle verliert, wenn ihm noch größere Schwierigkeiten begegnen.

Ein kompliziertes adagio entwickelt die Behändigkeit und Beweglichkeit des Körpers. Wenn wir uns später im allegro mit großen Sprüngen beschäftigen, haben wir keine Zeit mehr, uns um die Beherrschung des Körpers zu bemühen.

Ich möchte länger beim allegro verweilen und seine besondere Wichtigkeit betonen. Im allegro finden wir die Grundlage des Wissens um den Tanz, es ist der schwierigste Teil der Tanzkunst; es führt uns zur späteren Vollkommenheit. Der gesamte Tanz baut sich auf dem allegro auf.

Ich bin der Ansicht, dass eine Tänzerin im adagio ihr Können nicht genügend zeigen kann. Sie wird von ihrem Partner unterstützt oder von der dramatischen oder lyrischen Situation getragen. Wenn heute im adagio Virtuoses gezeigt wird, so hängt das Gelingen zum großen Teil von der Geschicklichkeit des Partners ab. Aber auf der Bühne den Zuschauer mit einer Variation zu beeindrucken, das ist etwas anderes. Hier zeigt sich die Verfeinerung des Tanzes.

Nicht nur Variationen, sondern die Mehrzahl aller Tänze, Solo- und Gruppentänze, sind auf dem allegro aufgebaut; alle Walzer, alle Kodas zählen zum allegro.

Die ganze dem allegro vorangegangene Arbeit ist nur eine Vorbereitung für den Tanz. Erst wenn wir beim allegro angelangt sind, beginnen wir mit dem eigentlichen Studium des Tanzes. Nun offenbart sich der Klassische Tanz.

Beim Kinde ist Tanzen und Springen nur der instinktive Ausdruck der Freude. Um diesen Ausdruck zur Kunst zu erheben, einen Stil zu prägen, müssen wir ihm endgültige Form geben. Dieser Vorgang beginnt mit dem Studium des allegro.

Erst wenn der Schüler die Beine richtig setzen kann, wenn die Auswärtsdrehung erreicht, der Fuß entwickelt und gekräftigt ist, wenn er Elastizität bekommen hat und die Muskeln gefestigt sind, erst dann kann man mit dem Studium des allegro beginnen.

Zuerst lehren wir die Sprünge, die mit einem Rückfall beider Füße auf den Boden enden, temps levé, changement de pieds und échappé. Zu Beginn werden diese Sprünge zur Erleichterung an der Stange ausgeführt. Front zur Stange, diese wird mit beiden Händen gehalten.

Der nächste Sprung ist das in seinem Aufbau ziemlich komplizierte assemblé. Diese Reihenfolge hat tiefe und wichtige Gründe. Beim assemblé wird der Tänzer gezwungen, alle

Muskeln zu gebrauchen. Für den Anfänger ist dieser Schritt nicht leicht. Bei der Ausführung muss jede Phase der Bewegung kontrolliert werden. Durch diese Kontrolle wird jede nachlässige Arbeit der Muskeln vermieden.

Der Schüler, der gelernt hat, ein assemblé sauber auszuführen, kann nicht nur *diesen* Schritt, sondern er hat damit auch die Grundlage für weitere Schritte des allegro. Diese werden dem Schüler dann viel leichter erscheinen, und trotzdem wird er nicht in Versuchung kommen, sie nachlässig auszuführen. Wird die korrekte Haltung, die völlige Kontrolle über den Körper vom ersten Schritt an beachtet und gelernt, so wird sie zur Gewohnheit.

Es würde z.B. unendlich viel leichter sein, mit balancé zu beginnen, aber wie können wir dabei den Schüler zu einer korrekten Haltung bringen, wie ihn zu einer Selbstkontrolle über die Muskelarbeit erziehen? Bei der Leichtigkeit des Schrittes werden sich die Muskeln der Beine unwillkürlich lockern, und dadurch wird der Schüler nicht die Auswärtsdrehung des assemblé erreichen. Die Schwierigkeiten des assemblé führen uns unmittelbar zum Ziel.

Nach assemblé kann man zu glissade, jeté, pas de basque und endlich balancé übergehen. Das Letztere, ich wiederhole, sollte aber erst dann gelehrt werden, wenn die Muskeln durch die Grundsprünge völlig entwickelt sind und schon die vorher gelernten Sprünge eine gute, saubere Grundlage haben.

Wenn wir gelernt haben, ein jeté auszuführen, gehen wir damit zu Sprüngen mit Rückfall auf einen Fuß über, bei denen der andere Fuß nach dem Sprung sur le cou-de-pied gehalten wird. Dann folgt sissonne in den verschiedenen Richtungen. Zur gleichen Zeit können wir pas de bourrée studieren, denn obgleich dieser Schritt den Boden nicht verlässt, erfordert er sicher gesetzte Füße. Auf dieser Entwicklungsstufe können wir dem Schüler schon leichte Kombinationen geben.

In den höchsten Stufen der Ausbildung studieren wir die schwierigsten Sprünge, z. B. saut de basque. Bei diesen Sprüngen hat der Zuschauer den Eindruck, dass die Tänzerin im Sprunge in der Luft anhält, in der Luft schwebt. Mit dem schwierigsten Sprung, dem cabriole, vervollständigen wir das Studium des allegro.

Da das allegro die Grundlage ist, auf der sich der gesamte Tanz aufbaut, werde ich dabei länger verweilen.

Bei den fortgeschrittenen Schülern, für die die Unterrichtsstunde immer komplizierter zu gestalten ist, werden nun alle Schritte, angefangen vom battement tendu bis zu den kompliziertesten Schritten des adagio und allegro, en tournant ausgeführt. Dadurch geben wir den entwickelten und kräftigen Muskeln härtere Arbeit.

Ich kann keinen starren Plan für den Aufbau der Stunden geben, denn hierbei spielt die Erfahrung und das Einfühlungsvermögen des Lehrers eine entscheidende Rolle. Individuelles Eingehen auf den Schüler, seine Anlagen, seine Schwierigkeiten sind maßgebend.

Heutzutage in der Periode des stürmischen Aufbaus gelten auch für das Theater neue Maßstäbe. Unsere früheren Vorstellungen von den Grenzen des Möglichen haben mit den heutigen nichts mehr gemein. Früher traten die Tänzerinnen und Schülerinnen innerhalb eines Monats drei- bis viermal in Ballettvorstellungen auf. Jetzt ist die Zahl der Vorstellungen wesentlich höher. Jedoch heißt es hier sehr vorsichtig sein. Wenn bei den Schülerinnen oder Tänzerinnen Ermüdungserscheinungen auftreten, wenn ich weiß, dass sie mit Arbeit überlastet sind, erleichtere ich ihnen acht bis vierzehn Tage lang das tägliche Training. Sobald aber Erleichterungen irgendwelcher Art, wie etwa verringerte Bühnentätigkeit oder sonstige Anlässe, Energien frei machen, dann kann man mit verstärkter Kraft an die Arbeit herangehen, dann kann man die Zelt nutzen, um mit besonderen Schwierigkeiten fertig zu werden. Kurz, man muss das nötige Fingerspitzengefühl haben, um unter den jeweiligen Bedingungen das richtige Arbeitsmaß zu finden, damit nicht etwa der Nutzen, den der Unterricht bringen soll, in das Gegenteil umschlägt. Wenn mir ein gewisses Klassenpensum vorgeschrieben ist, würde ich es natürlich nicht nur gern erfüllen, sondern sogar übererfüllen. Trotzdem aber ist es meine Pflicht, auf den Kräftezustand meiner Schüler Rücksicht zu nehmen.

Dieser Grundsatz hat auch Gültigkeit für jene Schüler, die bereits in der tänzerischen Arbeit stehen.

Unsere Schüler schaffen sich, wie ein Student der technischen Hochschule in der Fabrik, die nötige Bühnenerfahrung durch praktische Arbeit im Theater. Auch hierbei kann man keinerlei feste Normen aufstellen. Je nach den choreographischen Erfordernissen müssen die Schüler auf der Bühne gelegentlich Schritte und Bewegungen ausführen, die sie in der Klasse noch gar nicht gelernt haben, die vielleicht im Pensum der Klasse noch nicht vorgesehen sind. Verständlich, dass auch hier keinerlei trockene Regeln oder Verbote angebracht sind.

Das Theater stellt seine Forderungen an die Schule, und ihnen kann genügt werden, ohne dass die Schüler Schaden davontragen, wenn der Pädagoge auch hier sein Einfühlungsvermögen sprechen lässt und außerdem seine Schüler gut kennt. Was dem einen in der Klasse schwer fällt, macht dem anderen überhaupt nichts aus. Der Ballettmeister soll sich in diesen Fällen nach der Meinung des Pädagogen richten und den Schüler nach dessen Ratschlägen einsetzen. Wenn man den Schülern Bühnenerfahrung geben will, indem man sie mechanisch da einsetzt, wo gerade jemand gebraucht wird, kann es geschehen, dass dadurch ihre künstlerische Entwicklung und das Wachstum des individuellen Talentes gehemmt werden. Darum habe ich davon abgesehen, irgendwelche festen Unterrichtsschemen aufzustellen. Das ist eine Angelegenheit, die absolutes Eingehen auf die Individualität der Schülerin und die Berechnung vieler Umstände erfordert. Das Gleiche gilt auch für die Arbeit der Tänzerin, ihr tägliches Exercice und die Vorbereitung für die Vorstellung.

Berufsschäden der Beine sind unter Tänzerinnen häufig; sie müssen ihre Übungen variieren, um so die erkrankte Stelle unter möglichst geringen Schwierigkeiten wieder in einen arbeitsfähigen Zustand zu bringen. An dieser Stelle halte ich es für notwendig, der unter Tänzern weit verbreiteten Ansicht beizupflichten, dass es nützlich ist, während der heißen Sommermonate zu arbeiten. Ich dringe darauf, dass meine Schüler nicht auf ihr tägliches Exercice verzichten. Da unser Körper während der heißen Sommermonate durchaus bereit ist zu arbeiten, können große Fortschritte erzielt werden. Man braucht dann keine Zeit zu verschwenden, um sich warm zu machen. Die Muskeln sind warm und empfänglich, aus jeder Anstrengung Nutzen zu ziehen.

Ich beschränke mich hier auf einige allgemeine Bemerkungen über die Durchführung des Unterrichts. Am Ende des Buches findet der Leser Beispiele meiner Stunden, wie ich sie in den oberen Klassen gebe.

Vom ersten Jahr der Ausbildung bis zum Ende der Laufbahn bestehen die täglichen Übungen der Schüler und der Tänzer immer aus den gleichen Schritten. Es ist verständlich, dass der Schüler am Ende des ersten Jahres die Übungen noch nicht vollständig ausführt, aber selbst der Anfänger hat die gleichen Bewegungen auszuführen, aus denen später die vollständigen Übungen des Tänzers bestehen.

Mit Ausnahme des ersten Jahres, in dem sie in einer andern Anordnung vorkommen, sollte die folgende Anordnung des Exercice beibehalten werden. Wir beginnen die Übungen mit plié in den fünf Positionen. Es ist weder ein Zufall noch eine törichte Tradition, dass wir plié in der Reihenfolge der Positionen ausführen, das heißt zuerst in der I. und dann in der II. Position. Es ist leichter, plié in der II. Position auszuführen, besonders, wenn der Schüler es nachlässig macht. Aber es ist leichter für den Lehrer, ein korrektes plié in der I. Position zu lehren. Steht man in der I. Position, so ist das Gleichgewicht weniger fest als in der II. Position. Man muss gewisse Anstrengungen machen, um die vertikale Achse und so das Gleichgewicht zu halten. Dies zwingt uns, die Muskeln zu kontrollieren und beim Beugen der Knie nicht das Gesäß herauszustrecken. Der ganze Körper ist konzentriert, die Haltung korrekt. Hier ist die Grundlage für jedes andere plié.

All das ist weitaus schwerer in der II. Position zu erreichen, selbst für fortgeschrittene Schüler, umso mehr für Anfänger. Die Schüler können es sich leicht angewöhnen, mit nicht fest angespannten Muskeln zu arbeiten, während wir schon für das beginnende demi-plié einen beherrschten Körper und gestreckte Beine verlangen.

Auf plié folgen battements tendus. Der Zweck des battement tendu ist, von Anfang an eine zuverlässige Auswärtsdrehung der Beine zu erreichen, sodass diese später bei Sprüngen von selbst in eine korrekte V. Position gehen. Während des Studiums der Sprünge ist es zu spät, Anregungen und Korrektur für die Position zu geben. Der Lehrer sollte daher von Anfang an darauf achten, dass die Schüler eine exakte und klare V. Position einnehmen, damit sie ihnen in Fleisch und Blut übergeht.

Auf battements tendus folgen ronds de jambe par terre, battements fondus, battements frappés, ronds de jambe en l'air, petits battements, développés, grands battements jetés.

Alle diese Schritte und Bewegungen können kombiniert und kompliziert werden, je nach dem Stand der Ausbildung, der

Einstellung des Lehrers und der Methode, die er anwendet. Ich möchte nur darauf hinweisen, dass man in den unteren Stufen der Ausbildung die Zeit der Schüler nicht mit einer Vielfalt von Variationen ausfüllen soll. Es schadet nichts, wenn das Exercice langweilig und monoton ist. Man kann ja diese Eintönigkeit dadurch auflockern, dass man die Bewegungen in verschiedenen Zeiten ausführen lässt, 4/4 und 2/4, damit die Schüler sie nicht mechanisch machen, sondern der Musik folgen.

In den unteren Klassen wird der Grund gelegt für die Entwicklung der Muskeln, wird eine Grundlage für die elementaren Bewegungen geschaffen. Das erreicht man durch systematische Wiederholung der gleichen Bewegung in einer großen Anzahl hintereinander; zum Beispiel ist es besser, einen Schritt achtmal hintereinander zu machen, als zwei oder vier Kombinationen in acht Takten. Man muss völlig überzeugt sein, dass der Schüler die Bewegung durchgearbeitet hat, dass sie in Fleisch und Blut übergegangen ist und in jeder beliebigen Kombination richtig durchgeführt wird, damit man den Unterricht ohne Schaden komplizieren kann. Im entgegengesetzten Fall werden wir vielleicht die Auffassungsgabe unserer Schüler ansprechen, aber in den Beinen bleibt eine Unsicherheit zurück, und nicht eine Bewegung wird bis zum Ende beherrscht sein. Mit einem Wort, wenn man den Anfängern viel Posieren aufzwingt auf Kosten der technischen Durcharbeitung der Bewegung, wird ihre Entwicklung nur mühsam voranschreiten. In den mittleren Klassen sind Kombinationen zulässig, aber auch dort mit Vorbehalt; man darf nicht vergessen, dass diese mittleren Klassen sich die große Kraft erarbeiten sollen, die die Tänzerin braucht und die es den älteren Klassen erlaubt, alle Aufmerksamkeit auf ihre tänzerische Ausbildung zu konzentrieren.

Die tänzerischen Fähigkeiten müssen gleichzeitig mit der Arbeit an der Bewegung von Armen und Beinen entwickelt werden. Wenn das Gewicht der Aufmerksamkeit auf die Beine gelegt wird und die Arme vergessen werden, wird man nie die volle Harmonie der Bewegungen erreichen und nicht den nötigen Eindruck von der Ausführung erhalten.

Zuweilen ist auch die Ausführung zu sehr auf den äußeren Effekt zugeschnitten, und durch das Posieren mit den Händen werden die Beine vergessen – auch dann wird man nicht die volle Harmonie der Bewegungen erreichen.

In höheren Klassen erscheint das Exercice an der Stange zeitlich verhältnismäßig kürzer, aber der Eindruck täuscht. In den höheren Klassen wird täglich das gleiche ganze Exercice durchgeführt, wie in den niedrigen. Ist aber die Technik schon entwickelter, so werden die Übungen in einem schnelleren Tempo ausgeführt und beanspruchen dadurch weniger Zeit, geben aber trotzdem den Muskeln die nötige Elastizität.

Das Exercice im Freien besteht aus den gleichen Bewegungen wie das an der Stange. Danach geht man zu adagio und allegro über.

Hier muss ich eine Bemerkung allgemeiner Art einfügen. In den letzten Jahren sind bei der Einteilung der Unterrichtszeit in unseren Instituten eine Reihe grundlegender Änderungen vorgenommen worden, hervorgerufen durch die neuen Richtlinien, die vom zukünftigen sowjetischen Künstler einen größeren Gesichtskreis und eine größere Vielseitigkeit beim Studium seines Spezialgebietes fordern. Von der Schulbank an hat er die Möglichkeit, seine Kräfte nicht nur im Unterricht zu erproben, sondern auch im kleinen Rahmen in der Praxis durch Mitwirkung in Aufführungen am Institut. Der Lernende hat damit schon eine gewisse Beziehung zu seiner künftigen Bühnenlaufbahn. Auf Grund seiner frühen Erfahrungen erkennt er, was er aus dem Unterricht mitnehmen muss und kann, und sein Lernen wird dadurch bewusst und ernsthaft sein. Auch der allgemeinen Entwicklung, die jede Tänzerin und jeder Tänzer an unserer Schule durchmacht, wird nicht wenig Aufmerksamkeit geschenkt. In allem kann das alte Unterrichtsprogramm keinem Vergleich mehr mit dem heutigen standhalten. Dies gilt sowohl für die allgemein bildenden Fächer als auch für die Fachgebiete.

Zu meiner Zeit wurde der Charaktertanz fast überhaupt nicht gelehrt. Er wurde dann später so nebenbei bei der Einstudierung der jeweiligen Tanzbilder mit durchgenommen. In den zwanziger Jahren hat A. W. Schirjajew das Charakterexercice bis ins Einzelne ausgearbeitet. Er brachte die Bewegungen der Charaktertänze in ein System und hat damit die Arbeit auf diesem Gebiet wesentlich erleichtert.

Von solchen Fächern wie Theater-, Kunst-, Tanz- und Musikgeschichte konnte zu meiner Zeit schon gar nicht die Rede sein, da die theoretische Ausbildung für die Ballettlaufbahn als unwichtig angesehen wurde.

Zu all dem bereits Gesagten muss noch hinzugefügt werden, dass für jede Vervollkommnung in der Ballettkunst das anschauliche Beispiel, das Vorführen der Bewegungen wesentlich ist. Es ist schwer, unsere »stumme« Kunst in Lehrbüchern genauestens wiederzugeben.

Oft habe ich über folgende Verse von Puschkin nachdenken müssen:

> Mit dem einen Bein den Boden berührend,
> kreist sie langsam mit dem andern ...

In unsere Sprache übersetzt, hieße das also: mit einem Bein führt sie rond de jambe en l'air aus, während das andere auf der Spitze steht. Es kann auch sein, dass kein rond de jambe en l'air gemeint ist, sondern das Bein im grand rond de jambe in Höhe von 90° herumgeführt wird, weil es heißt »langsam kreisen«. Und weiter:

> und plötzlich ein Sprung, plötzlich empor im Flug ...

Wohin fliegt sie? Strebt sie nach oben oder in die Weite? Es liest sich zwar wunderbar, leider kann man aber diese Puschkinverse in der Bewegung sehr schwer darstellen. Das Ganze kann sich nur im Bereich der Phantasie abspielen.

Um unsern Nachfolgern unsere Leistungen zu erhalten, sollte man den Film zu Hilfe nehmen: Er ist ein außerordentlich wichtiges Mittel für die Verewigung unserer Kunst. Die Jahre vergehen, und es ist zu hoffen, dass unsere Leistungen, auf Filmstreifen gebannt, einmal von großem Nutzen sein werden, um den kommenden Geschlechtern beim Studium wie auch bei der Vervollkommnung wesentlich zu helfen.

Die Grundbegriffe des Klassischen Tanzes

Die Positionen der Füße

Die fünf Positionen der Füße sind allgemein bekannt.

Es sind fünf, weil für auswärts gesetzte Füße eine sechste nicht gefunden werden kann, von der aus man sich leicht und bequem bewegen könnte. Es gibt umgekehrte Positionen mit einwärts gedrehten Fußspitzen, Zwischenpositionen, die zwischen einer und einer andern liegen; die fünf Positionen aber mit auswärts gedrehten Fußspitzen sind die Grundlage für den Klassischen Tanz.

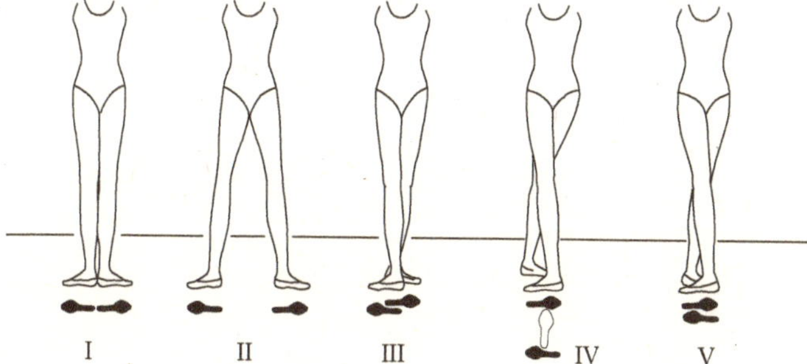

Abb. 2 Positionen der Füße

In der I. Position bilden beide Füße, auswärts gedreht wie auch in allen folgenden Positionen, eine gerade Linie, die Fersen berühren sich.

In der II. Position bilden die Füße ebenfalls eine gerade Linie, nur sind die Fersen durch eine Fußlänge voneinander getrennt.

In der III. Position steht ein Fuß vor dem andern, die eine Ferse berührt die Mitte des andern Fußes.

Die IV. Position ist der V. ähnlich, die Füße stehen parallel zueinander, aber durch einen kurzen Schritt getrennt (eine Fußlänge).

In der V. Position berühren sich die Füße in ihrer ganzen Länge, die Spitze des einen steht vor der Ferse des andern.

Plié

Plié wird in den fünf Positionen ausgeführt. Es wird mit der halben Bewegung, dem demi-plié, begonnen, und nur nachdem dieses vollkommen beherrscht wird, soll die ganze Bewegung, das grand plié, ausgeführt werden. Plié ist ein Bestandteil aller Bewegungen und Schritte im Tanz. Aus diesem Grund sollte man beim Exercice besonderen Wert darauf legen. Wenn eine Tänzerin kein plié besitzt, wird ihr Tanz nüchtern, grob und unplastisch sein. Wird bei einer Schülerin dieser Mangel festgestellt, so kann er bis zu einem gewissen Grade behoben werden, indem man im Exercice besonderes Gewicht auf die Erarbeitung des plié legt. Für den Tanz körperlich geeignete Menschen haben eine sehr nachgiebige Achillessehne. Ihr Bein bildet leicht mit dem Fuß einen spitzen Winkel. Andere haben eine Achillessehne, die nur mit großer Mühe zu dehnen ist. In diesem Falle muss man einen Kampf gegen die Natur führen und mit großer Vorsicht und Überlegung üben. Wenn die Füße einer Schülerin, die Schwierigkeiten beim plié hat, zu schmerzen beginnen, besonders die Sehne, dann ist es besser, für einige Zeit die Arbeit am plié zu unterlassen, um sie später allmählich und sorgfältig wieder aufzunehmen.

Beim Studium des plié sollten folgende Regeln beachtet werden: Das Körpergewicht ist nicht nur gleichmäßig auf beide Beine, sondern ebenso gleichmäßig auf die Sohlen beider Füße zu verteilen. Bei Lernenden, die eine Neigung zu X-Beinen haben, ist häufig der Fehler zu beobachten, dass sie das ganze Gewicht auf die Innenkante der Füße verlagern.

Wir beginnen mit dem plié an der Stange. Man hält sich mit einer Hand fest.

Abb. 3
Grand plié

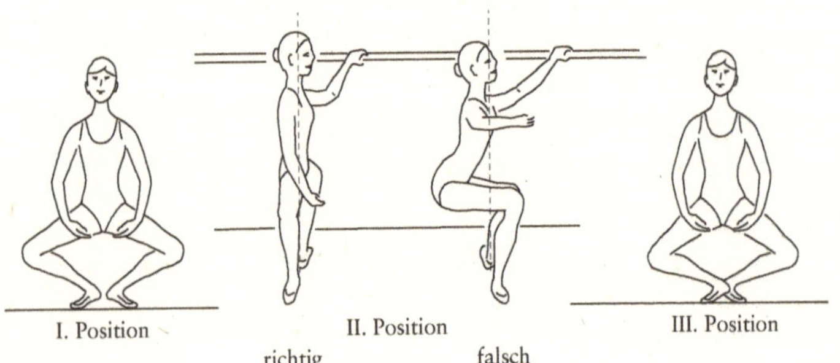

1. Zuerst muss das demi-plié sorgfältig gelernt werden. Man führt es aus, ohne den Fuß vom Boden zu erheben. Der Lehrer sollte hierauf besonders achten, da gerade dadurch die Sehnen und Bänder des Unterschenkels und Fußgelenkes entwickelt werden. Es wäre verfrüht, sofort nach dem demi-plié das grand plié zu lehren. Richtiger ist es, das tiefe plié durch battement tendu in der I. und V. Position mit demi-plié vorzubereiten.
2. Es ist notwendig, das Knie im demi-plié wie auch im grand plié nach außen zu zwingen, d. h. das ganze Bein auswärts zu drehen. Besonderes Augenmerk ist auf den Oberschenkel zu richten. Das Knie muss immer in Richtung auf die Fußspitze gebeugt sein.
3. Beim grand plié halte man die Fersen so lange wie möglich am Boden. Erst wenn die Sehnen nicht weiter zu dehnen sind, hebe man die Fersen weich und allmählich, niemals mit einem Ruck. Die Fersen sollen nicht länger als notwendig vom Boden erhoben werden. Mit dem Wiedererheben des Körpers werden die Fersen ohne Verzögerung gesenkt.
4. In der II. Position dürfen die Fersen nicht vom Boden gehoben werden, da es in dieser Position möglich ist, tief hinunterzugehen, ohne die Fersen zu heben. Die Füße sind um eine Fußlänge voneinander getrennt. Durch diesen kleinen Abstand werden die Beine biegsam gemacht. Auch in diesem plié darf das Gesäß nicht herausgestreckt werden, weil dadurch die Bewegung unkorrekt wird. Bei diesem unkorrekten plié wird die Auswärtsdrehung der Beine nicht erreicht, und gerade das ist der Zweck dieses plié.
5. Wenn der tiefste Punkt im plié erreicht ist, so darf der Schüler

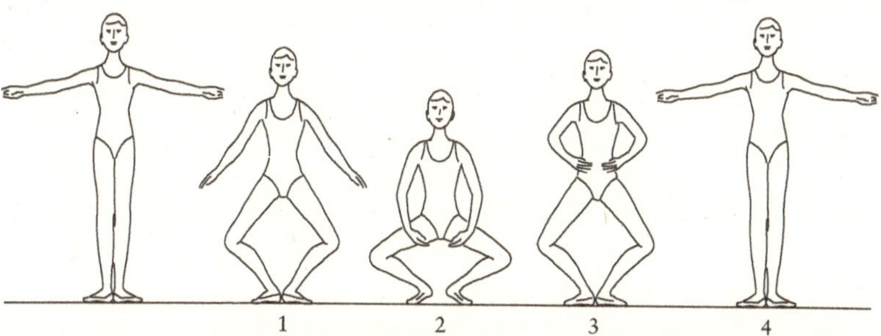

Abb. 4
Grand plié in der I. Position

auch nicht einen Augenblick anhalten, sondern muss unmittelbar mit dem Strecken der Beine beginnen. Wenn eine Schülerin im plié »sitzen bleibt«, nutzt sie weder die Energie ihres Muskelantriebes noch die Elastizität ihrer Beine aus. Im Gegenteil, die Beine – diese Hebel des Sprunges – werden mit der Zeit träge. Tänzerinnen nennen das »sich auf seine Füße setzen«. Ebenso gefährlich ist es, zu viel plié zu machen. Auch das kann dazu führen, dass man »sich auf seine Füße setzt«.

6. Das Senken bis zum tiefsten Punkt beansprucht beim plié die gleiche Zeit wie das Heben und erfolgt gleichmäßig.

Wenn plié im Freien geübt wird, so werden folgende Armbewegungen dazu genommen: Ehe man das plié beginnt, werden die Arme zur II. Position geöffnet, indem man sie durch die Vorbereitende und die I. Position führt. Bei Beginn des plié werden die Arme gesenkt und nur die Hände etwas nach oben genommen. Ist man beim tiefsten Punkt angelangt, so sind die Arme unten. Während des Erhebens werden die Arme durch die I. Position zur II. Position geführt. Die Arme müssen ebenso wie die Beine ohne Hast bewegt werden und ohne an irgendeinem Punkt zu zögern. Wird das plié en face ausgeführt, so ist dies die Armführung für alle Positionen mit Ausnahme der IV. [zu den Positionen der Arme vgl. S. 60 ff.]

Sind die Schüler mit den Begriffen épaulement, croisé und effacé vertraut, so führen sie das plié in der IV. Position mit folgenden Armhaltungen aus: Ist der rechte Fuß vorn, dann ist der linke Arm in der I. und der rechte Arm in der II. Position. Die Arme sollen während der Dauer des plié in dieser Haltung bleiben, wobei es gleichgültig ist, ob der Körper die Richtung

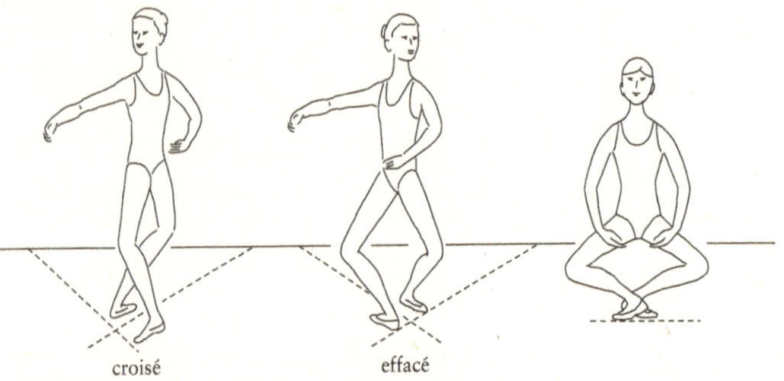

Abb. 5 Demi-plié in der IV. Position und grand plié in der V. Position

effacé oder croisé innehat. Ist der linke Fuß vorn, wechselt die Haltung der Arme entsprechend.

Später, wenn die Schüler gelernt haben, ihre Arme zu bewegen, kann plié mit einem port de bras verbunden werden.

Épaulement Die Entwicklung der künstlerischen Linie beginnt schon bei Anfängern und Kindern mit dem épaulement.

Wir beginnen das Studium mit der Bewegung der Beine. Der Schüler steht en face, bis er gewöhnt ist, das Exercice mit ruhig gehaltenem Oberkörper auszuführen. Als erstes künstlerisches Moment kann dann einiges Spiel des Körpers hinzugefügt werden.

En face ist die natürliche Haltung für die I. und II. Position, und im Allgemeinen bleibt sie auch so. Die III. und die V. Position aber werden mit einer Wendung der Schulter verbunden: Ist der rechte Fuß vorn, so wird die rechte Schulter nach vorn und der Kopf nach rechts gewendet. In der IV. Position sind zwei Wendungen möglich. Ist die Position croisé, so ist die rechte Schulter nach vorn und der Kopf nach rechts gewendet. Ist die Position effacé, der rechte Fuß vorn, so ist die linke Schulter nach vorn und der Kopf nach links gewendet.

Da der Klassische Tanz auf croisé und effacé aufgebaut ist, ist damit ein charakteristischer Grundzug von Anfang an in den Unterricht eingeführt. Der Klassische Tanz schöpft seinen Formenreichtum aus croisé und effacé, er könnte nie so reich und vielfältig sein, wären alle Bewegungen auf das ermüdende und monotone en face aufgebaut. Wenn wir vom épaulement sprechen, dürfen wir nicht vergessen, dass die Richtung des Kopfes in den Haltungen croisé, effacé, écarté u. a. eine dominierende Rolle spielt. Die Fähigkeit, von Kindheit an frei den Kopf zu drehen, muss in das Studium jedes Tanzes, nicht nur des Klassischen, einbezogen sein. Zuweilen kann man auf der Bühne beobachten, wie der Künstler bei Ausführung irgendeiner Bewegung den Hals und damit auch den Kopf gespannt hält, und die Ausführung wirkt angestrengt, ihre Leichtigkeit ist verloren, das Tanzbild hat nicht den erforderlichen Ausdruck. Auch die Gesichtsmuskeln nehmen nicht teil, sie erstarren, drücken nicht die nötige Stimmung aus und entwickeln nicht das tänzerische Bild.

Die Begriffe croisé und effacé

Als wir vom épaulement sprachen, wies ich bereits auf die Unentbehrlichkeit von croisé und effacé für die Vielfalt der Formen im Tanz hin. Ich werde nun die Grundformen von croisé und effacé darstellen.

Croisé

Das grundlegende Merkmal des croisé ist das Kreuzen der Beine. Croisé kann vorwärts und rückwärts gerichtet sein.

Croisé vor: Stehe auf dem linken Fuß, rechter Fuß mit gestreckter Spitze auf dem Boden vorn, Körper nach Punkt 8 gerichtet, Kopf nach rechts, linker Arm zur III. Position erhoben, rechter zur II. Position. Dies ist die Grundhaltung des croisé vor. Kopf und Arme können jedoch verschieden gehalten und kombiniert werden.

Angenommen der rechte Arm ist erhoben und der linke in der II. Position, so kann man, um die Linie zu vervollkommnen, den Kopf vorneigen, als ob man unter dem rechten Arm durchsähe, oder den Blick zum linken Arm richten; dabei muss der Kopf ein wenig zurückgenommen werden.

Mit dieser Variation wird durch die Richtung der Augen der Ausdruck unwillkürlich wechseln. In der erstgenannten Haltung werden durch den geneigten Kopf die Gesichtszüge gesammelt; der erhobene Blick und der zurückgeneigte Kopf glätten die Züge, der Ausdruck wird streng und vergeistigt.

Abb. 6 Croisé und effacé

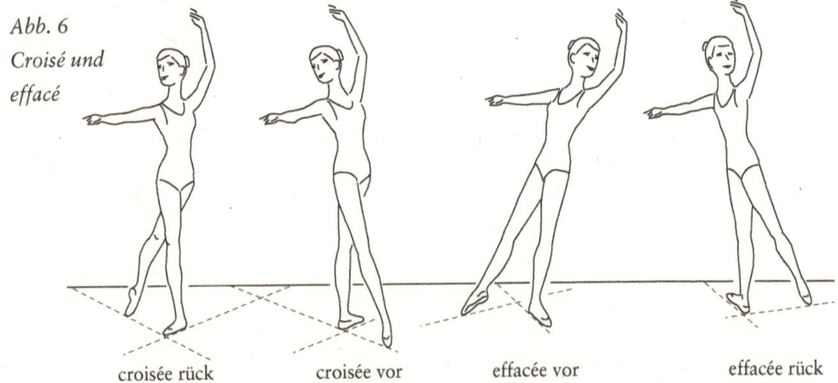

Es ist sehr wünschenswert, mit dem Wechsel des Ausdrucks so früh wie möglich zu beginnen, da sonst ein versteinerter Gesichtsausdruck oder ein ewig gefrorenes Lächeln zur Gewohnheit wird.

Croisé rück: Stehe auf dem rechten Fuß mit der gleichen Wendung des Körpers und des Kopfes, linkes Bein mit gestreckter Spitze zurück. In der Grundhaltung croisé vor wird *der* Arm gehoben, der dem ausgestreckten Bein entgegengesetzt ist. In dieser Haltung croisé rück wird *der* Arm gehoben, der dem ausgestreckten Bein entspricht, d. h. der linke Arm wird erhoben, der rechte zur Seite gehalten.

Auch hier können Kopf und Arme verschieden kombiniert werden, z. B. rechter Arm oben, linker zur Seite, Körper leicht vorgeneigt, Kopf ebenfalls geneigt, als sähe man unter dem rechten Arm durch. Es kann auch ein Arm erhoben sein und der andere in der I. Position.

Effacé Im Gegensatz zum croisé sind die Beine in dieser Haltung offen.

Effacé vor: Stehe auf dem linken Fuß, rechter Fuß vorn offen mit gestreckter Spitze auf dem Boden, der Körper ist nach Punkt 2 gerichtet, Kopf nach links gewendet, linker Arm in der III. Position, rechter Arm zur II. Position geöffnet, Körper nach rück geneigt. Dies ist die Grundhaltung. Man kann aber auch den Körper vorneigen und unter dem linken Arm durchsehen. Es sind auch andere Kombinationen möglich, so können z. B. die Handflächen nach außen gewendet werden.

Effacé rück: Stehe auf dem rechten Fuß, linker Fuß rück mit gestreckter Spitze auf dem Boden nach Punkt 6 gerichtet. Die Richtung des Kopfes, der Arme und des Körpers ist die gleiche wie beim effacé vor, nur ist der Körper leicht vorgeneigt. Durch diese Haltung entsteht der Eindruck des Schwebens, Fliegens. Auch hier sind Kombinationen möglich.

Drehungen en dehors und en dedans

En dehors Unter der Bezeichnung en dehors versteht man drehende Bewegungen, die nach außen gerichtet sind. Jeder, der sich mit dem Studium des Tanzes befasst, sollte sich über diesen Begriff und sein Gegenteil en dedans von Anfang an klar sein. Für alle, die eine klare Definition dieser Fachausdrücke wünschen, gebe ich diese elementaren Erklärungen.

Als erstes Beispiel wollen wir das en dehors besprechen, mit dem der Schüler von Anfang an zu tun hat: das rond de jambe par terre. Dabei gibt es keine Schwierigkeiten, da das Bein offensichtlich nach außen bewegt wird. Es wird ein Bogen von vorn über die II. Position nach rück beschrieben.

Viel schwieriger ist das rond de jambe en l'air en dehors zu verstehen. Den Anfänger irritiert die Tatsache, dass bei Beginn der Bewegung das zur II. Position ausgestreckte Bein sich in einem Halbkreis scheinbar nach innen bewegt, und zwar dann, wenn es den hinteren Bogen des Kreises beschreibt.

Den Schülern, die es nicht verstehen konnten, erklärte ich es mit Erfolg auf folgende Weise: Ich empfahl ihnen, sich das rond de jambe en l'air auf dem Boden ausgeführt vorzustellen. Wenn das Bein in allen Teilen des Kreises dieselbe Richtung durchläuft, wie im rond de jambe par terre en dehors, so haben wir ein rond de jambe en l'air en dehors, und umgekehrt ebenso. So begreift der Schüler leicht, dass en l'air mit einer Auswärtsbewegung aufhört, während par terre mit einer Auswärtsbewegung beginnt; in beiden Fällen ist der vordere Teil des Bogens en dehors.

Bei En-dehors-Drehungen um die eigene vertikale Achse ist die einfachste Erklärung zugleich die umfassendste. Man dreht en dehors, wenn man entgegengesetzt zum Standbein dreht, d. h., steht man auf dem linken Bein und dreht nach rechts, so ist das en dehors, und umgekehrt.

En dedans

Mit en dedans werden drehende Bewegungen bezeichnet, die einwärts gerichtet sind.

Für das rond de jambe ist die Erklärung analog zu en dehors, nur ändert sich die Richtung entsprechend. Bei Drehungen

Abb. 7
Drehungen

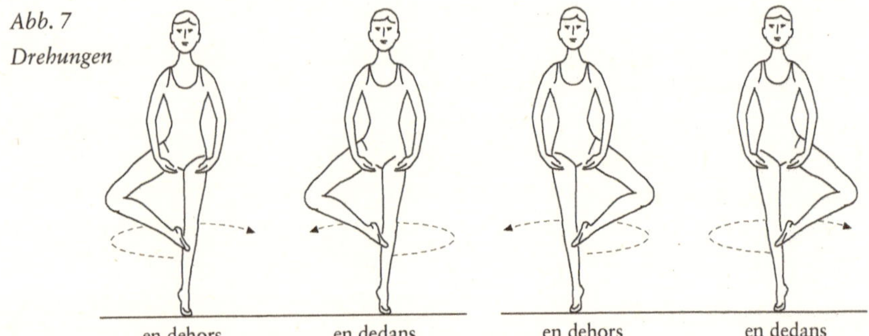

geht die Bewegung in der Richtung des Standbeines, das heißt, wenn man auf dem linken Bein steht, dreht man nach links, und umgekehrt.

Wenn die Grundbegriffe von en dehors und en dedans bei den einfachsten Bewegungen beherrscht werden, so wird es leicht sein, sie in den komplizierteren Fällen zu verstehen, da sie stets das Element des rond de jambe oder der Drehung enthalten.

Auch die Auswärtsstellung der Beine, die im Klassischen Tanz eingenommen wird, bezeichnet man als en dehors. Leute, die nichts vom Klassischen Tanz verstehen, erzählen allerlei Falsches und Sinnloses über diese Auswärtsstellung. Deshalb werde ich den Ursprung dieser Auswärtsstellung erklären; ich muss dazu die Anatomie zur Hilfe nehmen, was ich im Allgemeinen vermeide, um meine Ausführungen nicht mit Einzelheiten zu belasten.

Die Auswärtsdrehung der Beine ist eine anatomische Notwendigkeit für jeden Theatertanz. Ohne diese ist der Umfang der Beinbewegung (Weite und Höhe) wesentlich geringer.

Die Auswärtsdrehung gibt dem Knie die Fähigkeit, in einem größeren Maße nach außen zu drehen, als dies von Natur aus möglich wäre; der Fuß dreht mit dem Knie zusammen nach außen; dies ist eine Folge und bis zu einem gewissen Grade eine Hilfsbewegung. Der Zweck der Auswärtsdrehung von Fuß und Knie ist die Auswärtsdrehung von Oberschenkel und Hüftgelenk. Das Resultat ist die Freiheit der Bewegung im Hüftgelenk. Das Bein kann dadurch leichter zur Seite geführt und leichter mit dem andern gekreuzt werden.*

In normaler Haltung sind die Bewegungen des Beines durch den Bau des Hüftgelenkes sehr begrenzt. Wird das Bein seitlich

* Ich möchte besonders darauf hinweisen, dass man die vollkommene Auswärtsstellung der Füße erst nach längerem Training erreichen kann. Auf keinen Fall sollte man Anfänger veranlassen, vollkommen auswärts zu stehen. Die Entwicklung des »en dehors« muss mit der Entwicklung der Muskeln, die die Auswärtsstellung zu halten imstande sind, zusammengehen. Erzwingt man die Auswärtsstellung hauptsächlich von den Füßen aus, so ist es unvermeidlich, dass der Fuß falsch belastet wird, außerdem wird das Kniegelenk zu stark gedreht, und das kann Schäden und eine Schwächung des Kniegelenkes zur Folge haben. Es ist daher besser, die Auswärtsdrehung vom Hüftgelenk aus zu erarbeiten. Das trifft besonders für Tänzer zu, denen die Auswärtsstellung, bedingt durch ihren Körperbau, im Allgemeinen schwerer fällt als Tänzerinnen. (Anm. d. Übers.)

gehoben, so trifft der Schenkelhals den Rand des Acetabulum (Gelenkpfanne), und eine weitere Bewegung ist unmöglich. Ist jedoch das Bein en dehors gedreht, so tritt der große Trochanter (Rollhügel) zurück, und der Rand des Acetabulum trifft die seitliche Oberfläche des Schenkelhalses. Dadurch kann das Bein in einem Winkel von 90° und selbst von 135° erhoben werden.

Die Auswärtsdrehung erweitert das Arbeitsfeld des Beines bis zum Umfang eines stumpfen Kegels, den das Bein beim grand rond de jambe beschreibt.

Das Hauptaugenmerk muss beim Training des Klassischen Tanzes auf ein vollkommenes en dehors gerichtet werden. Das ist keine ästhetische Erwägung, sondern eine berufliche Notwendigkeit. Eine Tänzerin ohne en dehors ist begrenzt in ihren Bewegungen, während der klassischen Tänzerin mit gut auswärts gedrehten Beinen aller Reichtum an tänzerischen Bewegungen der Beine zur Verfügung steht.

Standfestigkeit (Aplomb)

Vollkommene Körperbeherrschung zu erreichen, aplomb zu bekommen, ist von grundlegender Bedeutung für den Tänzer.

Während der Jahre der Ausbildung wird der aplomb erarbeitet; vollkommen kann er aber nur am Ende des Studiums erreicht werden. Eine korrekte Körperhaltung ist die Grundlage eines jeden Schrittes, daher ist es notwendig, den aplomb in die Grundbegriffe des Klassischen Tanzes einzubeziehen.

Beim weiteren Studium der einzelnen Schritte ist zu beachten, dass ihre richtige Ausführung nur auf dieser Grundlage möglich ist.

Wir lernen Standfestigkeit an der Stange. Während des Exercice muss der Körper gerade auf den Beinen stehen, sodass die Tänzerin jederzeit die Stange loslassen kann, ohne das Gleichgewicht zu verlieren. Dies ist auch ein Übergang zu einem sauberen Exercice im Freien.

Der Fuß darf nicht auf der großen Zehe stehen, sondern das Körpergewicht muss gleichmäßig auf die ganze Fläche des Fußes verteilt werden. Ein Körper, der nicht gerade auf den Beinen steht, sondern sich zur Stange neigt, wird nie Standfestigkeit erlangen. In dieser Standfestigkeit sicherer geworden, können wir mit der Arbeit auf halber Spitze beginnen.

Abb. 8
Körperhaltungen

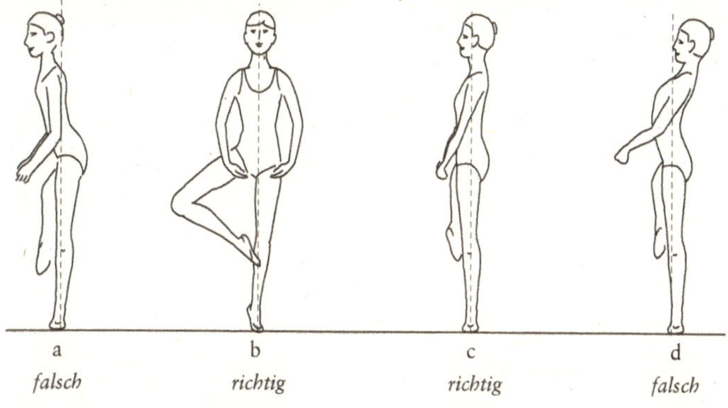

Führen wir die Übungen im Freien auf halber Spitze aus, so erleichtert die richtige Armhaltung die Standfestigkeit; diese ist sehr schwer zu wahren, wenn die von mir gezeigten Armhaltungen nicht befolgt werden. So wird z. B. ein hängender Oberarm niemals die Standfestigkeit unterstützen. Wenn eine Tänzerin ihren Körper so beherrscht, dass sie auf halber Spitze eine Pose längere Zeit halten kann, dann erst kann sie von sich sagen, dass sie aplomb besitzt.

Die endgültige Standfestigkeit erreicht die Tänzerin erst dann, wenn sie fühlt und wenn ihr bewusst ist, welch außerordentlich wichtigen Anteil der Rücken daran hat. Den Halt für die Standfestigkeit bildet die Wirbelsäule. Bei den verschiedenen Bewegungen sollte die Tänzerin durch Beobachtung der Muskelbewegungen lernen, die Haltung der Wirbelsäule zu fühlen und zu kontrollieren. Erst wenn man die Wirbelsäule und eine Verbindung zu den Muskeln der Taille fühlt, erreicht man Standfestigkeit. Erst dann mag sich eine Tänzerin an die schwierigsten Dinge unserer Kunst heranwagen, z. B. große Sprünge mit Rückfall auf ein Bein wie cabriole, grand jeté, für deren Ausführung eine richtige Haltung des Rückens unumgänglich ist.

Battements

In der Fachsprache des Tanzes bedeutet battement das Ausstrecken des Beines aus einer Position und das Rückführen in dieselbe Position. Im Klassischen Tanz ist battement zu vielen Formen entwickelt worden. Bei der Beschreibung dieser Formen werden wir uns mit dem Wesen dieser Bewegung vertraut machen.

Battement tendu

Dieses battement ist die Grundlage des ganzen Tanzes. Es ist eine geniale Erfindung, und der Erfinder muss mit dem Bau und der Funktion der verschiedenen Bänder des Fußes vertraut gewesen sein.

Ein einfaches Beispiel aus der täglichen Arbeit der Tänzerin beweist das: Vertritt sich beim Tanzen eine Tänzerin leicht den Fuß und kann durch die entstandenen Schmerzen keinen Schritt mehr tun, so führt sie sorgfältig einige battements tendus aus, und schnell wird der Fuß wieder arbeitsfähig.

Es ist eine Gewohnheit, vor dem Tanzen einige battements tendus zu machen, um dadurch »die Beine warm zu machen«. Aber diese Übung macht die Beine nicht nur warm, sondern sie bringt sie in einen arbeitsfähigen Zustand, besonders für das allegro. Wenn eine Tänzerin mit den Beinen ungenau arbeitet, so liegt die Vermutung nahe, dass sie nicht zur rechten Zeit dazu angehalten wurde, battements tendus exakt und sauber auszuführen.

Battement tendu simple

Zuerst wird man das battement tendu aus der I. Position ausführen, da das leichter ist als aus der V. Position. Dabei müssen aber dieselben Regeln beachtet werden wie beim battement tendu aus der V. Position, das unten beschrieben ist, nur muss der Fuß zur I. Position zurückgeführt werden.

Die Füße befinden sich in der V. Position, rechter Fuß vorn.

Die Arme sind zur II. Position geöffnet. Das gesamte Gewicht des Körpers liegt auf dem linken Fuß, der rechte ist frei und unbelastet. Der rechte Fuß gleitet vorwärts, ohne die Spitze vom Boden zu erheben. Die Bewegung wird mit vollkommen gestrecktem Bein begonnen. Die Ferse wird so weit wie möglich nach auswärts gedreht; dadurch entsteht der Eindruck, dass die Bewegung von der Ferse aus beginnt und dann von den Zehen weitergeführt wird. Wird die Bewegung nicht sorgfältig ausgeführt, so kann man beobachten, dass der Fuß, der mit der Spitze über den Boden gleitet, sich von ihm abhebt, bevor er mit gestreckter Spitze und Spann den äußersten Punkt erreicht hat, um dann wieder auf den Boden zurückzufallen. Beim Zurückführen des Fußes zur Position soll der Fuß so sorgfältig wie möglich auswärts gedreht sein, um eine korrekte V. Position zu erreichen. Die Zehen folgen der Bewegung nicht passiv, sondern unterstreichen durch Spannung die Rükkehr zur Ferse des linken Fußes. Dies gibt der Bewegung die richtige Form.

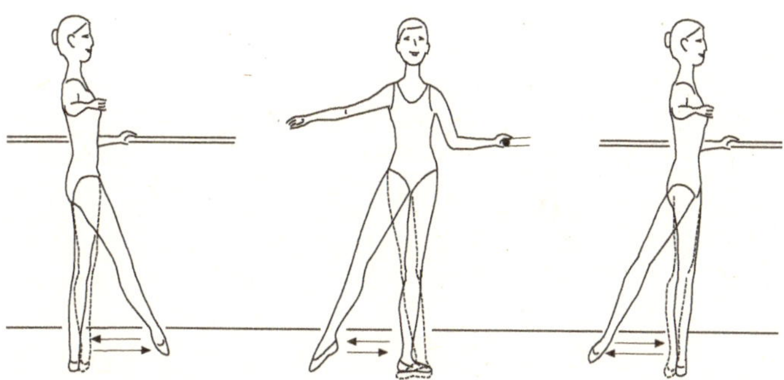

Abb. 9
Battement tendu simple

Die gleiche Bewegung wird zur II. Position und nach rück ausgeführt.

Bei der Übung zur II. Position ist darauf zu achten, dass der rechte Fuß die gerade Linie des nach außen gedrehten linken Fußes fortsetzt und beim Einschleifen in die V. Position die Bewegung zur Ferse gerichtet ist. Die Fußspitzen sind stark nach außen gedreht. Nur durch die sorgfältige Auswärtsdrehung des ganzen Beines kann eine Zick-Zack-Bewegung vermieden werden.

Nach der Bewegung zur Seite schließt der Fuß in der V. Position abwechselnd vorwärts und rückwärts. Beim Rückführen des Fußes sollen das Knie und der Oberschenkel hochgehalten werden, sodass das Knie vollkommen auswärts gedreht ist und sich nicht neigt. Ebenso ist unbedingt darauf zu achten, dass das Bein in einer Linie zum Standbein geführt wird. Battement rück wird mit dem Fuß ausgeführt, der in der V. Position rück steht.

Battement tendu jeté

Battement tendu jeté und battement tendu simple haben große Ähnlichkeit. Das gestreckte Bein gleitet über den Boden und erhebt sich von der I. oder V. Position aus mit der Betonung nach vorn, zur Seite oder nach hinten zur Höhe von 45°. Die Hüfte darf nicht zu sehr gehoben werden. Zuerst wird die Übung aus der I. Position gelehrt. Ohne am Endpunkt der Bewegung eine Pause eintreten zu lassen, wird das Bein wieder in die Position geführt und die Bewegung fortgesetzt. Der französische Name jeté – geworfen – erklärt den Charakter der Bewegung.

Da dieses battement für die Ausbildung von großer Wichtigkeit ist, muss es sehr genau ausgeführt werden. Dabei sind folgende Regeln zu beachten: Wird bei der Vorwärtsbewegung der Fuß zur V. Position zurückgeführt, so muss darauf geachtet werden, dass die Fußspitze des einen Fußes die Ferse des andern berührt. Bei der Seitwärtsbewegung ist besondere Aufmerksamkeit notwendig. Die entscheidende Rolle spielt hier eine außergewöhnlich starke Auswärtsdrehung des Arbeitsbeines. Außerdem ist darauf zu achten, dass der Fuß beim Herausschlagen in die II. Position immer den gleichen Punkt trifft, gleichgültig, ob er aus der V. Position vor oder rück kommt. Die gleichen Regeln, die ich für battement tendu simple gegeben habe, gelten auch hier. Bei der Bewegung nach rückwärts muss der Oberschenkel hochgehalten werden und gut auswärts gedreht sein. Der Fuß soll so bewegt werden, dass er von vorn nicht zu sehen ist. Das Knie darf nicht abgebogen sein. Der Schüler biegt unwillkürlich das Knie ein, um sich die Bewegung zu erleichtern. Wenn der Fuß zur V. Position zurükkgebracht wird, muss die Fußspitze unbedingt gegen den Boden stoßen.

Ich halte es für notwendig, noch einmal auf die Wichtigkeit der Haltung des Oberschenkels hinzuweisen. Das Bein muss ganz nach hinten gehalten werden. Das Knie darf nicht hängen und muss vollkommen auswärts gedreht sein. Dabei muss auf die Genauigkeit des Bewegungsablaufes geachtet werden. Man soll sein Bein fühlen wie eine straff gespannte Sehne. Battement tendu jeté sollte erst dann gelehrt werden, wenn der Schüler battement tendu simple beherrscht, seine Beine gekräftigt sind und er sie frei und ohne Anstrengung bewegen kann.

Battement tendu pour batterie

Diese battements sind besonders für Männer eine Vorübung für battus. Der männliche Körperbau erlaubt eine andere Ausführung der battus, nämlich mit dem Oberschenkel. Eine Frau battiert gewöhnlich mit der Wade, obgleich sie es auf die männliche Art auszuführen versucht. Aber der weibliche Körperbau ist anders als der männliche. Besonders die Formen der Hüften unterscheiden sich von denen des Mannes. Dadurch ist eine andere Art der Ausführung des battu bedingt.

Battements tendus pour batterie haben folgende Form: Von der V. Position wird das rechte Bein zur II. Position zur Höhe von 45° geöffnet, dann schlägt die rechte Wade an das linke Bein vorn an und wird, ohne zur II. Position zu öffnen, nach rück geführt, an die Wade des linken Beins geschlagen und von dort zur II. Position geöffnet. In dem Augenblick, in dem die Wade rück geschlagen wird, berührt die rechte Ferse fast den Boden.

Beide Beine müssen energisch gestreckt sein. Man muss fühlen, dass das battu mit der Wade ausgeführt wird und das Bein wie eine Sprungfeder stark zurückschnellt. Durch die Streckung des Beines bei dieser Bewegung kann es nicht weiter als bis zur III. Position genommen werden. Das Bein darf auch bei der Bewegung nicht die Richtung verlieren, das heißt, es muss vollkommen auswärts gedreht bleiben.

Die Bewegung wird wiederholt, indem zuerst hinten, dann vorn angeschlagen und zur II. Position geöffnet wird. Die Zahl der Wechsel kann dem Schritt entsprechend vergrößert werden, für den diese Bewegung als Vorbereitung dient. Für das assemblé battu genügt ein Wechsel; für das entrechat sind zwei oder mehr notwendig.

Mit Ausnahme des oben erwähnten ist es bei allen klassischen Schritten selbstverständlich, dass sie mit gestreckter Spitze und gestrecktem Spann ausgeführt werden. Sprechen wir von gestreckten Spitzen, so meinen wir auch den gestreckten Spann, selbst wenn wir es nicht erwähnen. Man kann nicht die Zehen strecken, ohne in die Bewegung den Spann mit einzubeziehen.

Grand battement jeté*

Dieses wird wie battement tendu jeté ausgeführt, nur wird die Bewegung des Beines fortgesetzt und das Bein zur Höhe von 90° kräftig herausgeschlagen.

Der Körper darf nicht schwanken oder unwillkürliche Bewegungen machen, wie sie durch das Anspannen falscher Muskelgruppen entstehen. Der Körper wird ruhig bleiben, wenn das Bein unabhängig arbeitet, ohne andere Muskeln an der Bewegung zu beteiligen. Die unerfahrene Tänzerin neigt dazu, Schultern, Hals und Arme zu verspannen. Das ist falsch. Die Hand, die die Stange hält, soll ihre Haltung nicht verändern, der Ellenbogen ist leicht gesenkt. Die Stange dient lediglich als leichte Stütze, die Tänzerin soll sich nicht mit Kraft daran festhalten.

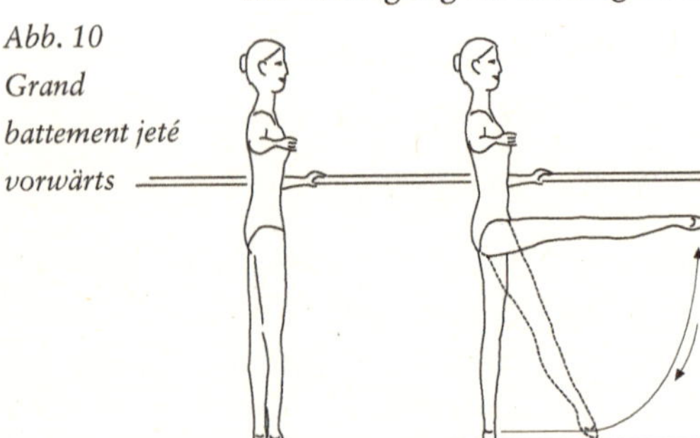

Abb. 10 Grand battement jeté vorwärts

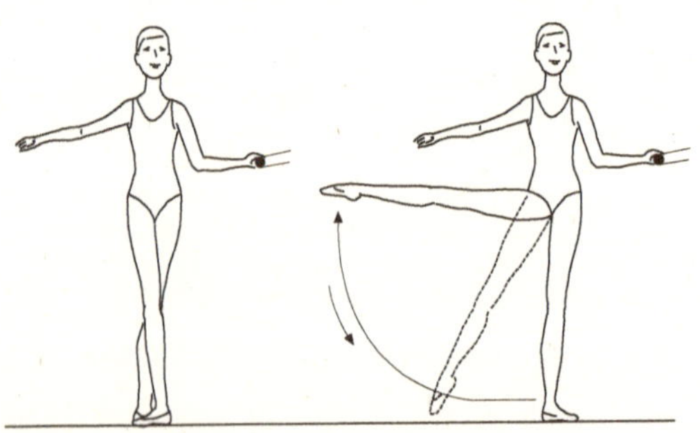

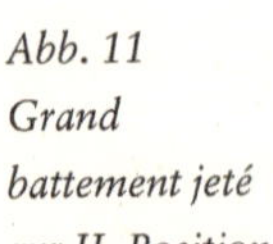

Abb. 11 Grand battement jeté zur II. Position

Nur beim grand battement rückwärts ist zu empfehlen, den Körper leicht nach vorn zu neigen, denn nur dann bleibt die Linie gewahrt, und das Bein arbeitet korrekt.

* Wenn der Bezeichnung einer Bewegung oder einer Haltung das Wort grand (groß) beigefügt ist, so bedeutet dies, dass das Bein zur Höhe von 90 ° erhoben wird.

Im Exercice der Italienischen Schule wird der Körper auch beim battement rückwärts aufrecht gehalten. Dabei ist es unvermeidlich, dass das Bein im Knie einbiegt. Die Linie zerbricht und wird unruhig.

Bei Anfängern soll man keine größere Höhe als 90° verlangen, um nicht die Ausführung dieser Bewegung eines billigen Effektes wegen zu verderben. Selbst Schüler, deren Körperbeschaffenheit eine Höhe von 135° gestattet, sollte der Lehrer davon abhalten. Erst die fertige Tänzerin, die ihren Körper beherrscht, kann jede beliebige Höhe wählen.

Grand battement jeté pointé

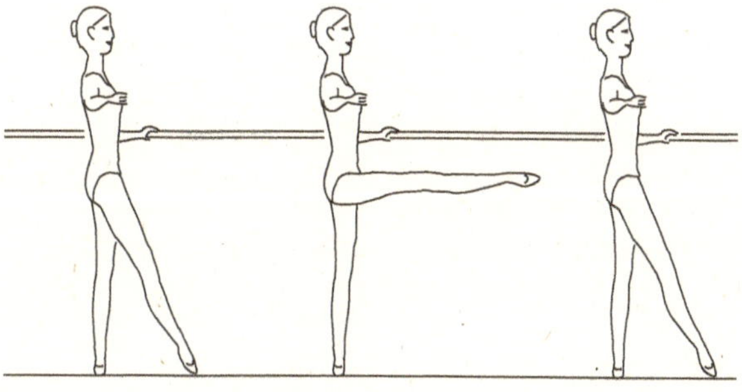

Abb. 12 Grand battement jeté pointé

Dieses battement beginnt mit grand battement jeté. Der Fuß wird aber nicht in die V. Position zurückgeführt. Mit gestrecktem Knie und Spann wird das Bein gesenkt, bis die Fußspitze den Boden berührt. Nun ist es in der Position, die das Bein beim battement tendu simple in dem Moment der größten Streckung einnimmt.

Dieser Punkt wird leicht mit der Spitze berührt, das Bein wieder erhoben und die Bewegung fortgesetzt. Erst nach der letzten Bewegung wird der Fuß zur V. Position geschlossen. Die Haltung des Körpers ist die gleiche wie beim vorhergehenden battement.

Grand battement jeté balancé

Dieses battement wird im Exercice an der Stange ausgeführt.

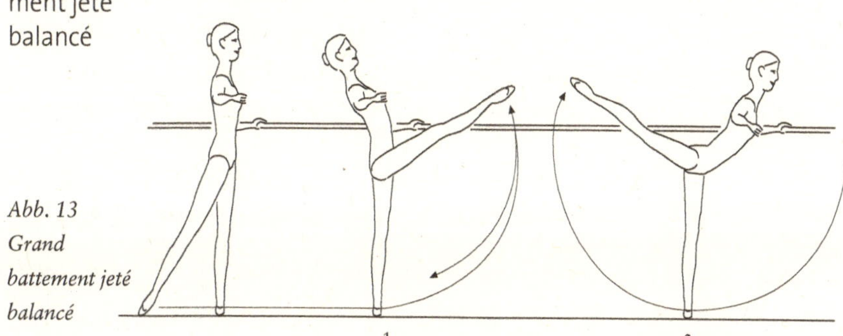

Abb. 13 Grand battement jeté balancé

Zu Beginn ist das Bein rück mit gestreckter Spitze aufgesetzt. Mit einer gleitenden Bewegung wird das Bein durch die I. Position vorwärts zur Höhe von 90° geworfen; entsprechend der Kraft des Schwunges neigt sich der Körper rückwärts. Dann schleift das Bein durch die I. Position rückwärts, der Körper neigt sich vorwärts, es entsteht eine schwingende Bewegung vor- und rückwärts. Der Körper soll sich nur so weit nach rück neigen, wie er sich nach vorn neigt. Der Rücken bleibt gerade, und die Schultern bleiben auf einer Höhe. Die Hand, die sich an der Stange hält, darf ihren Platz bei der Vor- und Rückwärtsbeugung des Körpers nicht wechseln. Anfänger sollten sich nicht damit zufrieden geben, den Körper nur nach vorn zu neigen und die Neigung rückwärts zu vermeiden, weil die Letztere schwieriger ist. Durch diesen Fehler verliert die Übung Form und Sinn. In der II. Position wird diese Übung nur im Freien und nicht an der Stange ausgeführt. Das zur II. Position geworfene Bein wird in die I. oder V. Position eingesetzt, und das andere Bein wird zur II. Position geworfen. Beim schnellen Wechsel der Beine neigt sich der Körper jedes Mal zur Seite des Standbeines.

Battement frappé

Die Ausgangsstellung des rechten Beines ist die II. Position mit aufgesetzter Fußspitze. Der rechte Fuß schlägt den linken sur le cou-de-pied vorn* und wird zur II. Position zurückgeführt. Dabei wird mit der gestreckten Spitze gegen den Boden geschlagen. Die Betonung liegt auf der Rückführung des Fußes zur II. Position.

Beim battement frappé rückwärts schlägt der Fuß nicht sur le cou-de-pied an, sondern

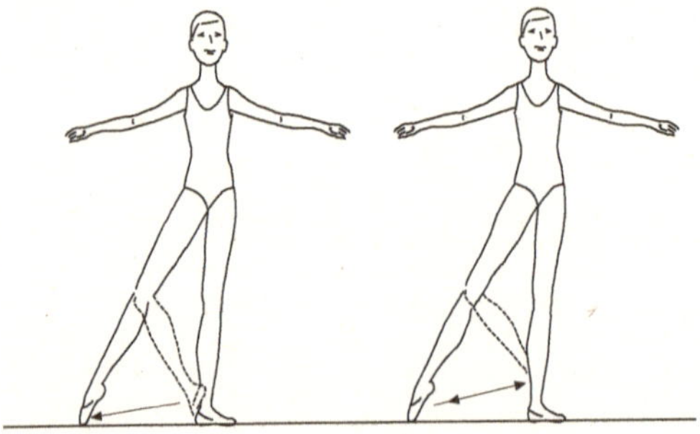

Abb. 14 Battement frappé

*Sur le cou-de-pied vor ist die Haltung des einen Fußes vorn am Gelenk des anderen. Die Sohle umfasst mit gestrecktem Spann und nach unten gehaltenen Zehen das Fußgelenk.
Sur le cou-de-pied rück: Der Spann und die Zehen sind in der gleichen Haltung, die Ferse wird hinten an das Gelenk angelegt. Bei Ausführung des sur le cou-de-pied ist von Anfang an darauf zu achten, dass der Fuß keine gekrümmte Haltung einnimmt.

wird nur hinter das Gelenk geführt. Diese Form ist für das Anfangsstudium des battement frappé üblich.

In den Klassen der Fortgeschrittenen wird das battement frappé auf halber Spitze ausgeführt. Hat das Bein die II. Position en l'air in Höhe von 45° erreicht, so muss dieselbe Betonung bemerkbar sein und die Bewegung zum gleichen Punkt, nämlich zur II. Position, gerichtet sein. Das Knie muss straff und federnd sein, die Berührung des linken Beines ist ein kurzer Schlag, der Fuß soll wie ein Gummiball zurückschnellen. Der Oberschenkel bleibt auswärts gedreht und unbeteiligt. Das Bein muss arbeiten, ohne dass das Knie hin- und herwackelt.

Battement double frappé

Die Bewegung ist die des battement frappé, nur schlägt der Fuß nicht nur an den linken Fuß vorn an, sondern es wird ein zweiter Schlag sur le cou-de-pied rück ausgeführt. Von dort wird der Fuß zur II. Position geöffnet. Ist der erste Schlag rück ausgeführt, so ist der zweite Schlag vorn.

Petit battement sur le cou-de-pied

In der Ausgangsstellung befindet sich der Fuß sur le cou-de-pied vor. Der Unterschenkel wird halb zur II. Position geöffnet; das Bein wird nicht im Kniegelenk gestreckt. Dann wird der Fuß nach rück gebracht und berührt das linke Bein am Fußgelenk. Nun wird das Bein wieder in derselben Art halb zur Seite geöffnet und nach vorn in die Ausgangsstellung gebracht.

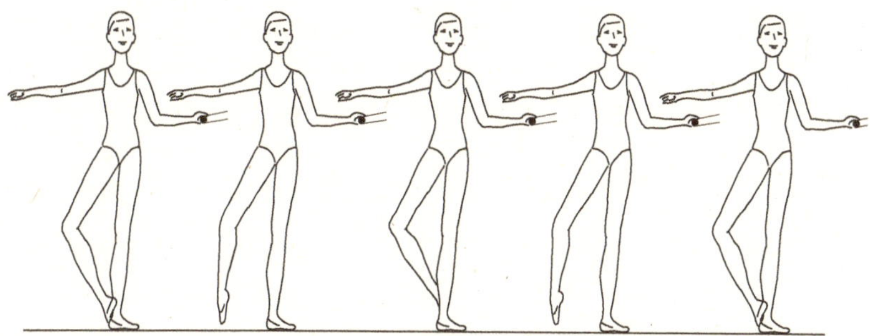

Abb. 15
Petit battement sur le cou-de-pied

Bei den Anfängern sollen petits battements ohne jede Betonung geübt werden. Beim Wechsel des Fußes vor – rück muss darauf geachtet werden, dass der Spann nicht verkürzt, d.h.

der Fuß nicht nach oben gebogen wird. Es soll mit gestrecktem Fuß gearbeitet werden.

Der auswärts gedrehte Oberschenkel bleibt fest und unbeweglich. Der Unterschenkel muss die Bewegung frei und unabhängig vom Oberschenkel ausführen. Bei schnellerem Tempo wird die Öffnung des Beines kleiner. Die Bewegung darf aber nie blass und verwischt werden. Obgleich der Wechsel des Fußes von sur le cou-de-pied vor nach sur le cou-de-pied rück fast unmerklich für das Auge ist, soll die Bewegung doch nicht ihre Präzision verlieren. Sie erfordert die gleiche klare Ausführung wie im langsamen Tempo.

Battement battu

Die Ausgangsstellung ist sur le cou-de-pied. In dieser Stellung werden mit dem rechten Fuß eine Reihe kurzer Schläge in der Haltung sur le cou-de-pied vor gegen das Gelenk des linken Fußes ausgeführt, und zwar mit gestreckter Spitze. Der Unterschenkel soll frei bewegt werden.

Diese Übung soll erst dann gemacht werden, wenn das Bein entwickelt ist, also gewöhnlich erst in den höheren Klassen.

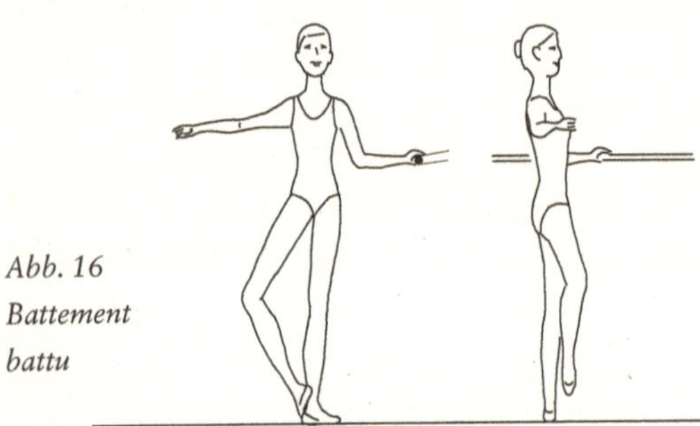

Abb. 16 Battement battu

Battement fondu

Der rechte Fuß wird von der V. Position zur Haltung sur le cou-de-pied gebracht. Gleichzeitig bewegt sich das linke Bein in ein demi-plié. Das linke Knie ist auswärts gedreht. Dann wird das

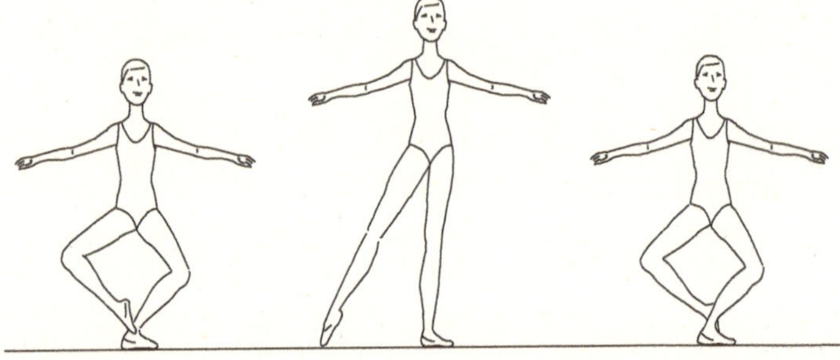

Abb. 17 Battement fondu

rechte Bein mit gestreckter Spitze auf dem Boden nach vorn gesetzt, gleichzeitig wird das linke Bein gestreckt. Der rechte Fuß wird wieder zur Haltung sur le cou-de-pied vor gebracht und die Bewegung wird zur II. Position und zur IV. Position rück wiederholt.

Bei der Bewegung nach rück wird der Fuß sur le cou-de-pied rück gehalten. Es ist darauf zu achten, dass das Knie sich nicht hebt und der Fuß nicht vom Boden gehoben wird. Das kann nur dann gemacht werden, wenn die Übung in einer Höhe von 45° oder 90° ausgeführt wird.

Beim großen und kleinen développé muss das Bein ebenso sorgfältig auswärtsgedreht sein wie beim battement tendu. Wird die Bewegung z. B. rückwärts ausgeführt, so ist darauf zu achten, dass Knie und Oberschenkel nicht gesenkt werden. Diese Bewegung gehört schon zu den komplizierteren Übungen, weil das Standbein an der Arbeit teilnimmt; es geht in plié, während das Arbeitsbein ein battement ausführt.

Battement soutenu

Von der V. Position wird das rechte Bein nach vorn, zur II. Position oder nach rück geführt, gleichzeitig wird mit dem linken Bein ein plié ausgeführt. Dann wird der linke Fuß auf halbe Spitze erhoben, das rechte Bein an das linke herangebracht. Beide Füße treffen sich in der V. Position auf halber Spitze. Von hier aus wird die Bewegung wiederholt oder nach der anderen Seite ausgeführt. Das Arbeitsbein soll nicht zu stark gebeugt und nicht zu hoch genommen werden. (Ausnahme: wenn die Bewegung nicht am Boden, sondern in Höhe von 45° oder 90° ausgeführt wird!)

Abb. 18 Battement soutenu

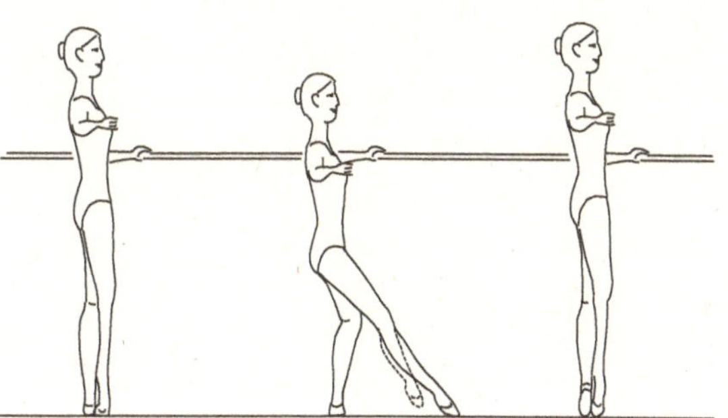

Battement développé

Von der V. Position wird der gestreckte rechte Fuß am Standbein bis zum Knie heraufgeführt und in die gewünschte Richtung geöffnet. Knie und Ferse bleiben auswärts gedreht. Wird das herauszuführende Bein mit der Fußspitze nicht bis zum Knie gebracht, sieht die Bewegung nachlässig aus.

Nachdem der äußerste Punkt von 90° erreicht ist, wird das Bein zur V. Position geschlossen.

Wie beim grand battement jeté wird auch beim développé rückwärts der Körper leicht nach vorn geneigt.

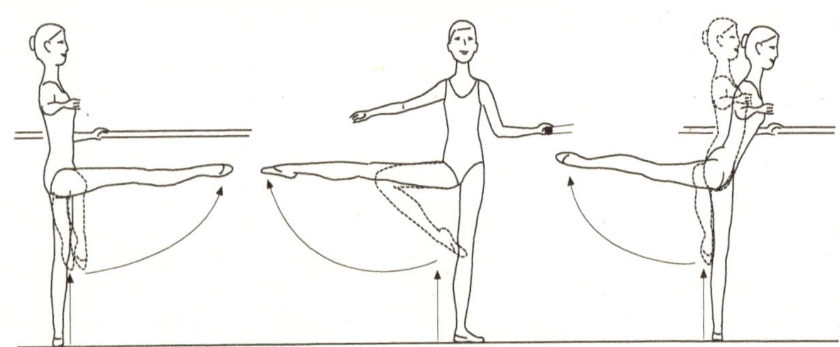

Abb. 19 Battement développé

Innerhalb des Exercice wird diese Übung in zahlreichen Variationen ausgeführt.

1. mit Einbiegen des Beines zum Knie; von da aus wird die Bewegung wiederholt.
2. mit kleinen balancés des zu 90° erhobenen gestreckten Beines; diese balancés sollten nur mit den Spitzen gemacht werden, sodass das Bein nicht zu tief gesenkt wird, sondern leicht schwingt.
3. das nach vorn gestreckte Bein wird mit einer schnellen Bewegung zur II. Position und wieder zurück gebracht. Diese Bewegung wird mit vollkommen gestrecktem Bein auf eine Zeit mit der Betonung nach vorn ausgeführt; die gleiche Bewegung wird nach rück und von der II. Position nach vor und rück geübt.
4. mit Drehung des Körpers développé vorwärts, drehe auf dem Standbein en dedans zur 2. arabesque und zurück auf demselben Bein en dehors. Das Arbeitsbein wird ebenfalls gedreht.*

   In der II. Position: développé zur II. Position, wechsle

* Gemeint ist eine Drehung en pivot, das heißt, das Bein dreht sich im Hüftgelenk. (Anm d. Übers.)

schnell den Fuß, drehe und öffne das andere Bein zur II. Position. Die Hand wechselt an der Stange. Die Stange wird mit der freien Hand gefasst, der Wechsel geschieht gleichzeitig mit der Drehung des Körpers.

Développé ist eine Bewegung des adagio und wird in langsamem Tempo geübt. Am Ende der Bewegung soll etwas angehalten (retardiert) werden. Besonders bei den Anfängern ist darauf zu achten.

Das Standbein ist wie eine Bogensehne gestreckt, das Knie ist vollkommen auswärts gedreht. Der Arm, mit dem die Stange gehalten wird, soll frei und leicht im Ellbogen abgewinkelt sein. Besondere Aufmerksamkeit erfordert die Bewegung vorwärts. Die Arme werden häufig verspannt, das erleichtert zwar das Halten des Beines und das Stehen, unter diesen Umständen ist die Übung aber nutzlos.

Von den vielen Formen des développé werde ich die zwei kompliziertesten beschreiben.

Battement développé tombé

Seinem Charakter nach gehört dieses battement zum kleinen adagio und wird meistens im Freien geübt, bisweilen aber auch an der Stange. Die Bewegungen sind folgende: Mit dem rechten Bein développé vorwärts, gleichzeitig hebt sich das Standbein auf halbe Spitze. Falle mit dem Gewicht des ganzen Körpers auf den rechten Fuß in ein möglichst tiefes plié; das linke Bein ist gestreckt und berührt den Boden nur mit der Spitze. Das Körpergewicht wird wieder auf das linke Bein verlagert, die Ferse des linken Beines wird gesenkt. Mit einer schnellen Bewegung wiederholt das rechte Bein das développé und wird

Abb. 20 Battement développé tombé

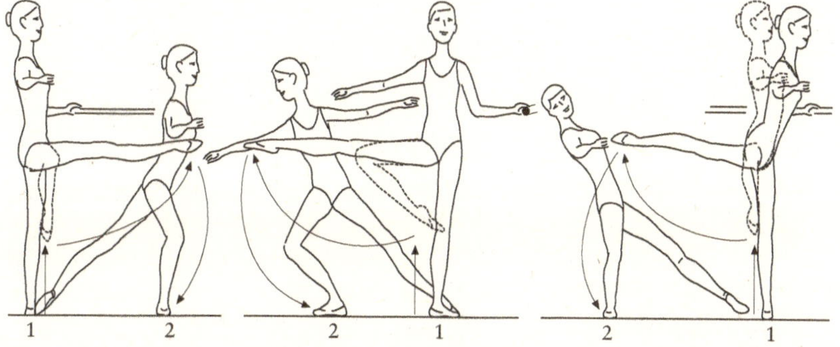

dann wieder in die offene Position gebracht. Gleichzeitig erhebt sich der linke Fuß auf halbe Spitze.

Dieses battement wird nach vorn, zur Seite, rückwärts und in den Richtungen croisé, effacé und écarté geübt. Um dieser Bewegung größere Weite zu geben, weise ich meine Schüler an, sich vorzustellen, dass das Bein ein Hindernis zu überwinden habe. Das bringt die Tänzerin dazu, während des tombé den Körper nicht zu früh zu senken. Das Ergebnis ist ein sehr weites battement.

Battements divisés en quarts

Diese Übung wird im Freien ausgeführt. Man kann sie als eines der ersten adagios betrachten. Sie besteht aus folgenden Bewegungen, die sowohl en dehors als auch en dedans ausgeführt werden können:

Von der V. Position wird das rechte Bein im développé nach vorn geführt, gleichzeitig plié mit dem linken Bein. Dann führt man das rechte Bein zur II. Position, gleichzeitig erfolgt eine Vierteldrehung en dehors auf halber Spitze.

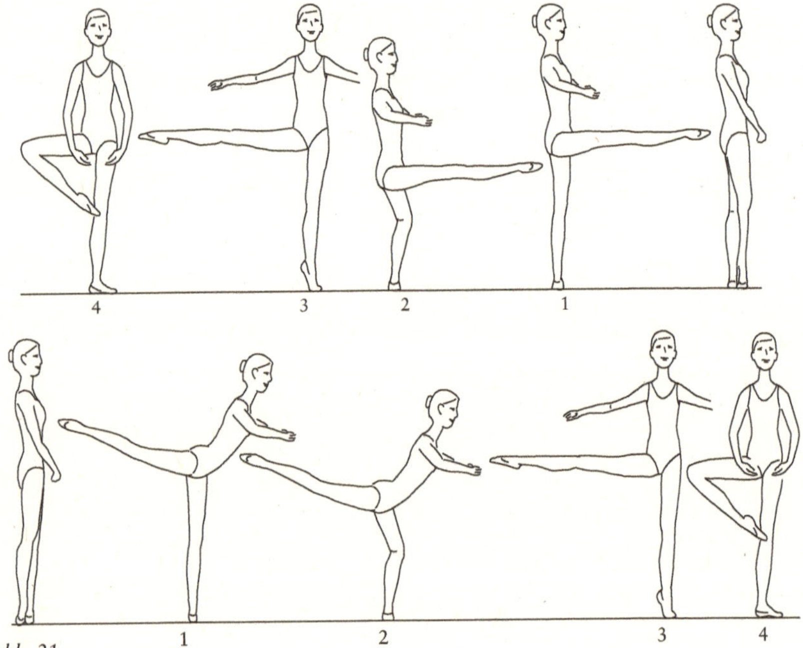

Abb. 21
Battements divisés en quarts en dehors

Das rechte Bein wird im Knie eingebogen und die Bewegung, ohne in der V. Position zu schließen, wiederholt. Nach viermaliger Wiederholung ist der Kreis geschlossen, und der Körper steht wieder en face. Mit einer halben oder ganzen Drehung kann man die Übung erschweren. Die Arme begleiten die Bewegung wie folgt: Beim développé vorwärts werden die Arme zur I. Position geführt, bei der Drehung werden sie zur II. Position geöffnet. Mit développé rückwärts machen wir die gleiche Übung. Die Armhaltung bleibt die gleiche. Wir können die Übung auch mit einer Drehung en dedans ausführen.

Kreisbewegungen des Beines

Rond de jambe par terre

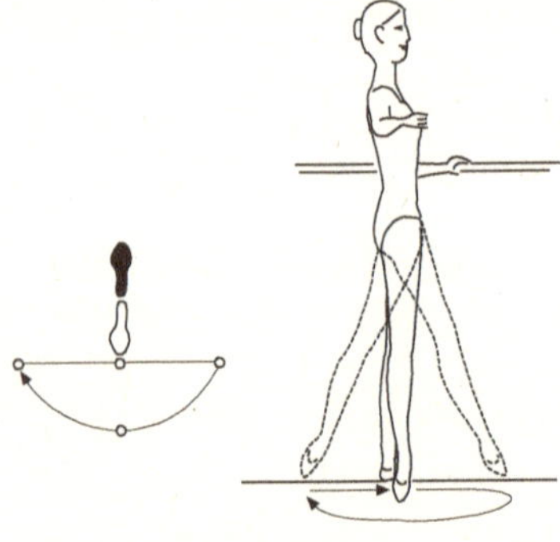

Abb. 22 Rond de jambe par terre

En dehors: Wir beginnen die Übung aus der I. Position. Das Bein wird wie im battement tendu nach vorn geführt, von hier aus beschreibt es mit der Spitze am Boden einen Halbkreis über die II. Position nach rück. Von hier aus wird das Bein in einer geraden Linie mit sich zum Boden senkender Ferse und gestrecktem Knie über die I. Position wieder zu dem Punkt geführt, von dem der Halbkreis begann.

En dedans: Diese Bewegung verläuft in entgegengesetzter Richtung. Das Bein wird von der I. Position nach rück geführt. Von hier aus wird die gleiche halbkreisförmige Bewegung und die gerade Linie, nur in umgekehrter Richtung, ausgeführt. Es sind dabei die gleichen Regeln wie beim en dehors zu beachten. Man beendet die Übung, indem man den Fuß in der V. Position vorn schließt.

Wird rond de jambe in schnellem Tempo geübt, so geht folgende préparation voraus:

Während das linke Bein ein demi-plié macht, wird der rechte Fuß von der V. Position nach vorn geführt. Gleichzeitig wird der rechte Arm zur I. Position geführt. Darauf wird das rechte Bein zur II. Position gebracht und gleichzeitig das linke Bein gestreckt. Zu dieser Bewegung wird der Arm zur II. Position geöffnet. Wird die Bewegung in einem sehr schnellen Tempo ausgeführt, sodass der Fuß nicht mehr den genauen Halbkreis zeichnen kann, so soll auf jeden Fall unbedingt bei der Bewegung en dehors der Fuß den äußersten Punkt rückwärts erreichen. Bei der Bewegung en dedans muss der äußerste Punkt vorn erreicht werden.

Die Bewegung wird leicht unexakt, sodass gerade das Gegenteil gemacht wird, das heißt, en dehors geht die Bewegung von der II. Position durch die I. Position nach vor, en dedans von der II. Position durch die I. nach rück. Dieser Fehler macht die Ausführung der Übung zu leicht und gibt den Muskeln nicht genügend Arbeit.

Rond de jambe en l'air

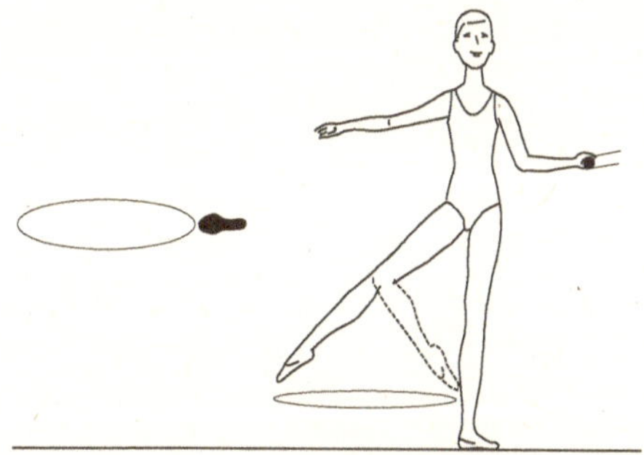

Abb. 23 Rond de jambe en l'air

En dehors: Von der V. Position wird das rechte Bein zur II. Position in Höhe von 45° geöffnet, die Spitze ist gestreckt. Von hier aus wird mit der Spitze ein Oval beschrieben; mit dem hinteren Bogen beginnen wir. Wenn das Knie eingebogen und die Spitze zur Wade gebracht wird, soll diese weder vorn noch hinten über die Wade hinausragen. Oberschenkel und Hüfte bleiben unbeweglich.

En dedans: Die Bewegung en dedans beginnt mit dem vorderen Bogen des Ovals. Wir beenden die Bewegung in der V. Position vorn.

Wenn rond de jambe en l'air beherrscht wird und der Schüler es im schnelleren Tempo zu üben beginnt, muss unbedingt darauf geachtet werden, dass das Bein etwas anhält, wenn es die II. Position passiert. Als préparation kann man temps relevé benutzen.

Rond de jambe en l'air ist eine sehr wichtige Übung, die eine große Rolle in der weiteren Entwicklung des Körpers für das klassische Ballett spielt. Die Übung soll besonders genau ausgeführt werden. Das Bein darf nicht im Kniegelenk wackeln, da es dann nicht den genügenden Nutzen von dieser Übung hat.

Korrekt ausgeführte ronds de jambe en l'air kräftigen den Oberschenkel und machen den Unterschenkel gewandt und geschickt für alle drehenden Bewegungen. Für fouetté en tournant z. B. ist das besonders wichtig, da hier jede falsche Bewegung der Tänzerin das Gleichgewicht nimmt. Außerdem verleiht ein gut entwickeltes Bein jeder tänzerischen Bewegung der Beine Ausdruckskraft.

Grand rond de jambe jeté

Diese Übung wird an der Stange ausgeführt.

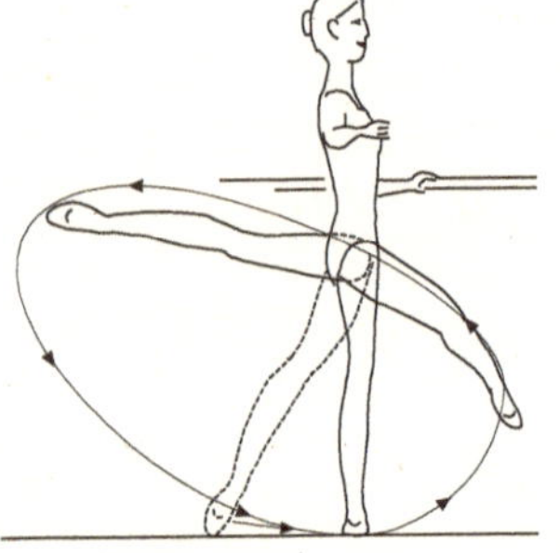

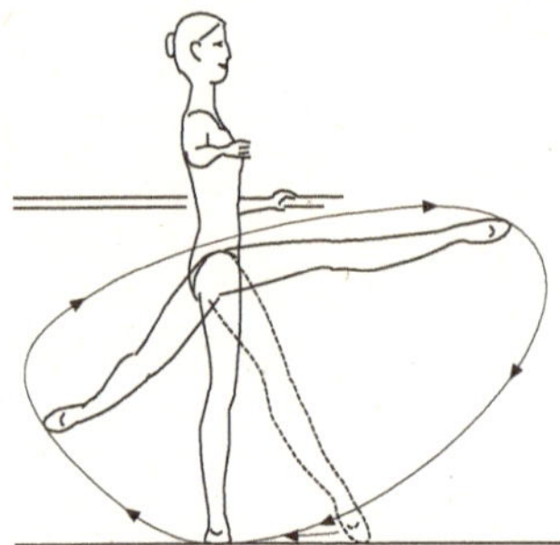

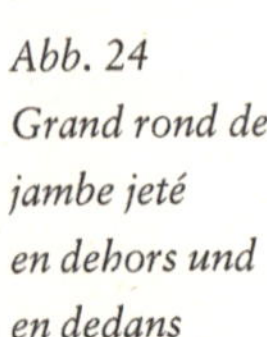

Abb. 24 Grand rond de jambe jeté en dehors und en dedans

En dehors: Im Unterricht wird dieses rond de jambe gewöhnlich vom rond de jambe par terre eingeleitet; dieses gibt die nötige Vorbereitung für das kräftige Herausschlagen des Beines.

Von der IV. Position rück, Spitze aufgesetzt, wird das Bein kräftig durch die I. Position herausgeworfen; es fliegt nach oben in einer halbgebogenen Haltung. In Höhe von 45° streckt sich das Knie. Mit einer Drehung im Hüftgelenk in Höhe von 90° beschreibt das Bein einen Kreis und wird in die IV. Position zurückgebracht. Der Kreis soll so weit wie möglich gemacht werden, das Bein beschreibt so den weitesten Bogen.

Die Übung soll so ausgeführt werden, dass das Bein unabhängig arbeitet, ohne den Körper in die Bewegung einzubeziehen. Dies ist möglich, wenn die Muskeln vollkommen entwikkelt und vom Willen kontrollierbar sind. Bei einer korrekten

Ausführung bleibt der Körper ruhig. Die starke Spannung aller Muskeln, die ihn tragen, ist nicht bemerkbar, während das Bein von der Hüfte bis zu den Zehen intensiv arbeitet.

En dedans: Die Bewegung wird in umgekehrter Richtung ausgeführt. Das Bein wird von der IV. Position vor durch die I. Position in einer halbgebogenen Haltung nach rück herausgeworfen und fest im Schenkel gehalten. Von dort geht es, einen Kreis beschreibend, durch die II. Position nach vorn in Höhe von 90°. Dies gibt Kraft und dem Kreis einen großen Umfang. Es ist unbedingt darauf zu achten, dass das Bein im Moment des Herauswerfens genau durch die I. Position geführt wird.

Grand rond de jambe jeté ist eine reine Bewegung des Stangen-Exercice. Erfahrene und gut trainierte Tänzerinnen können sich gelegentlich erlauben, ihre Trainingsstunden damit zu beginnen. Diese Übung bringt den gesamten Körper sofort zu intensiver Arbeit. Schüler und unfertige Tänzerinnen dürfen grand rond de jambe jeté jedoch nur nach vorbereitenden Übungen ausführen, da die Spannung der Sehnen und Muskeln der Hüfte außerordentlich groß ist.

Die Arme

Positionen der Arme

In meiner Terminologie bezeichne ich nur drei Positionen der Arme. Alle anderen Haltungen betrachte ich nur als Variationen dieser ursprünglichen drei Haltungen und halte es daher für überflüssig, sie besonders zu bezeichnen. Wird eine komplizierte Übung oder ein Tanz gelehrt, so muss die Haltung der Arme gezeigt und nicht beschrieben werden.

Vorbereitende Position

Die Anfangshaltung der Arme ist die Vorbereitende Position. Die Arme sind gesenkt, die Hände mit den Handflächen nach innen geschlossen, berühren sich aber nicht. Die Ellenbogen sind leicht gerundet, sodass die Arme vom Ellenbogen bis zur Schulter den Körper nicht berühren und unter den Achselhöhlen kein Kontakt mit dem Körper vorhanden ist.

Abb. 25 Positionen der Arme

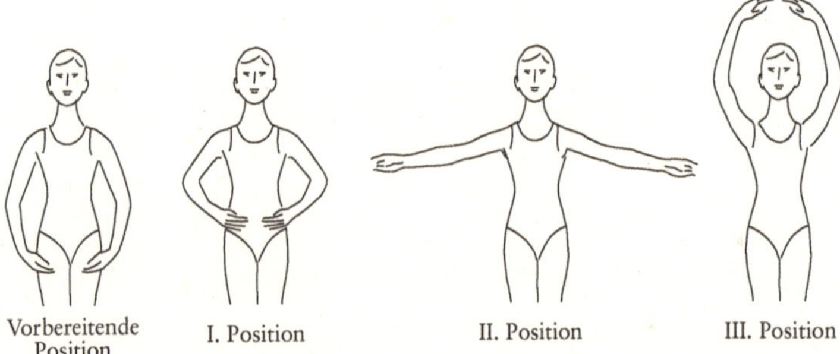

Die Art der Handhaltung in der Vorbereitenden Position wie auch in den folgenden Positionen kann nur praktisch demonstriert werden. Sie ist sehr schwer zu beschreiben. Bis zu einem gewissen Grade wird die Illustration helfen; ich will noch Folgendes hinzufügen: Alle Finger sind frei gruppiert und entspannt. Der Daumen berührt den Mittelfinger. Die Hand ist im Gelenk nicht abgeknickt, sondern von der Schulter aus wird die leicht gerundete Linie des Armes fortgesetzt.

Wenn die Anfänger bei Beginn des Exercice den Daumen nicht fest am Mittelfinger halten, so werden sich alle Finger spreizen, da beim Exercice die Aufmerksamkeit auf die Beine und den Körper gerichtet ist. Die Spitzen des kleinen Fingers und des Zeigefingers sind gerundet. Ist die Schülerin fortgeschrittener, so mag diese Haltung der Finger aufgelockert werden.

I. Position

Die Arme sind vor dem Körper in der Höhe des Magens erhoben und leicht gerundet, damit sie sich beim Öffnen zur II. Position zu ihrer vollen Länge öffnen können. Beim Heben der Arme zur I. Position werden sie von der Schulter bis zum Ellenbogen durch Anspannen der Oberarmmuskeln getragen.

II. Position

Die Arme sind zur Seite geführt, sehr leicht im Ellenbogen gerundet. Der Ellenbogen soll durch die gleiche Spannung im Oberarm gehalten werden. Die Schultern dürfen nicht hoch- oder zurückgezogen werden. Der Unterarm vom Ellenbogen bis zur Handfläche ist in einer Ebene mit dem Ellenbogen zu halten. Die Hand, die infolge dieser Spannung herabhängt, muss ebenfalls gehoben werden, damit auch sie an der Bewegung teilhat. Halten wir die Arme während des Unterrichts in dieser Position, entwickeln wir sie auf die beste Art und Weise für den Tanz. Zu Beginn wird diese Armhaltung sehr künstlich wirken. Der Erfolg aber wird später kommen. Niemals wird dann der Ellenbogen hängen, die Arme werden keine Aufmerksamkeit mehr erfordern; sie werden leicht, lebendig, natürlich und ausdrucksvoll sein. Kurz gesagt, sie sind vollkommen entwickelt.

III. Position

Die Arme sind über den Kopf erhoben, die Ellenbogen gerundet, die Handflächen nach innen gewendet, die Hände nahe beieinander, aber sich nicht berührend. Die Tänzerin soll sie sehen können, ohne den Kopf zu erheben.

Die Bewegung des Senkens der Arme von der III. Position durch die II. in die Vorbereitende Position soll sehr einfach sein. Der Arm wird von selbst in die korrekte Position kommen, wenn er den Endpunkt erreicht. Die unkorrekte Manier mancher Pädagogen, der Hand eine übertriebene süßliche Verschnörkelung zu verleihen, muss vermieden werden. Wenn sie den Arm zur II. Position führen, lassen sie die Hand etwas nachziehen und drehen die Handfläche nach unten. Dies zerbricht die Linie. Die Bewegung erscheint unnötig kompliziert und süßlich.

Ich wiederhole, die Hand wird sich ganz natürlich drehen, wenn es nötig ist. Die künstliche Drehung der Hand ist eine typische Bewegung von Tänzerinnen, die sich »Plastische Tänzerinnen« nennen. Ihre mangelhafte Technik braucht solche Ausschmückungen, denn sie haben nichts, worauf sie sonst ihre »Tänze« aufbauen könnten. Wir in unserer Schule brauchen das nicht.

Die arabesque erfordert eine besondere Haltung des Armes. Der Arm ist nach vorn ausgestreckt, die Hand geöffnet, die Handfläche nach unten gerichtet. Der Ellenbogen soll nicht zu sehr gestreckt sein und die Schulter dabei nicht nach vorn genommen werden. Die französische Weise, das Handgelenk nach oben abzubiegen, lenkt den Blick des Zuschauers von der Figur des Tänzers ab und legt den Akzent auf die Arme. Der Zuschauer sieht auf die Arme und nicht auf die Gesamtlinie. Meine Art steht der italienischen näher, aber die Bewegung ist freier, die Finger sind ungezwungen, die Hand ist nicht so sehr ausgestreckt.

Port de bras

Im Klassischen Tanz ist port de bras die Grundlage des Wissens um den Gebrauch der Arme. Durch besondere Übungen werden die Arme, die Beine und der Körper getrennt entwickelt. Aber nur die Fähigkeit, die richtige Haltung ihrer Arme zu finden, gibt der Tänzerin den kultivierten künstlerischen Ausdruck und verleiht ihrem Tanz die volle Harmonie. Die Haltung des Kopfes gibt die letzte Form und vollendet die Schönheit der ganzen Linie. Der Blick, selbst der flüchtige Blick, gibt der Bewegung den letzten Zauber. Die Wendung des Kopfes, die Richtung der Augen spielen im Ausdruck einer jeden arabesque und attitude ebenso entscheidende Rollen wie in allen anderen Haltungen.

Port de bras ist der schwierigste Teil des Tanzes und erfordert größte Arbeit und Konzentration. Vollkommene Kontrolle über die Arme verrät eine gute Schule.

Port de bras ist besonders für solche Tänzerinnen schwierig, die von der Natur nicht mit schönen Armen ausgestattet sind. Sie müssen mehr als alle anderen auf ihre Arme achten, sie sehr bewusst führen. Nur so können sie die Schönheit der Linie und der Bewegung erreichen. Ich hatte aber auch Schülerinnen mit von Natur aus schönen Armen, die aus mangelhaften Kenntnissen des port de bras keine freien, gelösten Bewegungen hatten.

Es ist notwendig, dass die Arme von der Vorbereitenden Position aus gerundet sind, sodass die Spitzen der Ellenbogen nicht zu sehen sind. Bilden die Ellenbogen Winkel, so wird die weiche Linie, die die Arme haben müssen, zerstört. Die Hand muss in gleicher Höhe mit der Biegung des Ellenbogens sein und muss gehalten werden; sie darf nicht zu sehr abgebogen werden, da sonst die Linie zerbricht.

Gegenwärtig besteht die Neigung, die Hände übermäßig zu strecken: Das ergibt eine harte, steife Linie. Die Ellenbogen müssen nach oben gehalten und die Finger in der angegebenen Weise gruppiert werden. Der Daumen soll nicht ausgestreckt werden. Die Schultern müssen gesenkt und unbewegt bleiben. Die Positionen der Arme im port de bras müssen selbstverständlich erscheinen. Jede Bewegung der Arme muss durch die I. Position geführt werden. Dies gilt für Bewegungsabläufe am Boden wie für Sprünge.

Sobald man mit dem Studium des port de bras beginnt, bekommen die Ausführungen der Schritte ein tänzerisches, künstlerisches Aussehen. Die Arme beginnen zu spielen.

Wenn wir von der Hand nichts weiter verlangen als eine korrekte Haltung im Verhältnis zum Arm, während die ganze Aufmerksamkeit auf die Entwicklung der Beine gerichtet ist, so ist das kein großes Versäumnis. Wichtig für die Entwicklung der Tänzerin ist es, sie zu lehren, die Arme ruhig zu halten und in den Armen frei und unabhängig von der Bewegung der Beine zu sein.

Bei Kindern und Anfängern wollen immer die Arme die Bewegung der Beine nachahmen und an der Arbeit teilnehmen; zum Beispiel wird beim rond de jambe unwillkürlich mit den Armen eine kreisähnliche Bewegung ausgeführt. Wenn der Schüler es später fertig bringt, die Bewegungen der Arme und Beine zu trennen, wenn bei angestrengter Arbeit der Beine, die manchmal äußersten Energieaufwand erfordert, um die geforderte Bewegung zu meistern, die Arme ruhig bleiben und nicht an der Bewegung teilhaben, ist damit bereits ein Schritt vorwärts getan.

Man benötigt viel weniger Zeit, die Arme einer Tänzerin zu entwickeln, sie in einen gehorsamen und harmonischen Zustand zu bringen, als für die Entwicklung der Beine nötig ist. Das Bein wird durch lange tägliche, fortlaufende Arbeit entwickelt, gekräftigt und fügsam gemacht. Wie wenig Zeit auch im Vergleich zu den Beinen für die Arme verwendet wird, sie müssen ihre notwendige Ausarbeitung erhalten.

Man denke an die so genannten »Plastischen Tänzerinnen«, die in einigen Monaten der Ausbildung durchaus annehmbare Arme bekommen, während sich ihr Körper und ihre Beine im Anfangszustand befinden.

Aus diesem Grund mag der Arm ruhig bleiben und korrekt gehalten werden bei Übungen, die dazu bestimmt sind, die Beine zu entwickeln.

Mit port de bras wird auch die Hand beteiligt und gibt der Übung die gewünschte Färbung. Hier beginnt auch das Training für die Kontrolle des Kopfes und seiner genauen Richtung. Es ist der Kopf, der die Schattierung jeder Bewegung bestimmt. Üben wir port de bras, so ist der Kopf die ganze Zeit beteiligt.

Port de bras ist zahlreich und vielgestaltig. Es gibt keine besonderen Namen für seine verschiedenen Formen. Ich werde einige Beispiele anführen.

1. Stehe in der V. Position croisé, rechter Fuß vorn. Von der Vorbereitenden Position führe die Arme durch die I. zur III. Position, öffne sie zur II. Position und senke sie zu ihrem Ausgangspunkt, der Vorbereitenden Position.

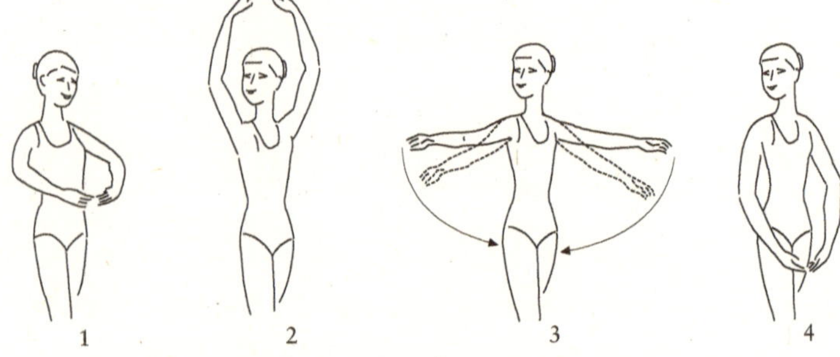

Abb. 26 Port de bras 1

Um dieser Übung das Charakteristische zu geben, um, wie wir im Unterricht sagen, »mit den Armen einzuatmen«, muss man Folgendes beachten:

Während die Arme zur II. Position geführt werden, öffnen sich die Hände, und man atmet tief und ruhig, aber nicht übertrieben ein (ohne die Schultern zu heben). Die Handflächen werden nach unten gewendet, und während des Ausatmens führt man die Arme fließend abwärts, wobei es erlaubt ist, die Finger leicht nachziehen zu lassen, aber ohne Überbetonung und ohne das Handgelenk zu stark abzubiegen.

Haben die Arme die I. Position erreicht, so wird der Kopf nach links geneigt, der Blick folgt den Händen; sind die Arme in der III. Position, ist der Kopf gerade; werden die Arme geöffnet, wendet und neigt sich der Kopf nach rechts. Während der ganzen Bewegung folgt der Blick den Händen. Ist die Bewegung beendet, so ist der Kopf wieder gerade.

2. Stehe in der V. Position, rechter Fuß vorn. Führe die Arme von der Vorbereitenden zur I. Position, dann den linken zur III., den rechten zur II. Position; dann wechsle, das heißt, führe den linken Arm zur II., den rechten zur III. Position. Dann senke den linken Arm zur Vorbereitenden Position und führe ihn über diese zur I. Position, wo er mit dem inzwischen herabgeführten rechten Arm zusammentrifft. Von hier aus wird die gesamte Bewegung wiederholt. Die Bewegung des Kopfes zu diesem port de bras ist folgende:

Sind die Arme in der I. Position, blicke auf die Hände und neige den Kopf nach links; in der nächsten Position wende den Kopf nach rechts; ist der rechte Arm in der III. Position, wende und neige den Kopf nach links. Am Ende der Bewegung ist der Kopf nach links gewendet.

Abb. 27
Port de bras 2

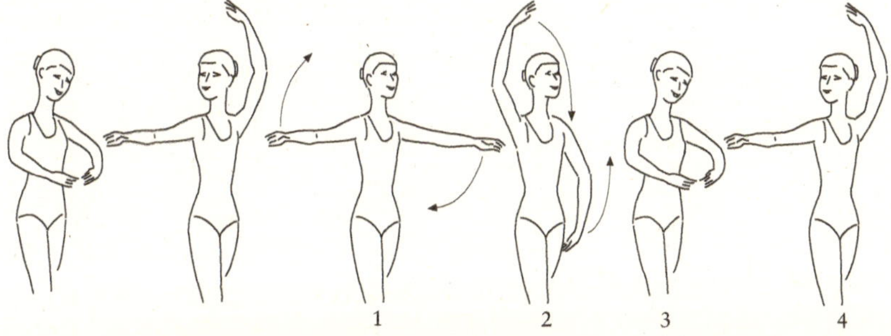

3. Stehe in der V. Position, öffne die Arme zur II. Position (Kopf nach rechts), atme, wie im ersten port de bras beschrieben, senke die Arme zur Vorbereitenden Position; gleichzeitig beuge

den Körper und den Kopf nach vorn, behalte während der ganzen Übung einen geraden Rücken. Dann beginnt das Aufrichten folgendermaßen: Erhebe den Körper zur Ausgangsstellung. Während Kopf und Körper erhoben werden, führe die Arme durch die I. Position zur III., dann beuge den Körper so weit wie möglich zurück, ohne dass der Kopf zurückfällt. Die Arme werden nach der bekannten Regel vor dem Kopf gehalten und dürfen nicht aus dem Blickfeld kommen. Die Augen bleiben auf die Arme gerichtet. Richte den Körper gerade auf, öffne die Arme zur II. Position.

Zu diesem port de bras wird am besten ein Viervierteltakt genommen: auf eins Körper nach vorn beugen, auf zwei zur Ausgangsposition zurückkehren, auf drei zurückbeugen, auf vier zurückkehren zur Ausgangsposition und die Arme zur II. Position öffnen.

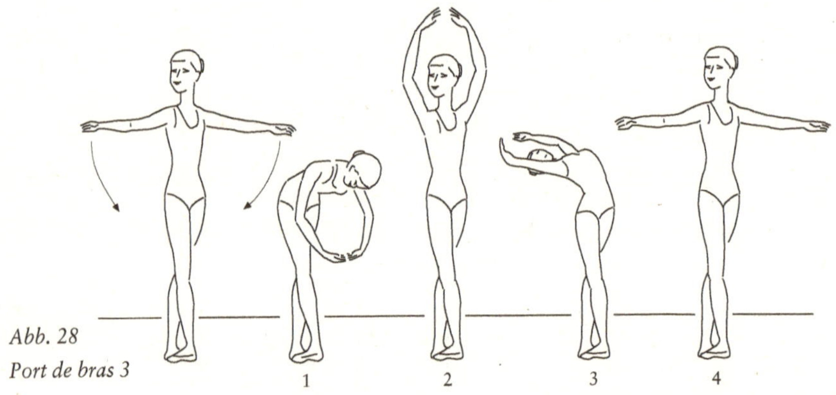

Abb. 28
Port de bras 3

4. Die folgende Übung stammt aus der Italienischen Schule, sie ist aber jetzt bei uns weit verbreitet. Um diesem port de bras die künstlerische Linie zu geben, die ihm eigen ist, muss es, obgleich es einfach erscheint, mit größter Sorgfalt ausgeführt werden. Ich will mich bemühen, es ins Einzelne gehend zu erklären, obwohl es schwer ist, die freien, fließenden, einander kreuzenden Einzelheiten der Bewegung in Worten auszudrücken. Stehe in der V. Position, rechter Fuß vorn. Führe die Arme durch die I. Position, den linken zur III., den rechten zur II. Position, der Blick ist auf die linke Hand gerichtet. Führe den linken Arm zur II. Position, zur gleichen Zeit dehne den Brustkasten kräftig, spanne den Rücken, wende den Oberkörper nach links, bringe die linke Schulter so weit zurück, dass

sie gut im Spiegel zu sehen ist. Die rechte Schulter kommt durch diese Wendung nach vorn, und der Kopf ist dann nach rechts gewendet. Trotz der starken Wendung des Körpers bleiben die Füße unbeweglich. Der Körper nimmt wieder die Ausgangsstellung ein, dadurch kommt der rechte Arm in die I. Position, wo er mit dem linken Arm, der von rück herangeführt wird, zusammentrifft.

Nun die weiteren Einzelheiten. Wenn der linke Arm in der III. und der rechte in der II. Position ist und die Bewegung beginnt, folgen die Hände: Dabei werden die Handflächen nach unten gehalten, die Finger ausgestreckt, als durchschnitten sie die Luft und hätten einen Widerstand zu überwinden. Die Handgelenke sind leicht eingebogen, und die Hände werden etwas hinter den Armen nachgezogen. Wenn beide Arme die II. Position erreichen und der Körper die geforderte Wendung ausgeführt hat, entspannen sich die Arme leicht, sie dürfen sogar etwas hängen; sie sind weich und ohne Kraft. Dies wird durch die Spannung des Rückens verursacht und gibt der Übung die vollendete, nicht-schulmäßige Wirkung, die sie haben soll.

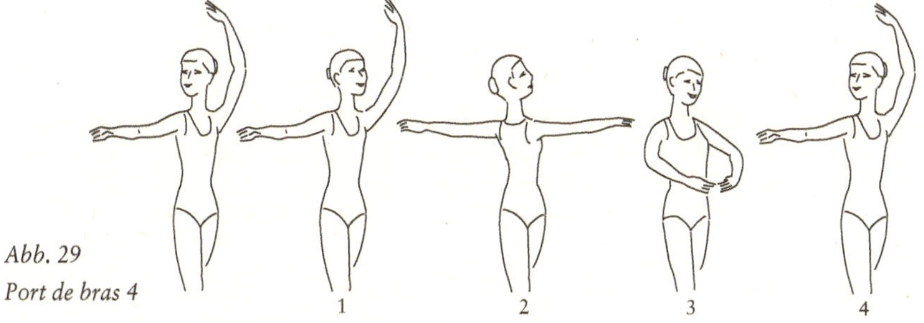

Abb. 29
Port de bras 4

5. Dieses port de bras wird gewöhnlich am Ende der Unterrichtsstunde geübt, wenn der Körper geschmeidig ist. Es entwickelt größere Biegsamkeit.

Stehe in der V. Position, rechter Fuß vorn; linker Arm ist zur III. Position erhoben, rechter Arm in der II. Position, beuge Körper und Kopf vorwärts (der Kopf ist zum linken Arm gewendet), ohne die gerade Linie des Rückens zu verlieren; senke den linken Arm zur I. Position, führe den rechten Arm durch die Vorbereitende Position in die I. Position, wo er mit dem linken Arm zusammentrifft. Beuge den Körper mit einer Wendung nach links zurück, das heißt, die linke Schulter wird nach rück bewegt. Es ist darauf zu achten, dass die rechte Schulter nicht gehoben wird. Der Blick folgt der Bewegung der Arme. Die Arme sind von der I. Position aus wie folgt zu führen: Führe den rechten Arm zur III. Position, den linken zur II., Kopf und Blick sind zum linken Arm gewendet. Bringe dann den Körper zur Ausgangsstellung zurück, führe den rechten Arm zur II., den linken zur III. Position.

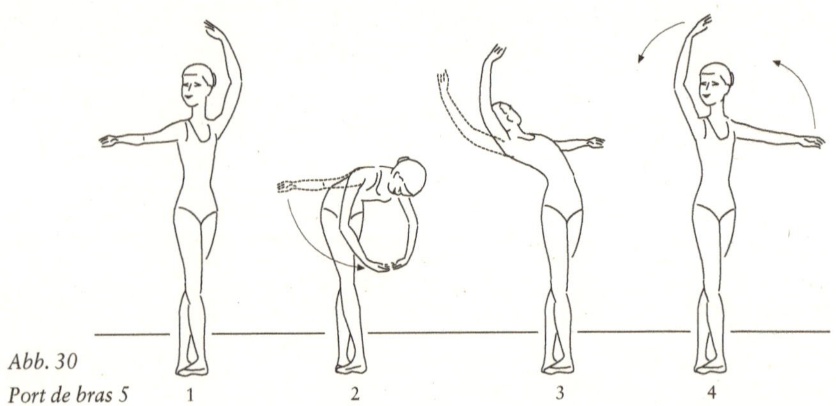

Abb. 30
Port de bras 5

6. Grand port de bras: Stehe croisé, linker Fuß rück mit der Spitze auf dem Boden; der linke Arm befindet sich bereits in der III., der rechte in der II. Position. Führe mit dem rechten Bein ein plié aus, strecke das linke Bein mit dem Fuß am Boden nach rück aus. Man kann den linken Fuß vollkommen am Boden lassen oder die Ferse heben und den Boden nur mit der Spitze berühren. (Die erste Art lässt den Körper sich stärker beugen und stärker arbeiten.) Zur selben Zeit beuge den Körper langsam vor, dabei bleibt der linke Arm in der III. Position. Beuge den Körper so weit wie möglich nach vorn, halte den Rücken dabei gerade, vermeide das Heben der Schultern. Inzwischen senkt sich der rechte Arm und trifft den linken Arm in der I. Position, genau in Magenhöhe. Während eine der jeweiligen besonderen Struktur entsprechende, so weit wie möglich verlängerte IV. Position entsteht, richte den Körper wieder auf, verlege das Gewicht auf den linken Fuß, während der rechte Arm in die III. Position geführt wird. Der linke Arm geht in die II. Position. Beuge dich rückwärts, spanne gut die Rückenmuskeln. Wende den Kopf über die linke Schulter zurück. Die Haltung ist die gleiche wie im port de bras 4, d. h., die linke

Schulter ist gut zurückgenommen. Dann öffne den rechten Arm zur II. Position, wende den Kopf nach rechts, richte den Körper auf, führe den linken Arm zur III. Position und kehre mit plié zur Ausgangsstellung zurück.

Dieses port de bras wird oft im adagio als préparation für eine grand tour (pirouette) angewendet. In diesem Falle wird die Bewegung nicht bis zu Ende geführt, sondern man bleibt auf dem gebeugten rechten Bein in einer erweiterten IV. Position, den rechten Arm in der III. und den linken Arm in der II. Position. Für eine tour (pirouette) en dehors wird der linke Arm von der II. Position über die III. nach vor zur préparation à la pirouette geführt, während der rechte Arm zur II. Position geöffnet wird. Für eine tour (pirouette) en dedans führen wir, nachdem dieselbe Haltung der Arme erreicht ist, den gerundeten rechten Arm mit einer weiten kreisförmigen Bewegung in die I. Position und lassen den linken Arm in der II. Position. Das ist der Ausgangspunkt für diese tour (pirouette).

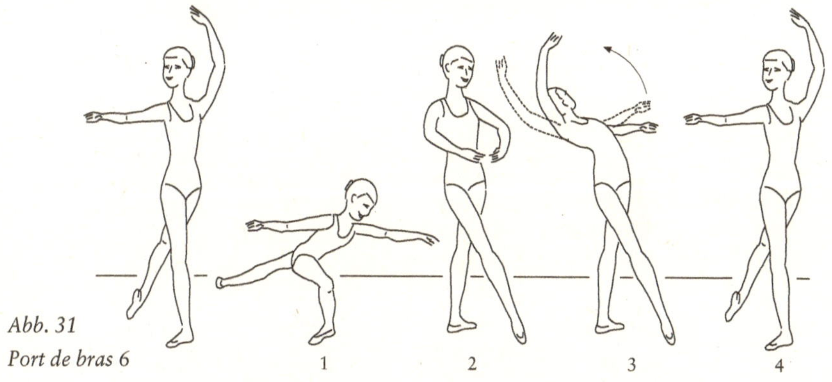

Abb. 31
Port de bras 6

Die beiden letzten Arten des port de bras sind sehr wichtig in unserem Training. Eine Tänzerin, die sie beherrscht, kann von sich sagen, dass sie die Harmonie von Körper, Kopf und Armen erreicht hat und auf dem besten Wege ist, vollkommene Körperbeherrschung zu erlangen.

Ich werde keine weiteren Beispiele von port de bras anführen. Sie können aus den Grundelementen unendlich variiert werden. Nur noch einige Worte über die Arbeit der Arme.

Hat man z. B. ein développé ausgeführt und steht mit dem Bein zur Höhe von 90° Grad in der II. Position erhoben, Arme ebenfalls in der II. Position, dann sollen zuerst die Arme gesenkt werden; das ausgestreckte Bein darf sich nicht bewegen, bevor die Arme die Bewegung begonnen haben. Das Senken des Beines endet gleichzeitig mit dem der Arme. Dadurch kann die Führung des Beines gut kontrolliert werden, die ganze Bewegung wird ruhig und ausgeglichen. Werden im allegro oder adagio kleine Bewegungen ausgeführt, so werden die Arme nicht hochgenommen. Nur in großen Bewegungen werden die Arme zur vollen Höhe erhoben, da sonst das Spiel der Arme die Bewegung der Beine überschattet.

Beispiele für die Beteiligung der Arme bei Übungen

Wenn in einem komplizierten Exercice Bewegungen kombiniert werden, nehmen auch die Arme daran teil und spielen dabei eine bedeutende Rolle. Es gibt z. B. viele Formen des développé, bei denen die Arme beteiligt werden.

Beispiele von Übungen an der Stange

1. auf drei Zeiten drei ronds de jambe en l'air en dehors, auf die vierte Zeit mit dem linken Bein im plié halten, rechter Fuß vorn am Boden, Körperhaltung effacé; beuge den Körper und bringe den Arm zu dem ausgestreckten Fuß. Die Hand ist geöffnet, als zeige sie auf die Fußspitze. Nun folgen drei battements frappés auf drei Zeiten mit einem Halt in der II. Position auf die vierte Zeit. Drei ronds de jambe en l'air en dedans mit einem Halt in effacé, rechter Fuß rück am Boden, plié auf dem linken Fuß. Beuge den Körper nach rück, Kopf ist über die Schulter geneigt, der Blick auf die Fußspitze gerichtet. Der Arm ist vor der Brust ausgestreckt, Handfläche nach unten. Die Hand ist ausgestreckt und erhoben. Diese Kombination wird mit drei battements frappés beendet, die im gleichen Tempo wie das vorhergehende ausgeführt werden und mit einem Halt auf die vierte Zeit in der II. Position abschließen.
2. sechs petits battements auf drei Zeiten, auf die vierte Zeit Fall auf den rechten Fuß ins plié (der Fuß wird gewechselt), Haltung croisé. Der rechte Arm wird eingebogen, der linke Fuß sur le cou-de-pied rück gehalten; nun wechsle zurück auf den linken Fuß und führe auf zwei Zeiten vier petits battements aus. Nun folgt aus der préparation temps relevé auf zwei Zeiten eine Drehung en dehors, Fuß sur le cou-de-pied.

Nach der anderen Seite werden alle Bewegungen in dem

gleichen Tempo wiederholt, aber nach den ersten sechs petits battements falle auf den rechten Fuß ins plié zurück, bringe den linken Fuß sur le cou-de-pied vor, Haltung croisé, der rechte Arm ist in der Höhe von 45° halb zur II. Position geöffnet; dann, nach den folgenden vier petits battements, wird temps relevé nach rück und die Drehung en dedans ausgeführt.

Temps lié (im Freien)

Diese Kombination ist weit verbreitet, schon Anfänger beginnen damit, später wird sie komplizierter. Temps lié kann vor- und rückwärts ausgeführt werden.

Die einfache Form des temps lié ist folgende:

Stand: V. Position croisé, rechter Fuß vor, Arme in der Vorbereitenden Position.

Ausführung:

1. demi-plié, der rechte Fuß gleitet am Boden nach vor croisé, der linke verbleibt im demi-plié, führe beide Arme zur I. Position. Der Blick ist auf die Hände gerichtet.
2. verlagere das Körpergewicht auf den rechten Fuß, führe ein überleitendes demi-plié aus, strecke das linke Bein mit der Fußspitze am Boden, führe den linken Arm nach oben, den rechten Arm zur Seite. Der Kopf ist nach rechts gewendet.
3. schließe den linken Fuß in die V. Position en face in demi-plié, führe den linken Arm in die I. Position, der rechte Arm verbleibt in der II. Position. Kopf en face.
4. führe den rechten Fuß (Spitze am Boden) zur Seite, der linke Fuß verbleibt im demi-plié.
5. verlagere das Körpergewicht auf den rechten Fuß und führe ein überleitendes demi-plié aus, führe den linken Arm zur II. Position und folge ihm mit dem Blick.
6. mit gestreckter Spitze schleife den linken Fuß in die V. Position vorn ein, führe die Arme in die Vorbereitende Position.

Wiederhole die gesamte Bewegung, beginne mit dem linken Fuß. Die gleiche Bewegung wird auch nach rück ausgeführt.

Ich empfehle Anfängern, temps lié im Viervierteltakt zu üben. Die gesamte Bewegung wird auf zwei Takte ausgeführt.

Erster Takt: eins: demi-plié in der V. Position, zwei: strecke die Fußspitze nach vorn in croisé, das überleitende demi-plié fällt zwischen den zweiten und dritten Taktteil. Drei: Haltung croisé rück. Vier: schließe in die V. Position.

Zweiter Takt: eins: demi-plié in der V. Position, zwei: führe das Bein zur II. Position, drei: strecke das linke Bein, übertrage das Gewicht auf das rechte Bein, vier: schließe in die V. Position.

Fortgeschrittene können temps lié mit zu 90° erhobenem Bein ausführen, und zwar vorwärts, rückwärts und zur II. Position.

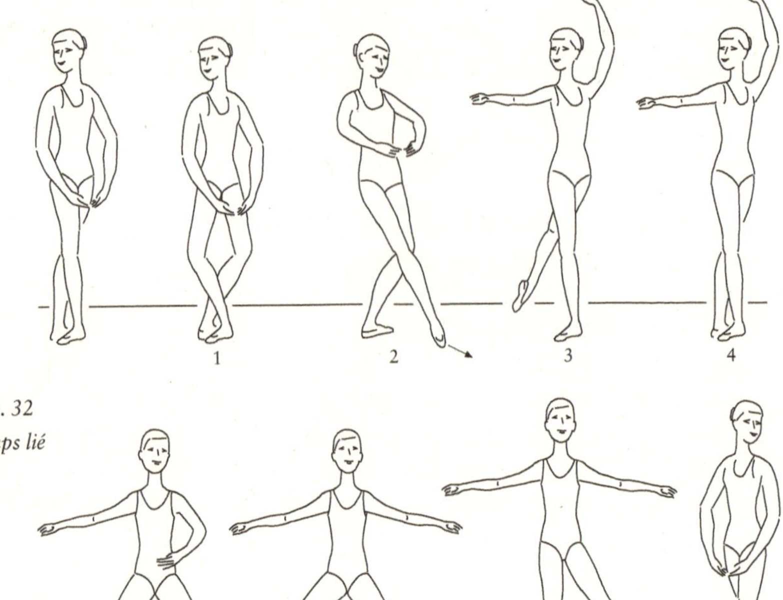

Abb. 32
Temps lié

Stand: V. Position, rechter Fuß vor, Arme in der Vorbereitenden Position.

Ausführung:

1. demi-plié, mit dem rechten Bein développé nach vor croisé, der linke Fuß bleibt im demi-plié, führe beide Arme in die I. Position.
2. wechsle auf den rechten Fuß in attitude croisée.
3. falle auf den linken Fuß in demi-plié, bringe diesen dicht geschlossen an den rechten Fuß, biege das rechte Bein im Knie in Höhe von 90° ein (d. h. die Fußspitze befindet sich am Knie des linken Beines), führe den linken Arm in die I. Position, der rechte verbleibt in der II. Position.

4. führe mit dem rechten Bein ein développé zur II. Position in Höhe von 90° aus.
5. verlagere das Gewicht auf den rechten Fuß, führe den linken Arm zur II. Position, hebe linkes Bein zur II. Position in Höhe von 90°.
6. demi-plié mit dem rechten Bein, beuge linkes Bein im Knie, bringe es nach vor und setze die Bewegung fort.

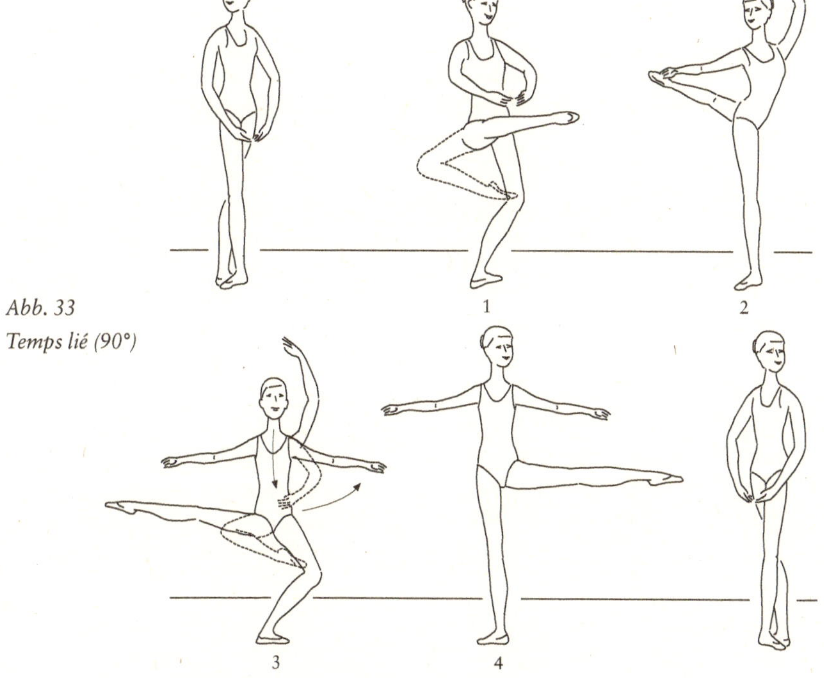

Abb. 33
Temps lié (90°)

Fortgeschrittene kann man temps lié en tournant lehren:

Zu Beginn tour en dehors sur le cou-de-pied aus der V. Position, dann wird temps lié vorwärts ausgeführt. Es folgt noch einmal die gleiche tour und temps lié zur II. Position. Dann werden zur Ausführung von temps lié en tournant in Höhe von 90° nach der tour Bein und Knie nach vorn genommen. Die Hände führen die gleichen Bewegungen aus, wie bei der Übung auf dem Boden.

Bei temps lié rückwärts wird die tour en dedans ausgeführt.

Temps lié sauté besteht aus einer Folge kleiner sissonnes tombées und gehört zum allegro.

Körperhaltungen des Klassischen Tanzes

Attitudes

Mit attitude wird eine Haltung des Körpers auf einem Bein bezeichnet, wobei das andere in einem Winkel von 90° erhoben, im Knie gebogen und nach rück gebracht ist. Deshalb kann eine Haltung mit einem développé nach vor nicht attitude genannt werden, da das Bein dabei gerade ausgestreckt ist. Diese Haltung nenne ich développé croisé oder développé effacé. In einer attitude ist der dem erhobenen Bein entsprechende Arm erhoben, der andere Arm befindet sich in der II. Position.

Abb. 34
Attitudes

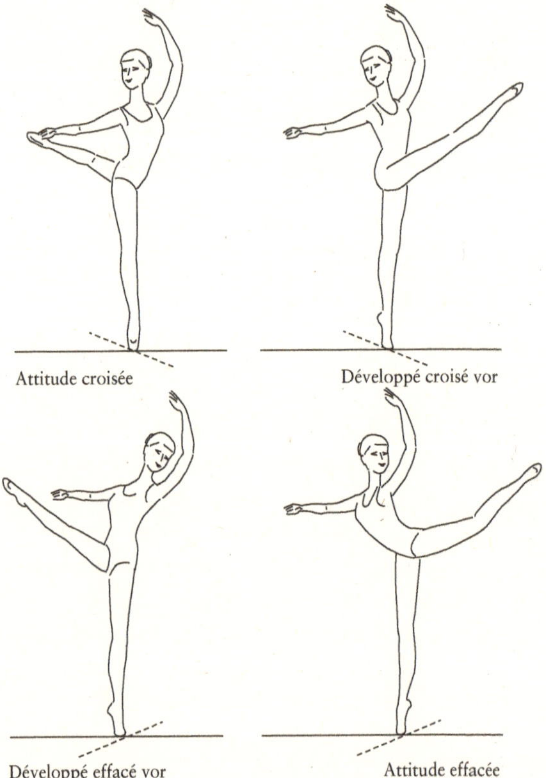

Das Knie des erhobenen Beines muss gut nach rück gehalten werden und darf niemals hängen. Das gebeugte Knie erlaubt es dem Körper, sich ebenfalls zu beugen. Bei Drehungen ist diese Bewegung frei und schön, wohingegen das gerade Bein einer arabesque es dem Körper nicht erlaubt, sich zu beugen, und Drehungen erschwert. Um uns mit der attitude vertrauter zu machen, wollen wir sie in der Französischen, Italienischen und Russischen Schule in croisé und effacé betrachten.

Attitude croisée

In der Französischen Schule wird bei der attitude croisée der Körper zum Standbein geneigt, daher ist die Schulter des erhobenen Armes höher als die andere.

In der Italienischen Schule sind Körper und Rücken gerade. Die Linie dieser Haltung wird durch die Wendung des Kopfes und das Heben des einen oder des anderen Armes bestimmt. Diese Form der attitude ist unkorrekt, da bei dieser Haltung des Körpers das Knie nicht genügend gestützt wird und dadurch hängt. Wenn man das Knie mit dem Oberschenkel und der Hüfte stützen will, wird sich das Knie vom Körper entfernen; die Haltung wird hässlich sein.

Meine attitude croisée ist wie folgt: Die Schultern sind in gleicher Höhe, der Körper beugt sich zurück, der Rücken ist nicht gerade, sondern gebogen, das Bein ist stark nach rück gehalten. Der Kopf ist deutlich zu der Schulter gewendet, deren Arm sich in der II. Position befindet. In der attitude neigt sich der Körper unvermeidlich zum Standbein, aber wegen des gestreckten Standbeines und des gut gebogenen Rückens gleichen sich die Schultern aus und erhalten die gewünschte Form. Die Arme können gewechselt werden; ist der dem Bein entgegengesetzte Arm erhoben, dann neigt sich der Körper nach der anderen Seite, ohne dass die Richtigkeit der Haltung verloren geht. Es ändert sich entsprechend auch die Richtung von Kopf und Blick und damit der Ausdruck des Gesichts.

Attitude effacée

Zum Unterschied zu der attitude croisée, bei der das Bein stärker gebogen ist, soll es in der attitude effacée nur halb gebogen sein, da sonst die Haltung unschön wird.

Die italienische attitude effacée bewahrt den geraden Rücken, trotzdem wird die Haltung verzerrt, da sich der Körper zum abgebogenen Bein neigt. Wird eine Drehung in dieser Position ausgeführt, so geht die Haltung verloren; entweder hängt das Bein unwillkürlich, oder das Gegenteil tritt ein, das Knie hebt sich, die Fußspitze hängt.

Meine attitude nähert sich der französischen. Der Oberkörper ist zum Standbein und leicht nach vorn geneigt. Die Arme und die gesamte Haltung haben eine Neigung nach einer Richtung, was dieser attitude den Eindruck des Schwebens verleiht. Der Unterschied zwischen dieser attitude und der französischen ist der gleiche wie bei der attitude croisée. Obgleich der Körper zum Standbein geneigt wird, sind die Schultern auf gleicher Höhe.

Diese attitude ist für Drehungen sehr geeignet.

Arabesques Die arabesque ist eine der Grundhaltungen im heutigen Klassischen Tanz. Im Gegensatz zur attitude muss das Bein in der arabesque völlig gestreckt sein. Die Formen der arabesque variieren unendlich. Die vier wichtigsten in unserem Tanz sind folgende:

1. arabesque (auch ouverte oder allongée genannt; diese Ausdrücke sind aber heute nicht mehr üblich.)

Man steht auf einem Bein. Das andere ist gerade ausgestreckt in einer Höhe von nicht weniger als 90°. Die Richtung des Beines ist effacé. Der dem gehobenen Bein entgegengesetzte Arm ist nach vorn ausgestreckt, der andere zur Seite. Die Hände sind gestreckt mit den Handflächen nach unten gehalten, als stützten sie sich auf die Luft. Der Körper ist nach vorn geneigt, Kopf und Körper stehen im Profil. Die Schultern sind, wie bei jeder arabesque, in einer Höhe. Der entscheidende Faktor bei der arabesque ist der Rücken. Nur wenn der Rücken

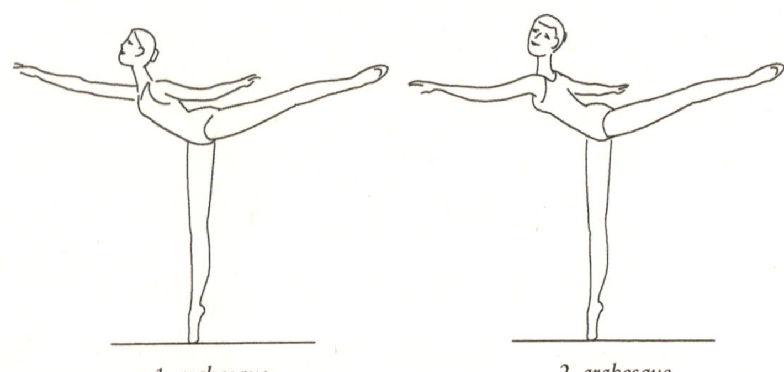

Abb. 35a Arabesques

1. arabesque *2. arabesque*

gut gehalten wird, kann eine schöne Linie erzielt werden. Um die richtige Haltung zu veranschaulichen, wollen wir die französische, die italienische und unsere arabesque analysieren.

Die französische arabesque nimmt die Haltung auf eine nachlässige Art. Der Rücken ist weder nach vorn gestreckt noch gespannt, er ist nur passiv vorgeneigt. Der Arm ist künstlich in der II. Position gehalten, sodass eine steife, ausdruckslose Form entsteht. Die italienische arabesque vermeidet die Trägheit der Haltung. Der Oberkörper ist gespannt, aber nicht geneigt, der Rücken bleibt aufrecht, der Arm ist scharf nach hinten gehalten.

Ich zeige folgende arabesque:

Der Körper ist so weit nach vorn geneigt, wie er vom Impuls der Bewegung geführt wird. Der Rücken ist nicht entspannt, sondern stark gebogen und gespannt in der Taille. Der Arm ist so weit zur Seite gebracht, wie es nötig ist für die Bequemlichkeit der stark gestreckten Muskeln des ganzen Körpers, d. h., er befindet sich gerade ein wenig hinter der II. Position.

2. arabesque

Die Haltung des Körpers und der Beine ist die gleiche wie in der 1. arabesque, aber jetzt wird der dem ausgestreckten Bein entsprechende Arm nach vorn ausgestreckt. Der andere Arm wird nach rück gehalten, weit genug, dass er hinter dem Körper sichtbar wird. Der Kopf ist zum Zuschauer gewendet.

3. arabesque

Diese arabesque ist zum Zuschauer gewendet. Das Bein wird croisé rück in Höhe von 90° gehalten. Der Körper ist vorgeneigt, der Rücken gespannt. Der dem ausgestreckten Bein ent-

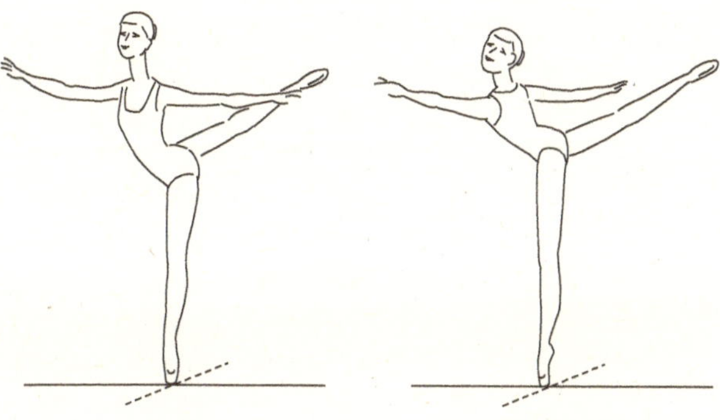

Abb. 35b
Arabesques

3. arabesque *4. arabesque*

sprechende Arm ist nach vorn gestreckt, der andere zur Seite gehalten. Das Gesicht ist zu der Hand des nach vorn ausgestreckten Armes gewendet, als verfolge der Blick die Bewegung der Hand.

4. arabesque

Die Beine befinden sich in der gleichen Position wie bei der 3. arabesque, aber der dem ausgestreckten Bein entgegengesetzte Arm ist nach vorn gehalten. Der Körper wird mit stark gebogenem Rücken gewendet. Der Arm ist hinter dem Rücken sichtbar. Diese arabesque ist halb vom Zuschauer abgewendet, der Kopf ist zum Zuschauer gewendet, die Richtung durch den Blick betonend. Die Schultern sind in einer Höhe. Der Körper darf sich nicht nach vorn neigen. Dies ist die schwierigste arabesque, sie erfordert ein sorgfältiges Studium der Form. Wenn wir anfangen, Drehungen in der arabesque zu üben, werden wir den Unterschied in den verschiedenen Arten der arabesque, der französischen, der italienischen und der unsrigen, verstehen.

Die französische arabesque erlaubt uns nicht, bei Drehungen eine Bewegung zu entwickeln. Bei der italienischen arabesque wird unvermeidlich das Knie gebeugt, das bricht die Linie, was gewöhnlich bei italienischen Tänzerinnen zu beobachten ist. Dagegen gibt die arabesque, die ich lehre, Gleichgewicht und Energie in der Drehung, wobei die Streckung des Beines und die ganze Haltung nicht verloren gehen.

Wenn eine Drehung in einer arabesque ausgeführt wird, so muss die arabesque klar zum Ausdruck kommen. Aus der préparation (IV. Position croisé) muss man, nachdem man sich mit der Ferse des vorderen Fußes vom Boden abgestoßen hat, eine einwandfreie arabesque einnehmen, sonst wird die Drehung nicht erfolgreich sein und die Kraft wird verloren gehen. Man muss sich dessen bewusst sein und sich bereits in der arabesque abstoßen, nicht aber damit rechnen, die Haltung während der Drehung korrigieren zu können.

Écarté Die Haltung écarté ist folgendermaßen:

Écarté rück: Stehe auf dem rechten Fuß, führe linkes Bein in développé in Höhe von 90° in Richtung auf Punkt 6 unseres Diagramms. Das Bein ist von der Hüfte aus stark auswärts gedreht. Die ganze Haltung ist auf einer Ebene, diagonal zum Zuschauer. Der linke Arm ist zur III., der rechte zur II. Position erhoben. Der Körper ist mit stark gespanntem Rücken seitwärts zum Standbein geneigt. Die Haltung des Körpers ist natürlich, darf aber nicht unkünstlerisch wirken. Der Kopf ist nach rechts gewendet.

Écarté vor: Das Bein ist nach Punkt 8 unseres Diagramms gerichtet. Die Haltung ist stolz und erhaben. Gleiches Bein und gleicher Arm sind erhoben. Der Kopf ist zur selben Richtung gewendet. In beiden Fällen können auch beide Arme erhoben werden.

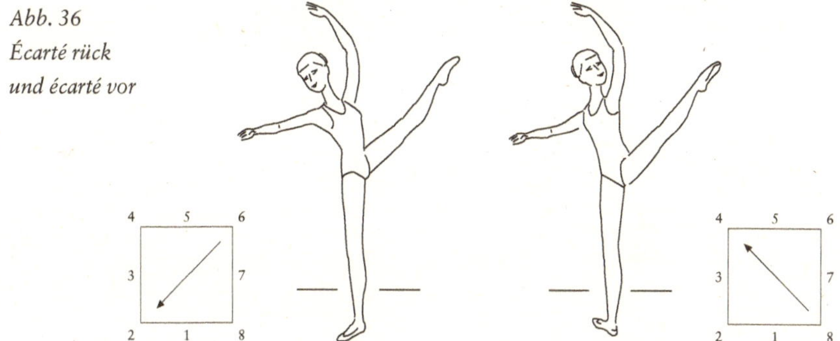

Abb. 36
Écarté rück und écarté vor

Im Grunde ist écarté ein so weit wie möglich zur II. Position geöffnetes développé. In dieser Haltung ist besonders auf die Schultern zu achten. Trotz der Neigung zur Seite dürfen die Schultern ihre Linie nicht verlieren. Eine Schulter darf nicht höher als die andere sein.

Verbindende und Hilfsbewegungen

Pas de bourrée

Um sich im Tanz von einer Stelle zur anderen zu bewegen, benutzt man nie einen gewöhnlichen Schritt, sondern einen Tanzschritt. Ein sehr gebräuchlicher Schritt ist pas de bourrée. Pas de bourrée gibt es in verschiedenen Variationen. Es wird in allen möglichen Richtungen ausgeführt. Lange Zeit benutzten wir das weiche, unbetonte pas de bourrée der Französischen Schule Mit dem verstärkten Einfluss der Italienischen Schule im 19. Jahrhundert änderte das pas de bourrée seinen Charakter. Jetzt wird der Fuß scharf sur le cou-de-pied gehoben, und die ganze Bewegung tritt stärker hervor. Nachdem ich es in der Praxis ausprobiert hatte, entschied ich mich für diesen Stil.

Man muss darauf achten, dass der Fuß scharf gehoben wird, und zwar sowohl im Anfang des Studiums auf halber Spitze als auch später auf Spitze. Pas de bourrée ist in zwei Grundformen eingeteilt: mit Wechsel der Füße und ohne Wechsel der Füße. Beim ersten beginnen wir mit dem rechten Fuß und enden mit dem linken Fuß vorn, beim zweiten bleibt der rechte Fuß vorn.

Pas de bourrée (mit Wechsel der Füße)

Um Anfänger mit dem pas de bourrée vertraut zu machen, wendet man den Schritt mit Wechsel der Füße an.

Stand: Croisé, rechter Fuß vor, Fußsohle am Boden, linker Fuß rück mit der Fußspitze auf dem Boden, Arme in der Vorbereitenden Position.

Ausführung:

1. demi-plié mit dem rechten Bein, lege den linken Fuß sur le cou-de-pied rück an.
2. setze linken Fuß dicht hinter den rechten Fuß mit halber Spitze auf den Boden, unmittelbar danach bringe den rechten Fuß

sur le cou-de-pied vor (berühre den linken Fuß nicht, sondern wahre einen kleinen Abstand*).

3. setze den rechten Fuß in der II. Position auf halber Spitze auf den Boden, ohne zu weit vom Platz zu kommen, lege linken Fuß sur le cou-de-pied vor an.
4. setze den linken Fuß in demi-plié croisé auf den Boden, lege den rechten Fuß sur le cou-de-pied rück an, halte die Arme croisé in halber Höhe.

Wiederhole die Bewegung in der anderen Richtung. Dies ist pas de bourrée en dehors. Wird pas de bourrée in entgegengesetzter Richtung ausgeführt, so ist es pas de bourrée en dedans.

Pas de bourrée en dedans:

Stand: Croisé, rechter Fuß rück, linker Fuß vor mit der Fußspitze auf dem Boden, Arme in der Vorbereitenden Position.

Ausführung:

1. demi-plié mit dem rechten Bein, lege linken Fuß sur le cou-de-pied vor an.
2. setze linken Fuß dicht vor den rechten Fuß mit halber Spitze auf den Boden, bringe rechten Fuß sur le cou-de-pied rück.
3. setze den rechten Fuß mit halber Spitze in der II. Position auf den Boden, ohne zu weit vom Platz zu kommen, lege linken Fuß sur le cou-de-pied rück an.
4. setze linken Fuß in demi-plié croisé auf den Boden, lege rechten Fuß sur le cou-de-pied vor an.

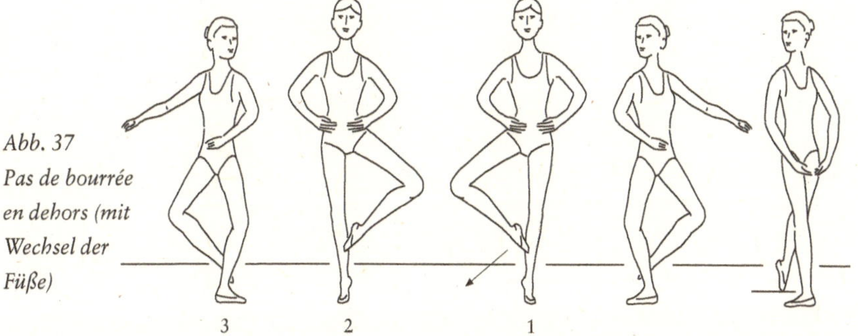

Abb. 37 Pas de bourrée en dehors (mit Wechsel der Füße)

* Diese Haltung des Fußes ist nur bedingt mit sur le cou-de-pied zu bezeichnen.

Mit einer Folge dieser Bewegungen mag man das Studium des pas de bourrée beginnen. Es ist besonders darauf zu achten, dass die Füße gut gehoben werden und die Fußspitzen kräftig und gut gestreckt sind, dadurch wird die Fußsohle gezwungen zu arbeiten, sodass sie nicht unbeteiligt ist, wenn das Tempo schneller wird. Wenn auch nicht in dem Maße wie bei Beginn des Studiums, so ist sie doch stets an der Bewegung beteiligt.

Pas de bourrée (ohne Wechsel der Füße)

Bei diesem Schritt findet eine seitliche Fortbewegung statt, und am Ende der Bewegung sind die Beine zur Seite geöffnet. Bei der Seitwärtsbewegung ist darauf zu achten, dass der Schritt nicht zu groß ist.

Stand: Croisé, rechter Fuß vor, linker Fuß rück mit der Fußspitze am Boden, Arme in der Vorbereitenden Position. Zu Beginn der Bewegung hebe sie ganz leicht und führe sie dann in die Ausgangsstellung zurück.

Ausführung:

1. demi-plié mit dem rechten Bein, lege den linken Fuß sur le cou-de-pied rück an.
2. setze den linken Fuß auf halber Spitze dicht hinter den rechten Fuß auf den Boden, unmittelbar danach bringe den rechten Fuß sur le cou-de-pied vor.
3. setze den rechten Fuß mit einer Seitwärtsbewegung mit halber Spitze auf den Boden, lege den linken Fuß sur le cou-de-pied rück an.
4. setze den linken Fuß in demi-plié auf den Boden, öffne rechtes Bein zur II. Position in Höhe von 45°, öffne die Arme in halber Höhe zur II. Position.

Abb. 38 Pas de bourrée (ohne Wechsel der Füße)

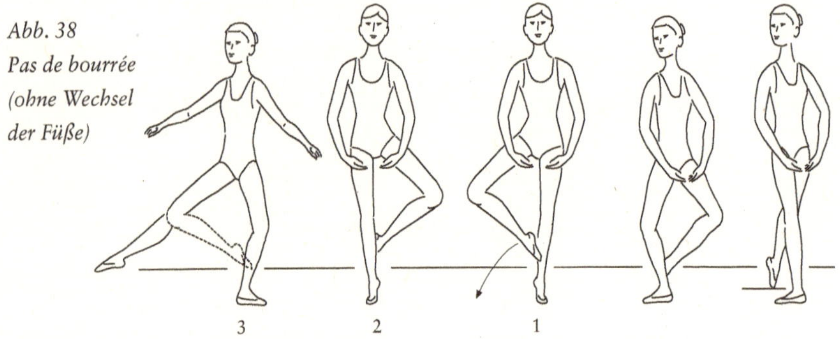

Um die Bewegung fortzusetzen, setze den rechten Fuß auf und wiederhole die Bewegung nach links. Alle Bewegungen können in jeder Richtung ausgeführt werden: vorwärts, rückwärts, effacé, croisé und écarté, wobei die Arme die erforderlichen Haltungen einnehmen.

Wenn pas de bourrée ohne Wechsel der Füße in écarté ausgeführt wird, so geht bei der Bewegung nach rechts das rechte Bein nach écarté vor, bei der folgenden Bewegung nach links öffnet sich das linke Bein nach écarté rück.

Pas de bourrée dessus-dessous*

Übersetzt heißt dessus »über«. Das Bein, das zu Beginn der Bewegung geöffnet wird, wird nach vorn geführt und an die Stelle des anderen Beines gesetzt. Dessous heißt »unter«. Das Bein, das zu Beginn der Bewegung geöffnet wird, wird nach rück geführt und an die Stelle des anderen Beines gesetzt. Hinzuzufügen ist, dass im ersten Falle das Bein sozusagen über das andere geht, daher sur le cou-de-pied immer hinter dem Fuß ist, der den Schritt macht. Im zweiten Falle geht das Bein gewissermaßen unter das andere Bein, daher ist sur le cou-de-pied immer vor dem Fuß, der den Schritt macht.

Pas de bourrée dessus-dessous wird ebenso wie alle anderen Formen des Schrittes auf halber Spitze gelehrt.

Dessus:

Stand: V. Position, rechter Fuß vor, Arme in der Vorbereitenden Position.

Ausführung:

1. demi-plié mit dem rechten Bein, öffne linkes Bein zur II. Position zur Höhe von 45°, öffne die Arme zur halben Höhe der II. Position.
2. setze den linken Fuß mit halber Spitze auf den Boden und bringe ihn dabei vor das rechte Bein** hebe den rechten Fuß sur le cou-de-pied rück.

* dessus = tänzerisch: das Arbeitsbein wird vor das Standbein gesetzt; dessous = tänzerisch: das Arbeitsbein wird hinter das Standbein gesetzt (Anm. d. Übers.)

** Besonderes Augenmerk ist darauf zu richten, dass das Bein nicht in einem Halbkreis nach vorn gebracht wird. Es muss von der V. zur II. Position eine gerade Linie beschrieben werden. Wenn man dies beachtet, wird man in aller Zukunft eine nachlässige Ausführung vermeiden. Beachtet man diese Einzelheiten bei pas de bourrée en tournant, so wird der Schüler selbst lernen, seinen Rücken zu kontrollieren. Die Drehung ist dann nicht hastig, sondern ruhig.

3. setze den rechten Fuß mit halber Spitze auf den Boden, hebe den linken Fuß sur le cou-de-pied rück.
4. setze den linken Fuß in demi-plié auf den Boden, öffne das rechte Bein zur II. Position zur Höhe von 45°.

Abb. 39
Pas de bourrée dessus

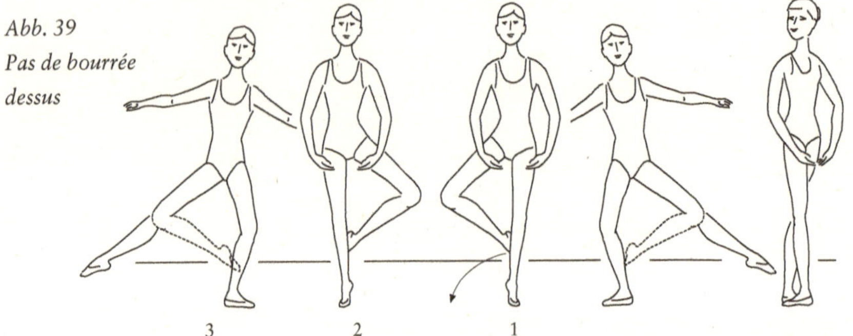

Die Bewegung verläuft nach rechts. Die Arme treffen sich allmählich in der Vorbereitenden Position und werden am Ende der Bewegung zur II. Position geöffnet.

Dessous:

Stand: V. Position, rechter Fuß vor, Arme in der Vorbereitenden Position.

Ausführung:

1. demi-plié mit dem linken Bein, öffne rechtes Bein zur II. Position zur Höhe von 45°.
2. setze rechten Fuß hinter den linken auf halber Spitze auf den Boden, hebe den linken Fuß sur le cou-de-pied vor; öffne die Arme zur halben Höhe der II. Position.
3. setze den linken Fuß mit halber Spitze auf den Boden, hebe rechten Fuß sur le cou-de-pied vor.

Abb. 40
Pas de bourrée dessous

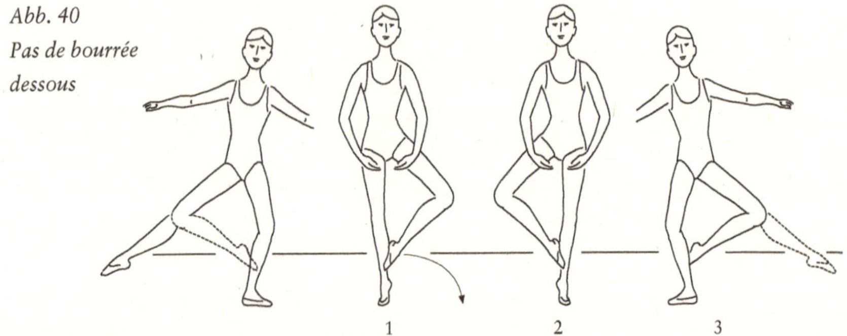

4. setze rechten Fuß in demi-plié auf den Boden, öffne das linke Bein zur II. Position zur Höhe von 45°.

Die Arme treffen sich allmählich in der Vorbereitenden Position und werden am Ende der Bewegung zur II. Position geöffnet. Die Bewegung verläuft nach links. Beim anfänglichen Studium des pas de bourrée liegt die Betonung auf dem beendenden plié. Später wird die Bewegung unbetont ausgeführt, ein Schritt folgt fließend dem anderen.

Pas de bourrée en tournant

Diese Bewegung wird im Tanz oft mit einer anderen verbunden, sie dient dann als préparation.
Alle beschriebenen Formen des pas de bourrée können en tournant geübt werden.

Beispiel: Pas de bourrée en tournant en dedans:

Stand: V. Position, rechter Fuß vor.

Ausführung:

1. demi-plié mit dem rechten Bein, öffne linkes Bein zur II. Position zur Höhe von 45°. Öffne die Arme zur halben Höhe der II. Position.
2. setze linken Fuß mit halber Spitze auf den Boden und führe dabei eine halbe Drehung nach rechts aus, hebe rechten Fuß sur le cou-de-pied vor.
3. drehe auf der halben Spitze des rechten Fußes, hebe linken Fuß sur le cou-de-pied rück.
4. setze linken Fuß in demi-plié auf den Boden, hebe rechten Fuß sur le cou-de-pied vor.

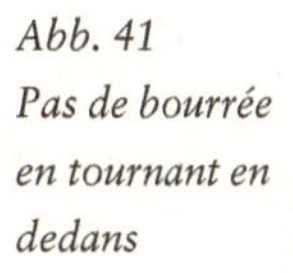
Abb. 41 Pas de bourrée en tournant en dedans

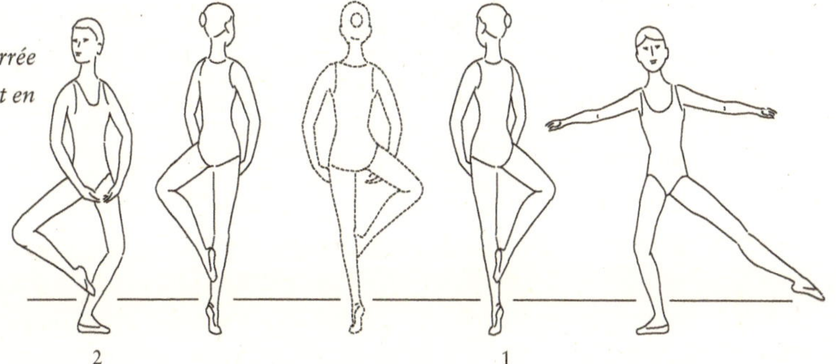

Von dieser Bewegung aus kann man mit pas de bourrée en tournant en dehors folgendermaßen fortfahren:

Ausführung:

1. demi-plié mit dem linken Bein, öffne rechtes Bein zur II. Position zur Höhe von 45°. Öffne die Arme zur halben Höhe der II. Position.
2. setze rechten Fuß mit halber Spitze auf den Boden und führe dabei eine halbe Drehung nach rechts aus, hebe linken Fuß sur le cou-de-pied rück. Schließe die Arme zur Vorbereitenden Position.
3. beende die Drehung auf dem linken Fuß, hebe den rechten Fuß sur le cou-de-pied vor.
4. setze rechten Fuß in demi-plié auf den Boden, hebe linken Fuß sur le cou-de-pied rück.

Abb. 42
Pas de bourrée en tournant en dehors

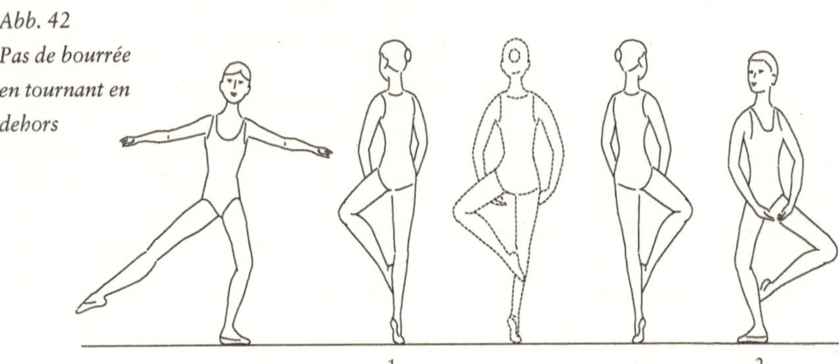

Zu Beginn des Schrittes öffne die Arme zur halben Höhe der II. Position, schließe sie während des pas de bourrée zur Vorbereitenden Position und öffne sie zu der Position, die dem folgenden Schritt entspricht. Halte den Kopf so lange wie möglich dem Zuschauer zugewandt und lasse ihn dann der Drehung des Körpers folgen.

Pas de bourrée en tournant wird um die eigene Achse ohne Seitwärtsbewegung ausgeführt.

Pas couru

Wenn mehrere pas de bourrée nacheinander ausgeführt werden, so bezeichnen wir das als pas couru. Gewöhnlich wird der Schritt in schnellem Tempo geübt. Er wird oft gebraucht, um große Sprünge, z. B. jeté, vorzubereiten, um Kraft für sie zu gewinnen. Er wird auch viel im Männertanz angewandt. Ebenso häufig aber wird er auch von Frauen auf Spitze ausgeführt, z. B. auf einer geraden Linie, auf der Diagonalen oder im Kreis auf der ganzen Bühne. In diesem Fall nennt man ihn pas de bourrée suivi.

Coupé

Diese kleine Zwischenbewegung erleichtert den Beginn eines anderen Schrittes. Coupé wird als Vorbereitung, als Bewegungsantrieb für einen Schritt verwandt. Er wird gewöhnlich auf den letzten Teil eines Taktes als Auftakt für eine neue Bewegung benützt. Angenommen, es soll ein ballonné vorwärts ausgeführt werden, während man auf dem rechten Fuß croisé rück steht, so wird coupé wie folgt angewandt:

Man steht mit dem rechten Bein im demi-plié, linker Fuß sur le cou-de-pied rück, und wechselt mit einer kurzen, schnellen Bewegung zu einem demi-plié auf den linken Fuß. Dies bringt den rechten Fuß sur le cou-de-pied vor, und von hier aus wird der Schritt begonnen.

Coupé rückwärts wird in der gleichen Art ausgeführt. Coupé kann auch in anderen Formen ausgeführt werden, wie es jeweils für die Besonderheit der Bewegung erforderlich ist. (Siehe grand jeté.)

Flic-flac

Flic-flac wird im Exercice und im adagio als verbindendes Glied zwischen zwei Bewegungen benützt. Wenn es zuerst im Exercice gelehrt wird, verbindet man es mit einer anderen Bewegung, beispielsweise mit battement tendu. Anfängern wird flic-flac en dehors in viel einfacherer Form gelehrt, als es später als Verbindungs- oder Überleitungsbewegung im fertigen Tanz erscheint.

Man lernt es in zwei Zeiten wie folgt:

En dehors:

Stand: V. Position, rechter Fuß vor.

Ausführung:

1. öffne das rechte Bein zur II. Position in Höhe von 45°.
2. führe mit einem kleinen Schwung den rechten Fuß mit gestrekkter Spitze durch die V. Position nach rück, etwas weiter* als sur le cou-de-pied.
3. schlage das rechte Bein zurück zur II. Position.
4. führe mit einem kleinen Schwung den rechten Fuß mit gestrekkter Spitze durch die V. Position nach vor, etwas weiter als sur le cou-de-pied.
5. öffne das Bein wieder zur II. Position.

Abb. 43
Flic-flac

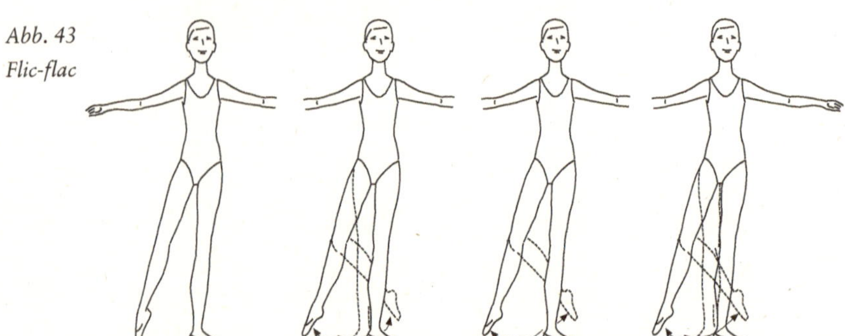

In fortgeschrittenen Klassen wird flic-flac auf eine Zeit und mit Erheben auf halbe Spitze bei der letzten Bewegung ausgeführt, oder man endet in irgendeiner großen oder kleinen Pose. Flic-flac en dedans wird in genau derselben Art ausgeführt. Der einzige Unterschied besteht darin, dass die erste Bewegung nach vor und die zweite nach rück geht. Erst später wird es en tournant geübt.

Flic-flac en tournant

En dehors:
Zu Beginn sind Bein und Arme zur II. Position geöffnet; bei der ersten Bewegung führe die Arme zur Vorbereitenden Position, als gäben sie dem Körper den Antrieb für die Drehung; der Körper ist en face. Zweite Bewegung: Während der rechte Fuß die vorher beschriebene Bewegung nach vorn ausführt, macht der linke Fuß auf halber Spitze eine halbe Drehung en dehors. Dabei kommt der rechte Fuß nach vor. Die Schlussstellung wird etwas gehalten.

* Dieser Punkt wird durch den peitschenden Charakter der Bewegung unvermeidlich erreicht.

En dedans erfolgt in umgekehrter Richtung. Die erste Bewegung des Fußes ist nach vor, die Drehung en dedans. Der Fuß kommt hierbei durch die Drehung zurück. Die Schlussstellung wird etwas gehalten.

Flic-flac kann man auch als verbindende Bewegung bei der Ausführung des adagio anwenden und sogar manchmal im kombinierten Exercice nicht aus der II. Position, sondern aus irgendeiner anderen Haltung. Die erste Bewegung wird dann in der Richtung ausgeführt, in der sich das Bein im gegebenen Fall befindet, ohne es zur II. Position zu führen.

Passé

Passé entspricht seiner französischen Bedeutung des Überleitenden. Es ist eine Hilfsbewegung, durch die das Bein von einer Position zu einer anderen »übergeleitet« wird.

Steht man z. B. im développé effacé vor und will das Bein nach rück zur arabesque bringen, ohne ein grand rond de jambe auszuführen, so biegt man das Bein im Knie ab, lässt den Oberschenkel in Höhe von 90°, streift mit dem Fuß das Standbein und führt es in arabesque. Diese »Passage« wird passé genannt. Die gleiche Bewegung kann mit einem Sprung ausgeführt werden: Das Standbein erhebt sich vom Boden und fällt wieder auf diesen zurück. Diese Bewegung nennt man ebenfalls passé.

Passé kann auch auf dem Boden ausgeführt werden wie im rond de jambe par terre. In diesem Falle ist es passé durch die I. Position.

Temps relevé

Der französische Name dieser Bewegung kommt von dem Verb »se relever« (sich wieder erheben) und bestimmt die Form der Bewegung. Relevé bedeutet das Erheben auf einem Fuß. Diese Bewegung ist oft eine Vorbereitung für eine andere. Wenn sie als préparation für eine Drehung verwendet wird, ist eine besondere Form erforderlich. Diese werden wir später beschreiben. Wir beginnen mit den Grundformen des petit und grand relevé.

Petit temps relevé

Stand: V. Position, rechter Fuß vor, Arme in der Vorbereitenden Position.

Ausführung:

1. demi-plié, hebe rechten Fuß sur le cou-de-pied vor, führe rechten Arm zur I. Position, linken Arm zur II. Position.
2. bewege rechten Unterschenkel nach vorn und bringe das Bein ohne Unterbrechung zur Höhe von 45° in die II. Position; öffne rechten Arm zur II. Position, führe mit dem linken Fuß relevé aus.

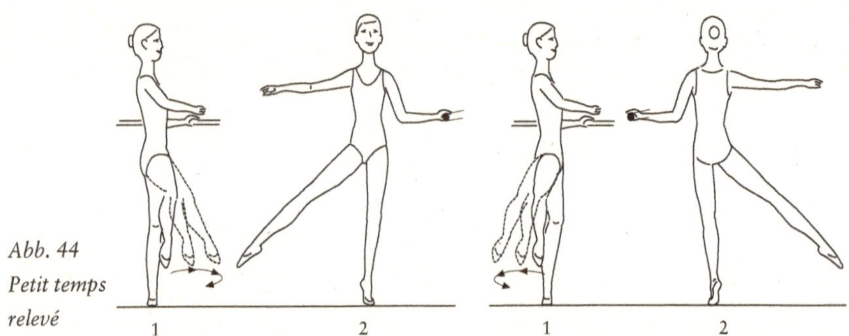

Abb. 44 Petit temps relevé

Der gesamte Wechsel der Positionen erfolgt mit dem Unterschenkel, der Oberschenkel darf seine Haltung nicht verändern. Temps relevé rück wird auf dieselbe Weise ausgeführt. Wir beginnen mit sur le cou-de-pied rück, das heißt, wir machen die überleitende Bewegung nach rück und führen das Bein zur II. Position. Auch dabei wird der Oberschenkel ruhig gehalten und nur der Unterschenkel bewegt. Hierbei erreicht das Bein eine neue Art der Bewegung, die bisher noch nicht besprochen wurde, die Bewegung des Unterschenkels vor und rückwärts ohne Beteiligung des Oberschenkels. Dies ist die Grundlage, um Drehungen zu lernen. Die Freiheit in der Bewegung des Unterschenkels befähigt die Tänzerin zu arbeiten, *ohne* den Körper mit in die Bewegung einzubeziehen.

Grand temps relevé

Wir beginnen wie beim petit relevé, jedoch mit dem Unterschied, dass das rechte Bein sehr hoch eingebogen wird, die Spitze ist am Knie des linken Beines.

Nach dem demi-plié wird das Bein zur Höhe von 90° in die II. Position geführt, auch hier mit der gleichen Muskelspannung des Oberschenkels wie im petit relevé und mit der gleichen überleitenden Bewegung ohne Pause im développé vor. Wir erheben uns ebenfalls auf halbe Spitze, und die Arme haben die gleiche Bewegung.

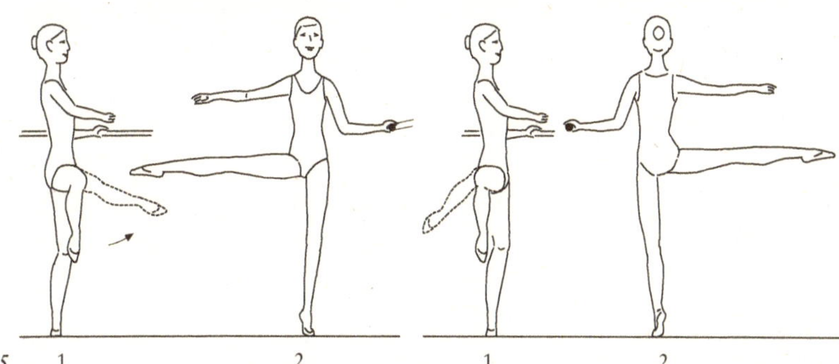

Abb. 45
Grand temps relevé

Relevé wird als préparation für Drehungen verwandt, wenn diese nicht von beiden Beinen aus begonnen werden, also nicht von einer préparation der IV. oder V. Position aus, sondern wenn man auf einem Bein steht und das andere bereits en l'air erhoben ist.

Wird relevé als préparation für eine Drehung benützt, so ist die Form eine andere.

Das rechte Bein wird ebenfalls mit einer durchgehenden Bewegung zur II. Position geführt, ohne die Bewegung anzuhalten, und dann sur le cou-de-pied gebracht. Die Bewegung wird auf eine Zeit ausgeführt, d. h., man bleibt im plié. Auf die zweite Zeit wird die Drehung ausgeführt, wobei der rechte Fuß sur le cou-de-pied gehalten wird.

Bei Drehungen in Höhe von 90°, die von der II. Position relevé ausgehen, verändert sich die Form des grand temps relevé nicht. Die Drehung wird lediglich hinzugefügt.

Die Sprünge

Die Sprünge werden im Klassischen Tanz in zwei Gruppen eingeteilt. Die erste Gruppe umfasst die Sprünge, die in die Höhe gerichtet sind. Diesen Sprüngen muss die Tänzerin große Kraft verleihen, um den Eindruck zu erwecken, dass sie in der Luft anhält. Die zweite Gruppe umfasst Bewegungen, die sich vom Boden loslösen, ohne dass man dies als ausgesprochenen Sprung bezeichnen kann. Diese Sprünge streben nicht in die Höhe, sondern bleiben dicht am Boden. Sprünge, die nicht in die Höhe ausgeführt werden, sind: pas glissade, pas de basque und jeté en tournant par terre.

Die Sprünge in die Höhe werden in vier Gruppen eingeteilt.

1. Sprünge von beiden Füßen auf beide Füße. Sie sind unterteilt in:
   a) solche, die von der V. Position aus begonnen werden, wie changement de pieds, échappé, soubresaut,
   b) solche, die mit einer Bewegung eines Fußes zur Seite gemacht werden, wie assemblé, sissonne fermée, sissonne fondue, sissonne tombée, pas de chat, failli, chassé, cabriole fermée, jeté fermé, jeté fermé fondu.
2. Sprünge von beiden Füßen mit Rückfall auf einen Fuß. Sie haben folgende Unterteilungen:
   a) solche, die mit beiden Füßen beginnen und auf einem Fuß in einer Pose enden, wie sissonne ouverte, sissonne soubresaut, ballonné, ballotté, rond de jambe en l'air sauté,
   b) solche, die mit dem Herauswerfen eines Beines beginnen und mit einem Rückfall auf dasselbe Bein in einer Pose enden, wie jeté von der V. Position aus, jeté mit einer halben Drehung, emboîté.
3. Sprünge von einem Fuß auf den anderen, wie jeté entrelacé, saut de basque, jeté passé, jeté en attitude (wenn der Sprung

von einer préparation in der IV. Position croisé aus begonnen wird).

4. Kombinierte Sprünge, deren Struktur verschiedene Elemente aufweist, wie jeté renversé, sissonne renversée, grand pas de basque, rond de jambe double, pas ciseaux, balancé, jeté en tournant und grand fouetté.

Die Luftsprünge können klein und groß sein, aber ungeachtet ihrer Form muss der Augenblick des Abhebens vom Boden immer deutlich sichtbar sein.

Zur Entwicklung des Sprunges müssen folgende Regeln beachtet werden:

1. Jeder Sprung beginnt mit demi-plié. Es ist daher für die Entwicklung des Sprunges notwendig, besondere Aufmerksamkeit auf ein einwandfreies demi-plié zu richten, d. h. man muss darauf achten, dass die Fersen beim demi-plié nicht vom Boden gehoben werden.
2. Wird der Sprung von beiden Füßen aus begonnen, so müssen die Beine im Augenblick des Sprunges kräftig in Knien, Spann und Zehen gestreckt werden. Wird der Sprung mit einem Bein begonnen, so nimmt das andere Bein die jeweilig erforderte Haltung ein. Dabei muss der Oberschenkel vollkommen auswärts gedreht sein. Der Rücken ist gerade, und das Gesäß darf nicht herausgestreckt werden.
3. Nach dem Sprung berühren die Füße zuerst mit den Zehen den Boden, dann folgen weich die Fersen. Ein demi-plié mit nachfolgender Streckung der Knie beendet die Bewegung.

Die élévation besteht aus zwei Elementen: der eigentlichen élévation und dem ballon.

Ein Sprung kann ausdruckslos, kann ein akrobatisches Kunststück sein. Ein Zirkusakrobat kann über eine Reihe von zehn Menschen hinwegspringen. Seine Gewandtheit wird uns verblüffen, aber man kann nicht sagen, dass er élévation besitzt. Es ist ein Trick, der durch gut trainierte Muskeln ermöglicht wird. In der tänzerischen élévation muss zum Sprung der ballon hinzukommen.

Unter dem Fachausdruck ballon verstehen wir die Fähigkeit der Tänzerin, in der Luft eine Haltung oder Position beizubehalten, die ihr auf dem Boden geläufig ist. Der Zuschauer hat den Eindruck, dass die Tänzerin in der Luft in der Bewegung innehält, dass sie einen Augenblick in der Luft schwebt. Wenn wir im Klassischen Tanz von élévation sprechen, so meinen wir damit hohe Sprünge, verbunden mit ballon. Wir können élévation durch eine Reihe von Bewegungen entwickeln. Für die Entwicklung des Sprunges mit Rückfall auf beide Füße benützen wir changement de pieds. Pas ballonné hingegen benützen wir zur Entwicklung von Sprüngen mit Rückfall auf einen Fuß und mit einer Bewegung vor, rück oder zur Seite. Diese vorbereitenden Schritte für eine hohe élévation müssen mit großer Ausdauer und Aufmerksamkeit und in großer Vielfalt geübt werden. Beim Studium der Sprünge geht man stufenweise vorwärts. Kindern und Anfängern dient Folgendes als einführende Übung:

Stehe in der I. Position, demi-plié. Stoße mit den Fersen vom Boden ab, springe und strecke die Spitzen, den Spann und die Knie. Berühre im Rückfall mit den Zehen den Boden, im nächsten Augenblick senke die Fersen und gehe in demi-plié. Richte dich auf und strecke die Knie.

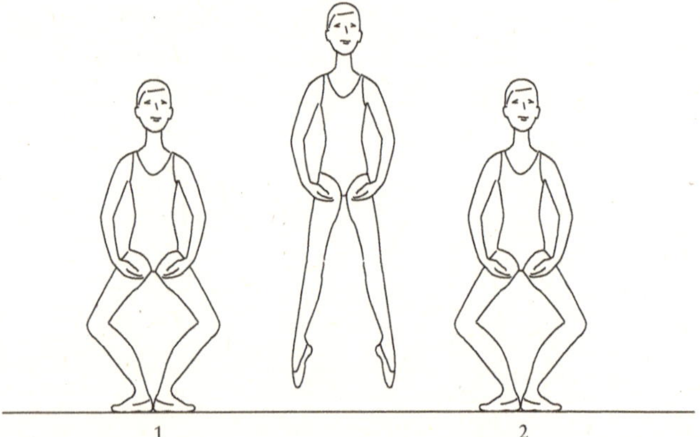

Abb. 46
Temps levé auf zwei Füßen

Dasselbe wird aus der II. und V. Position geübt. Diese Sprünge werden temps levé genannt. Wenn wir später temps levé im Freien üben, wird es oft auf einem Bein ausgeführt, d.h., mit einem Fuß wird gesprungen, während der andere in der Haltung bleibt, die er bei Beginn des Sprunges innehatte.

Changement de pieds

Petit changement de pieds

Stehe in der V. Position, rechter Fuß vor, demi-plié. Stoße vom Boden ab, springe hoch, strecke Spann, Spitzen und Knie. Während des Rückfalls wechsle die Füße. Der linke Fuß ist jetzt vorn. Komme auf dem Boden auf wie im temps levé, erst mit den Zehen, dann mit den Fersen. Beende die Bewegung in demi-plié in der V. Position.

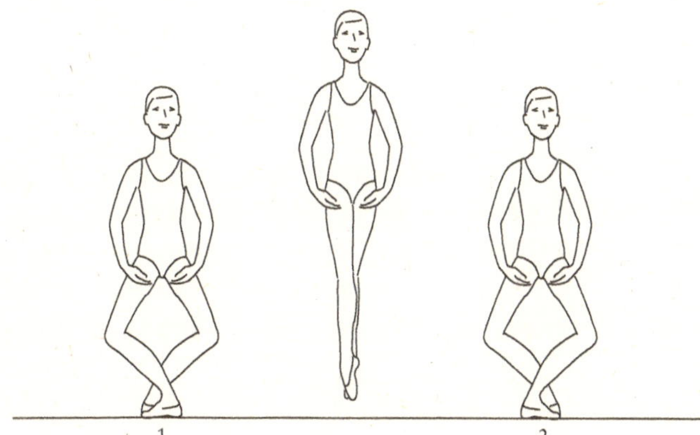

Abb. 47 Petit changement de pieds

Diese Methode entwickelt Weichheit und Elastizität des Sprunges und nimmt ihm die Härte. Für fortgeschrittenere Schülerinnen ziehe ich eine Variation von petit changement de pieds vor. Dabei verlassen die Füße den Boden nicht, sonst wird alles wie vorher ausgeführt. Die Zehen berühren stets den Boden, so, als ob man sich nur auf Spitzen erhöbe. Die Bewegung wird ohne Unterbrechung fortgesetzt, ohne auf das plié Gewicht zu legen, obgleich gesagt werden muss, dass die Betonung nicht nach oben, sondern nach unten im plié liegt. Auf diese Art ist die Übung energischer und wirkungsvoller. Es ist gebräuchlich, sie am Ende der Unterrichtsstunde im Freien nach allegro in schnellem Tempo zu üben.

Grand changement de pieds

Um sich höher zu erheben, wird bei dieser Übung das plié tiefer und mit mehr Kraft gemacht. Stoße stark mit den Fersen vom Boden ab, bringe die Beine mit gestreckten Knien zusammen und halte sie bis zum letzten Augenblick, erst dann wechsle sie. Der Rückfall ist der gleiche wie beim petit changement de pieds.

Je höher der Sprung, desto tiefer das plié vor dem Sprung. Es muss darauf geachtet werden, dass die Fersen sich nicht durch die Spannung vom Boden erheben.

Abb. 48
Grand changement de pieds

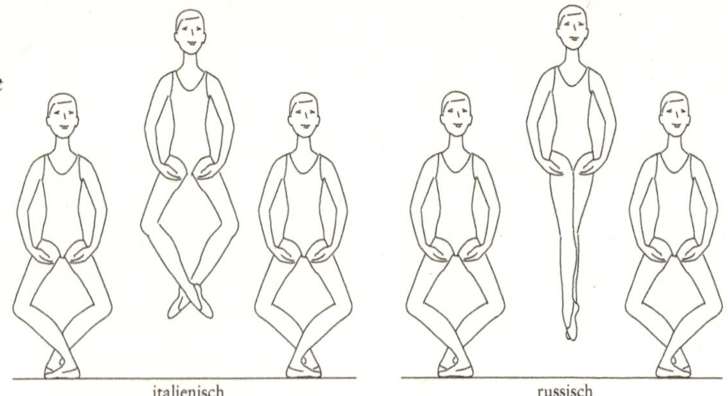

Die Beine dürfen beim Wechseln in der Luft nicht zu weit auseinander genommen werden, da sonst die Form des changement de pieds verloren geht. Changement de pieds ist ein Wechsel der Füße in der V. Position. Die Beine sollen nur so weit geöffnet werden, wie es für den Wechsel notwendig ist, nicht mehr.

Schon zu Beginn des Studiums der Sprünge muss auf die Arme geachtet werden. Sie sollen von den Schultern bis zu den Händen entspannt und leicht gerundet sein, wie in der Vorbereitenden Position. Auf keinen Fall dürfen sie wackeln oder zappeln, als wollten sie der Beinbewegung helfen.

In der Italienischen Schule ist es üblich, die Knie beim changement de pieds einzubiegen.

Pas échappé

Petit échappé

Demi-plié in der V. Position; stoße mit den Fersen ab und wechsle sofort im Sprung mit gestreckten Knien und Spitzen zu demi-plié in der II. Position. Achte auf die Richtlinien, die für plié in der II. Position gegeben wurden. Kehre mit einem gleichen Sprung mit gestreckten Knien und Spitzen zur V. Position zurück. Dieser Sprung kann ebenso in der IV. Position croisé und effacé ausgeführt werden. Die Arme sind dabei entsprechend zu halten. Im Allgemeinen sind die Arme bei kleinen Sprüngen nicht zu hoch zu halten. Die großen Positionen der Arme werden nur bei großen Sprüngen angewendet.

Bei échappé ist darauf zu achten, dass das plié auf beiden Füßen gleich ist, besonders wenn échappé in der IV. Position ausgeführt wird.

Abb. 49
Petit échappé

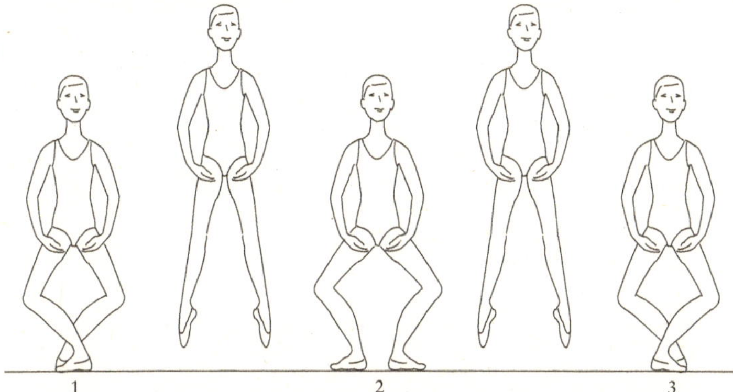

Échappé kann auch mit Rückfall auf einen Fuß beendet werden. Der Schritt ist der gleiche wie der oben beschriebene, nur ist der Schluss ein anderer. Die Füße kehren nicht in die V. Position zurück, sondern ein Fuß wird sur le cou-de-pied vor oder rück gehoben. Dieses échappé wird in der IV. und in der II. Position geübt.

Grand échappé

Beim kleinen échappé werden die Füße sofort zur II. Position geöffnet. Beim grand échappé strecken sich die Beine nach einem tieferen demi-plié während des Sprunges in einer geschlossenen V. Position. Dabei soll der Sprung so hoch wie möglich sein. Erst während des Rückfalls werden die Beine zur II. Position geöffnet. Mit kräftigem Abstoßen der Fersen vom Boden und einem hohen Sprung kehrt man zur V. Position zurück.

Abb. 50
Grand échappé

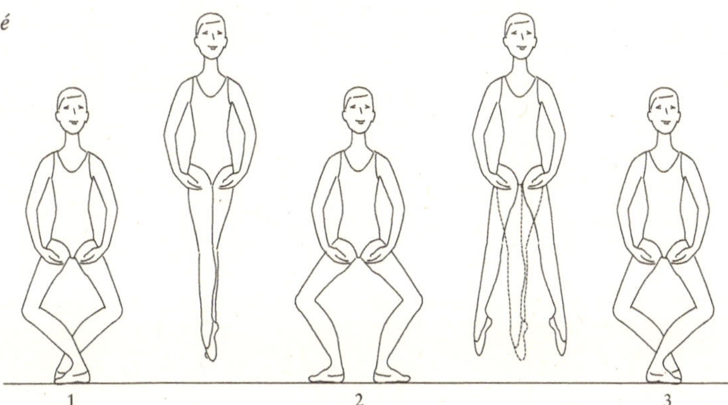

Dieses échappé kann auch mit einem Rückfall auf einen Fuß beendet werden, wobei ein Bein in attitude, arabesque oder développé vor in Höhe von 90° gehalten wird, also im Allgemeinen in einer großen Pose.

Pas assemblé Assemblé ist die Grundlage für die Entwicklung des Sprunges, und für Anfänger ist es die solide Grundlage für den Tanz überhaupt. Obgleich assemblé recht kompliziert ist, wird dieser Schritt als einer der ersten einem Anfänger gelehrt, denn wenn die Schüler assemblé verstehen, wird das weitere Studium für sie leichter sein.

Stand: V. Position, rechter Fuß vor.*

Ausführung:

1. demi-plié.
2. mit einer gleitenden Bewegung führe das linke Bein zur II. Position, Fußspitze am Boden.
3. stoße mit dem rechten Fuß, der noch im plié ist, vom Boden ab, springe nach oben, beide Beine sind in der Luft gestreckt.
4. Rückfall auf beide Füße in demi-plié, V. Position, linker Fuß vor.

Von diesem plié aus wird die Bewegung mit dem andern Fuß wiederholt. Durch mehrere Wiederholungen des Schrittes entsteht eine kleine Fortbewegung nach vorn.

Abb. 51
Assemblé

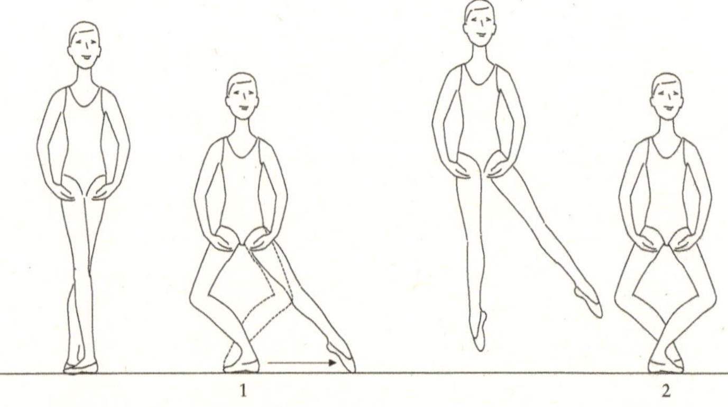

* Beim elementaren Studium des assemblé lasse ich die Arme nicht an der Bewegung teilnehmen, aber ich strebe danach, dass die Schüler ohne Steifheit und Eckigkeit eine freie Haltung der Arme haben.

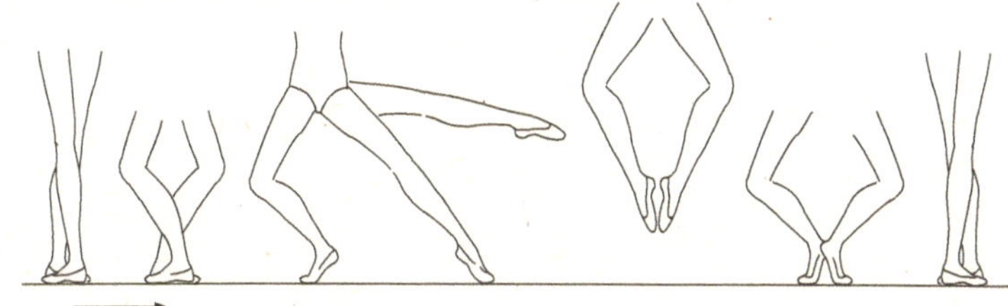

Abb. 52 Assemblé italienisch

Man muss auf die Genauigkeit der II. Position achten, d. h., das Bein darf nicht in écarté vor oder rück abweichen. Diese Genauigkeit beim Studium der elementaren Form des Schrittes garantiert die korrekte Ausführung der schwierigeren Form des grand assemblé. Assemblé wird nach rück folgendermaßen ausgeführt: Von der V. Position, rechter Fuß vorn, wird das Bein zur II. Position und in die V. zurückgebracht. Den Anfängern wird assemblé auf diese Art auf zwei Zeiten gelehrt. Die nächste kompliziertere Form des assemblé wird auf eine Zeit ausgeführt. Dabei wird das Bein in einer durchgehenden Bewegung ohne Betonung in der II. Position zur Höhe von 45° gebracht.

Beim grand assemblé nach rück wird das rechte Bein wie beim grand battement zur II. Position zur Höhe von 90° herausgeschlagen. Der folgende große Sprung bringt die Tänzerin zur Seite. In diesem Augenblick muss das linke Bein vorn an das rechte Bein angelegt werden, und die Beine werden in der Luft geschlossen gehalten. Dann folgt der Rückfall auf beide Füße gleichzeitig in demi-plié in der V. Position.

Um den Eindruck eines höheren Sprunges zu geben, biegen die Italiener nach dem grand battement und vor dem Rückfall in die V. Position ihre Knie. Dieses Biegen der Knie während des Sprunges verleiht dem Tanz einen grotesken Charakter und verdirbt die klassische Linie.

Das grand assemblé wird gewöhnlich im günstigen Moment in einen Tanz eingefügt. Um genug Kraft für eine derartig große Bewegung zu haben, ist es am wirkungsvollsten, das grand assemblé durch eine Hilfsbewegung vorzubereiten. Das kann in Form eines glissade sein, oder es ist auch folgende préparation dafür geeignet: Führe ein grand développé nach vor aus, falle auf diesen Fuß in demi-plié und stoße kräftig ab. Wirf das andere Bein zur Höhe von 90° in die II. Position. Der Abstoß ist auf diese Weise energisch und die ganze Bewegung effektvoller.

Um einen Sprung mehr hervorzuheben, seine Wirkung zu erhöhen, soll im Allgemeinen keine Bewegung von gleicher Größe und Kraft vorausgehen oder folgen. Eine kleine Bewegung ist dafür geeigneter. Eine Bewegung gewinnt durch die andere an Wirkung.

Erst wenn die Schülerinnen assemblé beherrschen, kann man die Bewegung der Arme hinzufügen. Sie werden gleichzeitig mit den Beinen zur II. Position geöffnet und, während die Füße in die V. Position gehen, in der Vorbereitenden Position geschlossen. Später nimmt der Kopf ebenfalls an der Bewegung teil. Wenn das Bein und die Arme zur II. Position geöffnet werden, ist der Kopf im Profil zur entgegengesetzten Seite zu halten. Am Schluss der Bewegung ist er nach der entgegengesetzten Seite wieder ins Profil zu wenden. Der Kopf muss deshalb im Profil sein, weil eine unbestimmte Drehung den Eindruck erwecken würde, er beuge sich zur Schulter. Dies würde einen weichen, schwachen Eindruck erwecken.

In den Klassen der Fortgeschrittenen, wenn die Bewegungen von assemblé flüssig nacheinander geübt werden, verlange ich keine Teilnahme der Arme. Nur in den komplizierten Kombinationen, die für Tänzerinnen und nicht für Schülerinnen bestimmt sind, füge ich dem assemblé Armbewegungen bei. Assemblé kann in allen Richtungen ausgeführt werden, vor, rück, croisé, effacé.

Im Unterricht muss man beim assemblé einen korrekten Abschluss in der V. Position verlangen. Es kommt auf der Bühne mitunter vor, dass man beim Tanzen einen Schritt nicht so präzise ausführen kann, wie man es sollte. Um sich selbst davor zu bewahren, die Präzision zu verlieren, soll die Tänzerin in ihren täglichen Übungen ausdauernd und pedantisch genau die entwickelten Formen des Tanzes bewahren. Je mehr eine Tänzerin dies im Ballettsaal beachtet, desto weniger Fehler wird sie auf der Bühne machen. Das ist das Ziel der täglichen Übungen im Ballettsaal.

Pas jeté Die französische Bezeichnung dieses Schrittes ist sehr ausdrucksvoll. Das französische Verb jeter bedeutet werfen, und der Fachausdruck jeté bezeichnet das Herauswerfen eines Beines und den Rückfall auf dasselbe. Aber der Schritt jeté hat diesen Charakter nur in seiner vollendeten Form, im grand jeté. Für Anfänger ist folgende Übung gebräuchlich:

Stand: V. Position, rechter Fuß vor.

Ausführung:

1. demi-plié, gleichzeitig führe das linke Bein mit einer gleitenden Bewegung zur II. Position zur Höhe von 45°; Knie und Spitze werden gestreckt, die Fußspitze berührt in der II. Position den Boden.
2. stoße mit dem rechten Fuß vom Boden ab, strecke dabei Knie und Spitze.
3. Rückfall auf den linken Fuß in demi-plié vor die Stelle, die vorher der rechte Fuß innehatte, halte rechten Fuß sur le cou-de-pied rück.

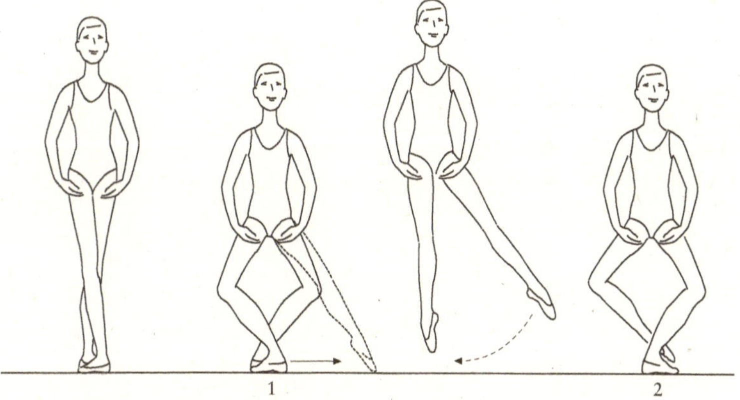

Abb. 53
Pas jeté

Dies ist die Bewegung nach vor. Bei der gleichen Bewegung nach rück wird das vornstehende Bein zur Seite geführt.

Die Haltung des Fußes sur le cou-de-pied ist dementsprechend vor. Jeté kann in allen Richtungen ausgeführt werden. Fortschreitend fügt man dem jeté Armbewegungen in verschiedenen kleinen Haltungen bei (die Bewegungen des Kopfes sind die gleichen wie bei assemblé) und setzt die Entwicklung mit jeté in Höhe von 45° und endlich mit grand jeté in Höhe von 90° unter Hinzufügen großer Posen fort.

Es ist notwendig, hier den Unterschied zu dem jeté der Italienischen Schule zu erwähnen. Diese lehrt die Beine sehr hoch hinauszuwerfen und sie scharf einzubiegen. Die Bewegung verlangt große Anstrengung, und das Aussehen erhält entschieden eine groteske Färbung.

Grand jeté

Die Ausführung des grand jeté auf der Bühne erfordert eine ganz andere Ausführung und Vorbereitung.

Es wird nicht aus der V. Position begonnen, sondern von einer vorbereitenden Bewegung eingeleitet. Dies ist die unumgängliche überleitende Bewegung vor jedem großen Sprung. Es ist ebenso notwendig, den Körper vorwärts zu bringen, wie sich abzustoßen. Um das zu erreichen, gibt es verschiedene Methoden. Man kann dazu pas couru, glissade oder coupé nehmen, die den nötigen Abstoß geben. Männer ersetzen das oft durch einen langen, unsorgfältigen Anlauf. Ich ziehe eine kompliziertere Einleitung vor, die den ganzen Körper und die Arme in Bewegung bringt. Von dieser Einleitung aus ergibt sich logisch die abschließende Haltung. Es ist coupé in folgender Art:

Stand: Rechter Fuß rück croisé, Arme in der Vorbereitenden Position.

Ausführung:

1. führe das rechte Bein zur IV. Position vor effacé demi-plié und übertrage das Körpergewicht auf den rechten Fuß, beuge den Oberkörper zu diesem Bein; öffne die Arme zur II. Position.

1a. führe die Arme, um dem Sprung den Aufschwung zu geben, durch die Vorbereitende Position.

Abb. 54 Grand jeté vorwärts

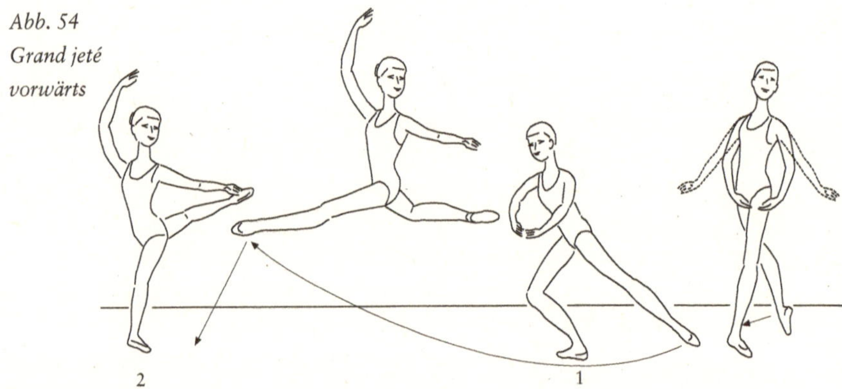

2. springe vom Boden ab, wirf das linke Bein vorwärts zur Höhe von 90° croisé. Führe die Arme durch die I. Position zur erforderlichen Haltung. Versuche, in der Luft eine klare Haltung, attitude oder arabesque, zu wahren.
3. Rückfall in demi-plié auf den linken Fuß in attitude croisée.

Es gibt auch, obwohl selten angewandt, grand jeté rückwärts, das in folgender Art ausgeführt wird:

Stand: Linker Fuß vor croisé, Arme in der Vorbereitenden Position.

Ausführung:

1. führe linkes Bein zur IV. Position rück demi-plié effacé und übertrage das Körpergewicht auf den linken Fuß; öffne die Arme zur II. Position.
2. führe die Arme durch die Vorbereitende Position.
3. springe vom Boden ab nach oben, wirf rechtes Bein nach rück croisé zur Höhe von 90°; führe die Arme durch die I. Position in die erforderte Haltung.
4. Rückfall auf den rechten Fuß in demi-plié in der Haltung développé vorn.

Abb. 55
Grand jeté rückwärts

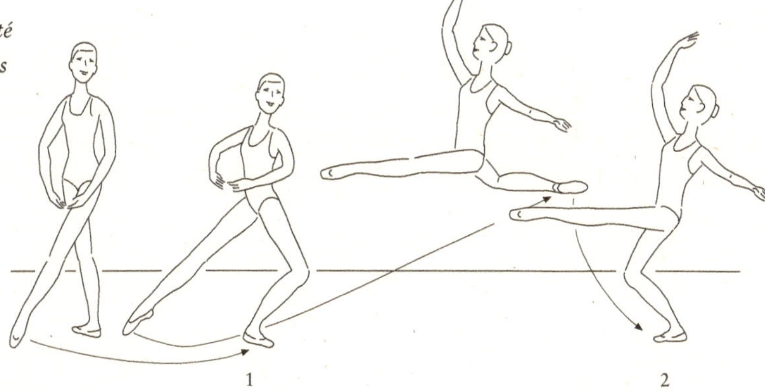

Jeté fermé

Stand: V. Position, rechter Fuß vor, Arme in der Vorbereitenden Position.

Ausführung:

1. demi-plié, gleichzeitig wirf das linke Bein zur II. Position; öffne die Arme zur II. Position.
2. springe auf das linke Bein.
3. öffne das rechte Bein zur II. Position in gleicher Höhe wie das linke.

4. Rückfall auf den linken Fuß in demi-plié, setze rechten Fuß in die V. Position vorn; schließe die Arme zur Vorbereitenden Position. Der Kopf wird von rechts nach links bewegt.

Abb. 56
Jeté fermé

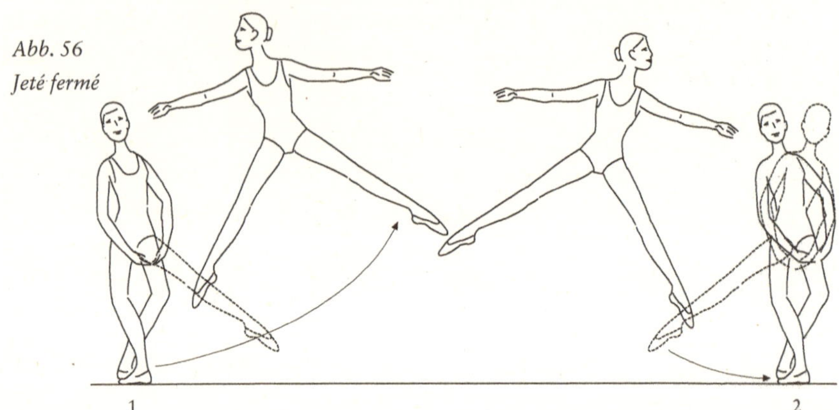

Diese Bewegung wird auf zwei Zeiten ausgeführt; auf den Auftakt: plié; erste Zeit: Übertragen des Körpergewichts auf den linken Fuß in plié; zweite Zeit: Beenden der Bewegung in der V. Position.

Man kann jeté fermé auch auf andere Art beenden, und zwar wird dann das Bein sanft und allmählich heruntergeführt. In diesem Falle wird die Bewegung jeté fondu genannt.

Dieses jeté wird nach vor und rück in effacé, croisé und écarté geübt; die Arme und der Kopf sind dabei entsprechend zu halten.

Jeté mit Bewegung zur Seite in halben Drehungen

Stand: V. Position, rechter Fuß vor, rechter Arm in der I. Position, linker Arm in der II.

Ausführung:

1. demi-plié.
2. führe rechtes Bein zur II. Position und
3. springe mit einer halben Drehung so weit wie möglich zur Seite auf den rechten Fuß.
4. mit dem Rücken zum Zuschauer gewendet, Rückfall in demi plié, halte linken Fuß sur le cou-de-pied rück; führe linken Arm zur I. Position, den rechten zur II.; wende den Kopf zur linken Schulter.
5. führe linkes Bein zur II. Position, springe nach links und führe erst im letzten Augenblick in der Luft eine halbe Drehung aus.

6. Rückfall in demi-plié auf den linken Fuß, halte rechten Fuß sur le cou-de-pied vor; öffne linken Arm zur II. Position, führe rechten Arm beim Abschluss der Bewegung zur I. Position; wende den Kopf en face.

Die erste Drehung ist en dedans, die zweite en dehors. Dieses jeté kann auch nach der anderen Seite ausgeführt werden. Stehe in der V. Position, linker Fuß vor. Beginne die Bewegung nach rechts, drehe en dehors, ende im demi-plié mit dem Rücken zum Zuschauer; halte den linken Fuß sur le cou-de-pied vor; führe linken Arm zur I. Position, den rechten zur II.; halte Kopf im Profil zur linken Schulter gewendet. Dann setze die Bewegung mit einer Drehung en dedans nach links fort und ende mit dem rechten Fuß sur le cou-de-pied rück.

Abb. 57 Jeté mit Bewegung zur Seite in halben Drehungen

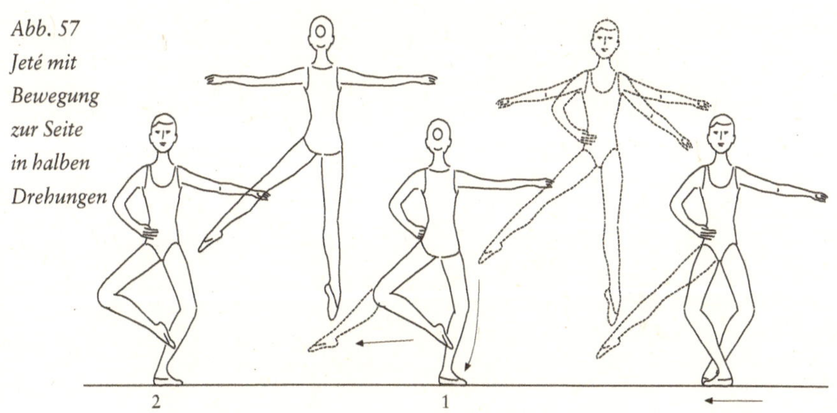

Führe den rechten Arm zur I. Position, den linken zur II.; wende den Kopf en face.

Im ersten Fall ist es notwendig, den Körper bis zur Drehung en face zu lassen; im zweiten Fall bleibt der Körper bis zur Drehung mit dem Rücken zum Zuschauer. Der Kopf muss zum Profil gewendet werden.

Jeté passé

Stand: Croisé, rechter Fuß rück, Arme in der Vorbereitenden Position.

Ausführung:

1. übertrage das Körpergewicht auf den rechten Fuß in der IV. Position effacé vor in demi-plié; neige den Oberkörper zu diesem Bein, führe den rechten Arm vor den Körper.

Halte beide Schultern auf einer Ebene, d. h., neige nicht die rechte Schulter zum rechten Bein.

2. springe und setze linken Fuß an die Stelle des rechten, führe rechtes Bein in attitude croisée, neige Oberkörper zurück.

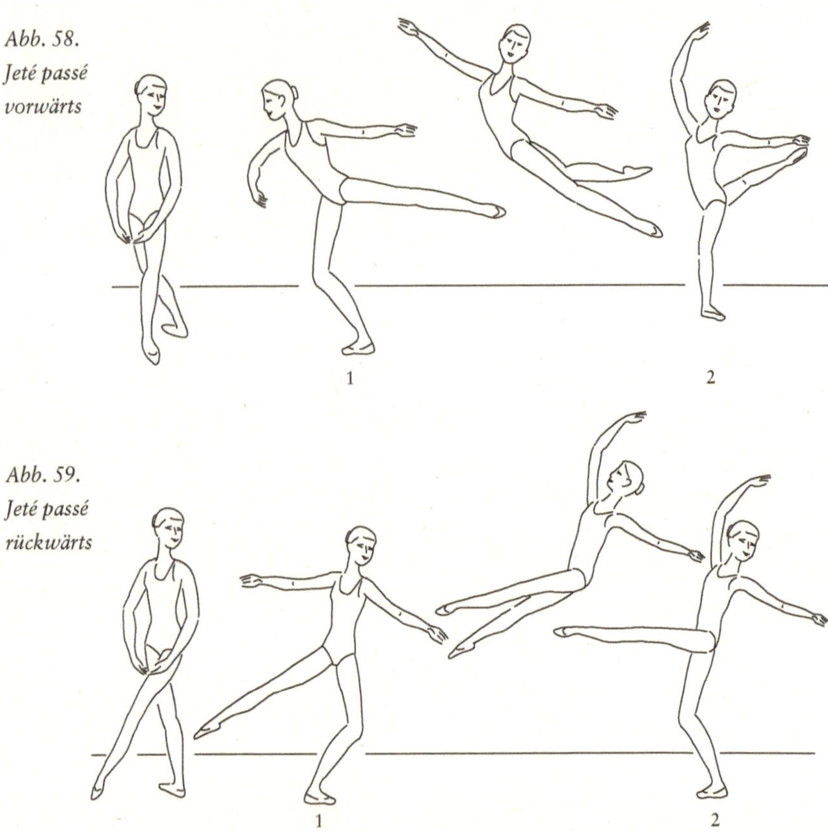

Abb. 58. Jeté passé vorwärts

Abb. 59. Jeté passé rückwärts

Jeté passé rückwärts wird auf die gleiche Weise ausgeführt. Stehe zu Beginn croisé, linker Fuß vor. Übertrage das Körpergewicht auf den linken Fuß in der IV. Position effacé rück demi-plié; öffne beide Arme mit geöffneten Händen zur II. Position. Halte die Schultern auf einer Ebene. Während des demi-plié mit dem linken Bein wirf das rechte Bein vorwärts hoch und setze es nach einem Sprung an die Stelle des linken; wirf das linke Bein nach vorn croisé zur Höhe von 90° heraus. Nimm die erforderte Haltung ein, d. h., der Oberkörper und der Kopf können entsprechend der Körperdrehung nach rechts oder links gewendet werden.

Jeté renversé

Stand: V. Position, rechter Fuß vor, Arme in der Vorbereitenden Position.

Ausführung:

1. demi-plié, wirf linkes Bein zur II. Position zur Höhe von 90°; öffne die Arme, Handflächen nach unten, ebenfalls zur II. Position.
2. springe auf den linken Fuß in attitude croisée in demi-plié.
3. führe renversé* en dehors aus und ende in der V. Position.

Abb. 60. Jeté renversé en dehors

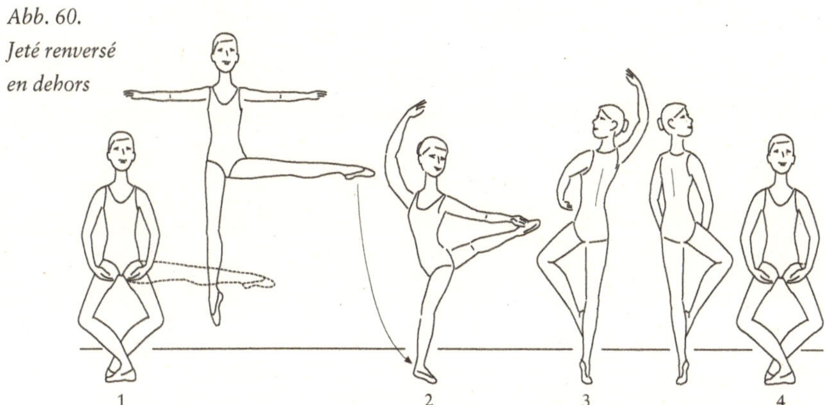

Dieselbe Bewegung kann auch umgekehrt geübt werden, d. h., nachdem ein Bein zur II. Position herausgeworfen worden ist, führe das andere nach dem Sprung nach vor croisé zur Höhe von 90° mit zur III. Position erhobenem linkem Arm und füge renversé en dedans hinzu. Es ist darauf zu achten, dass der Sprung in attitude genau croisé endet und das renversé korrekt

Abb. 61. Jeté renversé en dedans

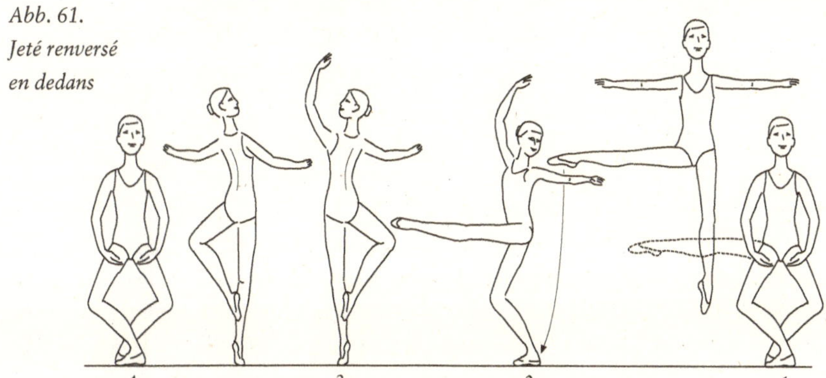

*Ausführung siehe unter renversé, S. 167. (Anm. d. Übers.)

ausgeführt wird, d.h., es darf dabei nicht der Rücken zum Zuschauer gewendet sein. Dieser Fehler wird eintreten, wenn der Rücken zu früh, schon während des Sprunges, in attitude oder, in umgekehrter Richtung, in développé vorwärts gewendet wird.

Bei dieser Bewegung soll man sich nach dem jeté nicht auf halbe Spitze erheben, sondern das jeté durch ein pas de bourrée mit dem folgenden renversé verbinden, d. h. wechsle auf die halbe Spitze des anderen Fußes und beende das renversé.

Jeté entrelacé

Wir beginnen das Studium dieses Schrittes von der rechten vorderen Ecke des Ballettsaales diagonal zur linken hinteren Ecke, sodass das Gesicht immer zum Zuschauer gewendet bleibt. Wenn wir so beginnen, ist der Schritt leichter zu verstehen. Später kann er von hinten diagonal nach vorn geübt werden. In diesem Falle steht die Tänzerin bei allen Haltepunkten mit dem Rücken zum Zuschauer gewendet.

Stand: Rechter Fuß vor, linker Fuß effacé rück mit der Spitze am Boden; linker Arm vorn wie in der 2. arabesque, rechter Arm in der II. Position.

Ausführung:

1. demi-plié, hebe linkes Bein zur Höhe von 45°; neige Oberkörper nach vor.
2. mit einem weiten Schritt übertrage das Körpergewicht auf den linken Fuß demi-plié und führe dabei eine Wendung diagonal nach rück aus; öffne die Arme zur II. Position.
3. springe vom linken Fuß ab, wirf das rechte Bein nach vorn zur Höhe von 90° heraus (nach Punkt 6), führe die Arme zur I. Position; während des Sprunges macht der Körper eine Drehung, die Arme werden zur III. Position geführt.
4. Rückfall auf den rechten Fuß in arabesque oder attitude.

Die Beine scheinen ineinander verflochten zu sein, daher der Name »entrelacé«.

Wird das rechte Bein herausgeworfen, so ist darauf zu achten, dass es durch die I. Position geführt wird. Dies wird helfen, die Beine exakt zu kreuzen. Man muss nach dem Sprung auf dieselbe Stelle zurückkommen. Werden die Beine zu weit geöffnet aneinander vorbeigeführt, dann verliert die Bewegung ihre Form. Um zu verhindern, dass der Oberkörper hemmend nachschleppt, und um die Bewegung zu unterstützen, sollen die Arme aus der I. Position kräftig nach oben geschwungen werden, während das Bein durch die I. Position geführt wird. Darin liegt die Hilfe für die Bewegung.

Abb. 62
Jeté entrelacé

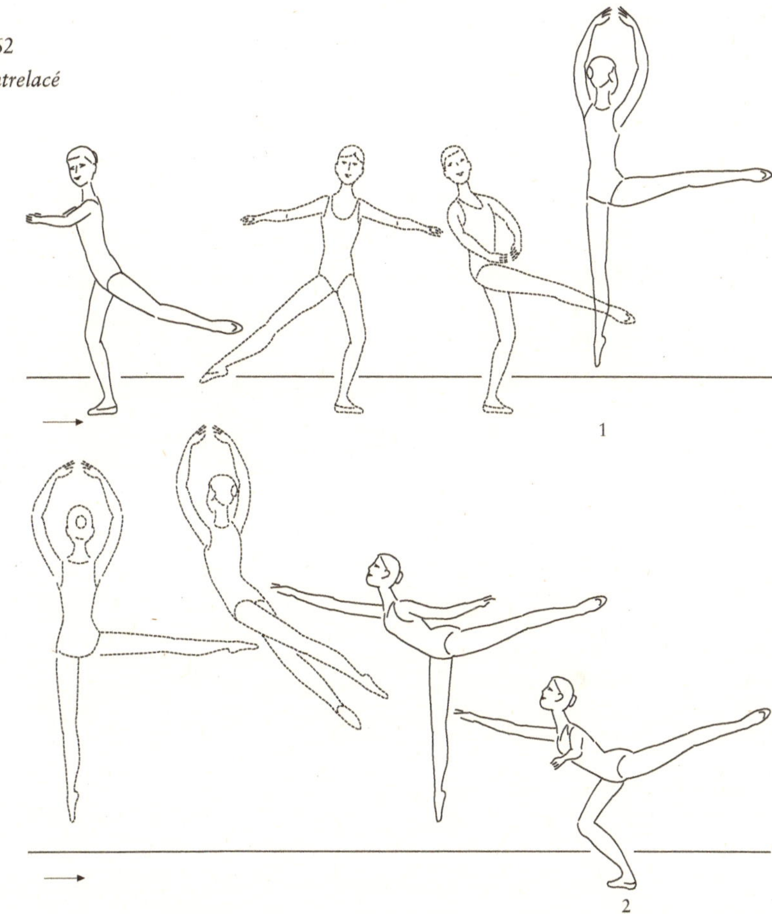

Jeté en tournant par terre

Dieses jeté wird mit »par terre« bezeichnet, weil es nicht in die Höhe, sondern in die Weite gerichtet ist. Als Beispiel wollen wir jeté en tournant par terre nehmen. Wir bewegen uns dabei von der linken hinteren Ecke des Ballettsaales diagonal zur rechten vorderen Ecke.

Stand: V. Position, rechter Fuß vor.

Ausführung:

1. demi-plié.

2. führe rechten Fuß mit einer gleitenden Bewegung am Boden nach effacé vor.
3. übertrage das Körpergewicht auf diesen Fuß in demi-plié, erhebe linkes Bein zur Höhe von 45°; rechter Arm ist vorn, linker in der II. Position.
4. springe vom rechten Fuß ab, schließe während des Sprunges die Füße zur V. Position und führe dabei eine ganze Drehung nach rechts aus.
5. Rückfall in demi-plié auf den linken Fuß, rechter Fuß sur le cou-de-pied vor.

Abb. 63
Jeté en tournant par terre

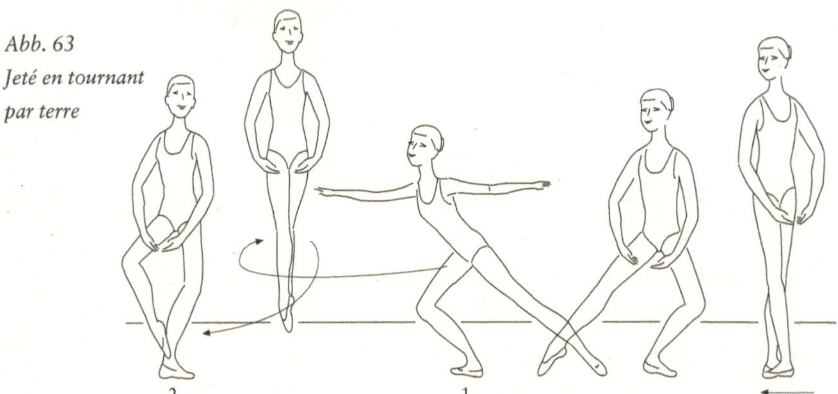

Die Linienführung dieser Bewegung ist eine lang ausgestreckte Form vom Typ einer arabesque. Gewöhnlich wird dieses jeté einige Male hintereinander ausgeführt.

Jeté en tournant

Stand: V. Pos., rechter Fuß vor, Arme in der Vorbereitenden Position.

Ausführung:

1. führe ein kleines sissonne tombée zur IV. Position vor croisé aus, ende dabei im demi-plié auf dem rechten Fuß; führe rechten Arm zur I. Position, linken zur II.
2. bringe den linken Fuß dicht hinter den rechten und übertrage das Gewicht auf diesen in demi-plié; führe beide Arme zur I. Position.
3. wirf das rechte Bein mit einem Schwung nach vorn zur Höhe von 90° heraus; springe vom linken Fuß ab; während des Sprunges, bei dem der Körper eine Drehung vollführt, beschreibe mit dem rechten Bein einen Kreis in der Luft
4. Rückfall auf den rechten Fuß in attitude croisée.

Abb. 64
Jeté en tournant

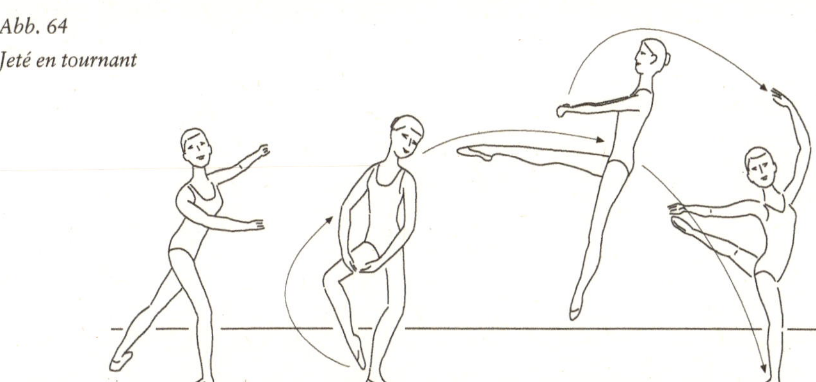

Es ist darauf zu achten, dass man durch die Kraft des Auftriebes nicht aus der Bahn geworfen wird und so die Linie zerstört. Gleichzeitig muss man Acht geben, dass man sich bei der abschließenden attitude nicht zu weit nach rechts neigt.

Um für das sissonne tombée Kraft für den Sprung zu bekommen, beuge den Oberkörper kräftig nach vor; beim Wechsel auf den linken Fuß beuge den Körper nach links effacé und neige den Kopf in derselben Richtung. Von hier aus wird der Bogen mit dem Körper beschrieben.

Führt man jeté en tournant mit einem Halt in attitude effacée aus, so beginnt man mit sissonne tombée en effacé und endet in attitude effacée.

Soubresaut

Soubresaut ist ein Sprung von beiden Füßen auf beide Füße.

Stoße aus der V. Position demi-plié mit beiden Füßen vom Boden ab und springe vorwärts. Die Beine und die gestreckten Füße werden fest zusammengehalten. Vor dem Sprung wird der Körper nach vorn geneigt, während des Sprunges kräftig nach rück gebogen, sodass die Beine nach rück gestreckt sind. Es ist darauf zu achten, dass die Waden nicht aneinander schlagen, da man sonst eine Form des cabriole erhält. Dieser Fehler wird häufig gemacht.

Um eine korrekte Form zu erreichen, dürfen die Beine nicht in ihrer vollen Länge zusammengehalten werden. Die Armhaltung ist frei, sie hängt von der jeweiligen Linie des Tanzes ab.

Sissonne

Es gibt viele Formen des sissonne, ich werde im Folgenden die gebräuchlichste analysieren.

Sissonne simple

Wir beginnen das Studium des sissonne mit der einfachsten Form.

Stand: V. Position, rechter Fuß vor, Arme in der Vorbereitenden Position.

Ausführung:

1. demi-plié, gleichzeitig springe mit beiden Füßen nach oben, während des Sprunges werden die Füße in der V. Position gehalten.
2. Rückfall auf den linken Fuß in demi-plié, rechter Fuß sur le cou-de-pied; Arme bleiben in der Vorbereitenden Position.

Sissonne ouverte

Sissonne ouverte ist die Weiterentwicklung der vorhergehenden Bewegung. Nach dem Sprung wird das Bein über sur le cou-de-pied zur Seite, nach vor oder rück zur Höhe von 45° geöffnet.

Abb. 66
Sissonne ouverte (90°)

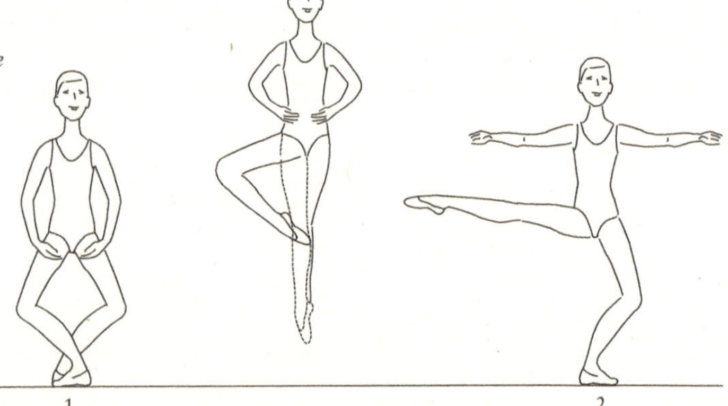

Um Balance zu bekommen, mögen Anfänger das Bein nach dem Sprung senken und es mit der Spitze am Boden zur II. Position, nach vor oder rück öffnen.

Die Arme werden in der Position gehalten, die der erforderlichen Haltung entspricht. Bei Fortgeschrittenen ist der Sprung höher und kräftiger, das Bein ist zur Höhe von 90° zu erheben, entweder in attitude, arabesque oder écarté vor oder rückwärts. In der weiterentwickelten Form wird sissonne ouverte mit einer Fortbewegung zur Seite ausgeführt. Wenn sissonne nach vor geübt wird, endet der Sprung in attitude oder arabesque; wird er nach rück ausgeführt, endet er in einer entsprechend nach vorn gerichteten Haltung. Bei écarté erfolgt der Sprung zur Seite entsprechend der Richtung der verlangten Haltung.

Bei den mittleren und fortgeschrittenen Schülern wird eine kompliziertere Form des sissonne ouverte en tournant gelehrt. Es wird folgendermaßen ausgeführt:

Stand: V. Position, rechter Fuß vor, Arme in der Vorbereitenden Position.

Ausführung:

1. demi-plié, gleichzeitig führe rechten Arm in die I. Position, linken in die II.
2. springe eine tour en l'air.
3. Rückfall auf den rechten Fuß, dabei wird das linke Bein in die jeweils geforderte Haltung in Höhe von 45° oder 90° geöffnet.

Es ist darauf zu achten, dass die rechte Schulter vor dem Sprung nicht nach vorn gebracht wird.

Sissonne fermée

Als Beispiel möchte ich eine Form des sissonne fermée analysieren; alle anderen werden auf die gleiche Art ausgeführt, es ändert sich nur die Richtung.

Stand: V. Position, rechter Fuß vor.

Ausführung:

1. demi-plié.
2. springe nach links, öffne das rechte Bein zur II. Position.

Abb. 67
Sissonne fermée

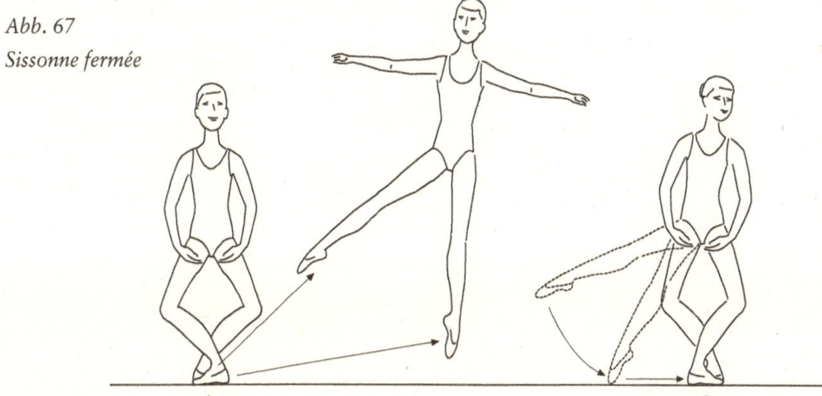

3. Rückfall auf den linken Fuß, fast gleichzeitig schließe rechten Fuß mit einer gleitenden Bewegung am Boden in die V. Position.

Der Sprung ist nicht groß, und das Bein wird nicht zu hoch erhoben.

Sissonne fondue

Bei einem hohen Sprung mit zu 90° erhobenen Beinen erhalten wir nicht sissonne fermée, sondern sissonne fondue. Ein hohes développé erlaubt dem rechten Bein nicht, den Sprung gleichzeitig mit dem linken zu beenden, und das »Sich-Treffen« der Beine nimmt den Charakter des fondu an. Die Spitze gleitet über den Boden und der Fuß wird sanft, leicht im Knie gebogen, in die V. Position auf den Boden gesetzt. Die Arme und der Kopf richten sich nach der jeweiligen Haltung. Auf diese Weise wird sissonne fondue bei den fortgeschrittenen Schülern geübt.

Sissonne tombée

Stand: V. Position, rechter Fuß vor.

Ausführung:

1. demi-plié, gleichzeitig springe mit beiden Füßen vom Boden ab.
2. während des Sprunges wird der rechte Fuß sur le cou-de-pied oder (in der entsprechenden Haltung) am Knie gehalten.
3. Rückfall in demi-plié auf den linken Fuß, öffne rechtes Bein nach vor und falle mit einer kleinen Verzögerung in demi-plié auf den rechten Fuß.

Abb. 68
Sissonne tombée

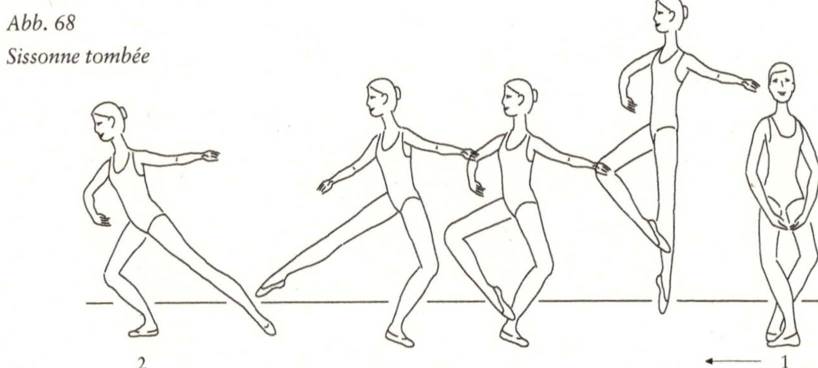

Geht dieses sissonne tombée einem großen Sprung voraus, was öfters, besonders im Männertanz, der Fall ist, so kann dieses sissonne mit pas de bourrée beendet werden. Das ist für den folgenden Sprung äußerst vorteilhaft.

Sissonne renversée

Führe zuerst sissonne ouverte en attitude aus und beende die Bewegung mit renversé en dehors. Nach dem Sprung en attitude erhebt man sich nicht auf halbe Spitze, sondern der Sprung wird mit der nächsten Bewegung, dem renversé durch pas de bourrée verbunden, d. h. durch Wechsel auf die halbe Spitze des anderen Fußes.

Sissonne soubresaut

Sissonne soubresaut wird wie sissonne ouverte ausgeführt, aber zu Beginn des Sprunges aus der V. Position werden beide Beine und Füße wie im soubresaut geschlossen gehalten. Zu Beginn des Sprunges neige den Oberkörper nach vor und während des Sprunges neige ihn zurück. Die Ausführung muss sehr genau sein, die Beine dürfen während des Sprunges nicht aneinander schlagen, damit wir nicht eine Form des cabriole aus der V. Position erhalten. Es ist wirkungsvoll, diesen Sprung einige Male hintereinander auf der Diagonalen in attitude effacée auszuführen. Nach dem Rückfall in demi-plié wird ein coupé mit dem linken Fuß und ein assemblé vor mit dem rechten Bein in Richtung écarté (Punkt 2) hinzugefügt.

Abb. 69 Sissonne soubresaut

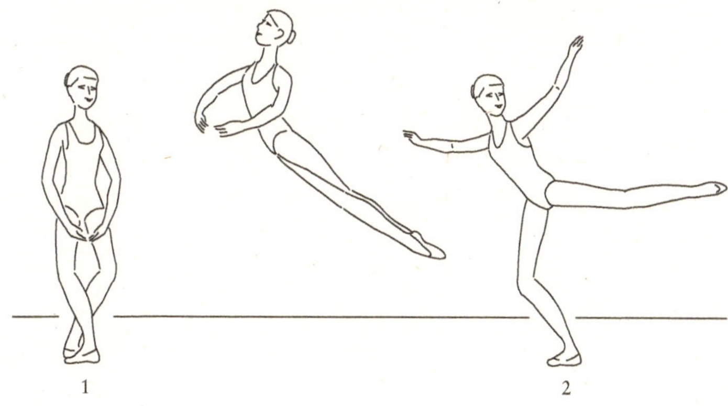

Rond de jambe en l'air sauté

Das Studium des rond de jambe en l'air sauté beginnen wir in folgender Weise: zuerst sissonne ouverte zur II. Position, nun folgt ein rond de jambe en l'air mit einem gleichzeitigen Sprung auf dem Standbein. Rond de jambe double wird auf die gleiche Art ausgeführt. In der weiteren Entwicklung des Sprunges wird rond de jambe en l'air mit einem gleichzeitigen Sprung aus dem demi-plié der V. Position geübt. Zuerst wird das Bein zur Höhe von 45° und später bei Fortgeschrittenen zur Höhe von 90° erhoben.

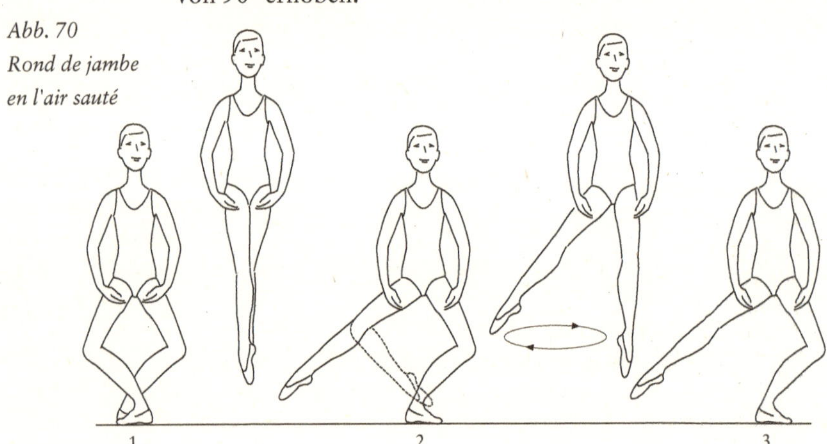

Abb. 70 Rond de jambe en l'air sauté

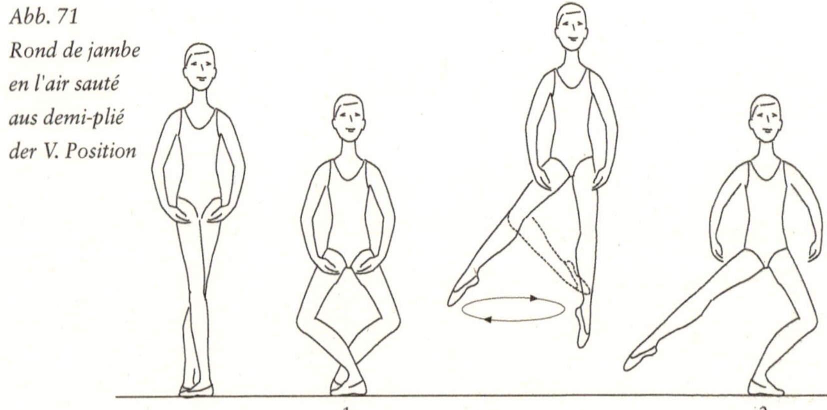

Abb. 71 Rond de jambe en l'air sauté aus demi-plié der V. Position

Pas de chat

Stand: V. Position, linker Fuß vor, Arme in der Vorbereitenden Position.

Ausführung:

1. wirf das rechte, halbgebeugte Bein nach rück croisé zur Höhe von 45°, gleichzeitig demi-plié mit dem linken Bein; führe rechten Arm zur II. Position, den linken nicht zu hoch nach vorn.
2. springe vom linken Bein ab und wirf es halbgebeugt nach effacé rück heraus; das linke Bein trifft sich mit dem rechten Bein.
3. Rückfall zuerst auf das rechte Bein, dann führe linkes Bein zur IV. Position vor.

Einen Augenblick müssen beide Beine in der Luft sein und aneinander vorbeigeführt werden. Halte die Oberschenkel auswärts und öffne sie nicht zu weit. Man kann den Schritt auch in der V. Position beenden. Wenn das Gewicht auf dem linken Fuß liegt, soll der Körper sich leicht nach vorn neigen, damit er dann mehr nach rück gebeugt werden kann. In dem Augenblick, in dem beide Beine in der Luft sind, neigt sich der Körper nach rück, wobei der Rücken in der Taille stark gebogen ist.

Dieser Schritt wird durch die Haltung des Kopfes verschönt. Der Kopf kann auf verschiedene Art gehalten werden, doch muss die Haltung zur folgenden Bewegung passen.

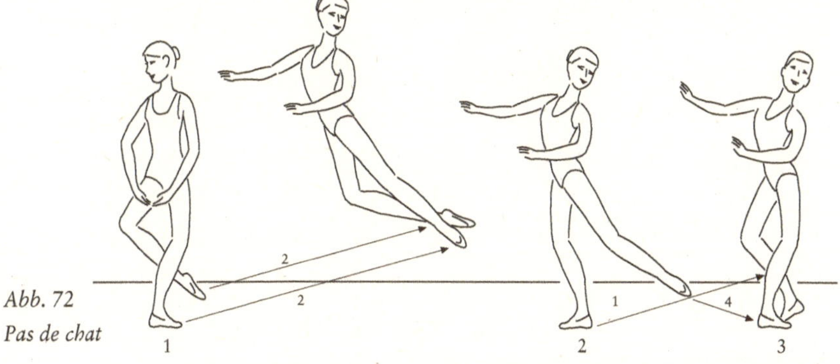

Abb. 72
Pas de chat

Die Arme werden mit einer weichen Bewegung nach oben geführt. Bei Beginn des Schrittes sind die Hände gesenkt, dann werden sie leicht nach oben genommen. Die Arm- und Beinbewegungen haben den gleichen Charakter, das gleiche weiche

Herausführen, das in der Bezeichnung pas de chat (Katzenschritt) ausgedrückt ist.

Dem italienischen pas de chat fehlt dieser katzenartige Charakter. Das linke Bein wird zur Seite herausgeworfen, während das rechte, mit dem die Bewegung begann, auf eine trokkene Art zur II. Position gebracht wird. Dadurch kann der Körper die Weichheit des Schrittes nicht betonen.

Pas de basque

Dieser Schritt wird auf drei Zeiten auf folgende Weise ausgeführt:

Stand: V. Position, rechter Fuß vor, Arme in der Vorbereitenden Position.

Ausführung:

1. auf den Auftakt demi-plié, rechter Fuß gleitet nach vor croisé, gleichzeitig öffnen sich die Arme zur II. Position in halber Höhe.
2. beschreibe mit dem rechten Fuß, Fußspitze am Boden, einen Viertelkreis en dehors, der linke Fuß bleibt im demi-plié.
3. auf eins: springe auf den rechten Fuß in demi-plié, ohne den Boden zu verlassen; führe die Arme zur Vorbereitenden Position.
4. auf zwei: springe das linke Bein mit gestreckter Spitze zur II. Position und führe es durch die I. Position nach vorn croisé, führe die Arme zur I. Position.
5. auf drei: ziehe das rechte Bein schnell heran und schließe V. Position halbe Spitze, öffne die Hände leicht.

Dieser Sprung geht nicht in die Höhe, sondern bleibt am Boden, dies charakterisiert ihn als Sprung par terre.

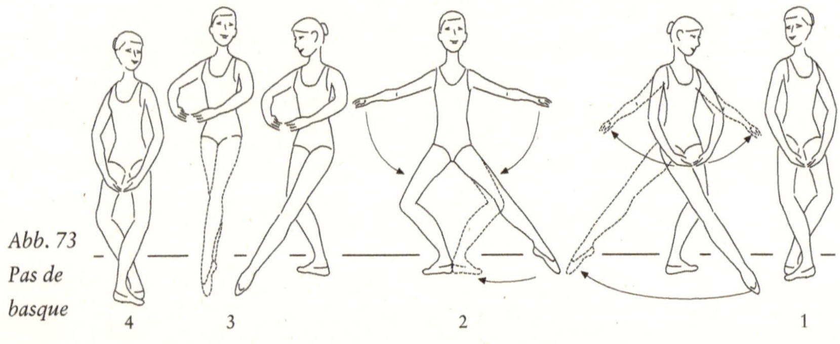

Abb. 73 Pas de basque

Pas de basque nach rück wird auf die gleiche Weise ausgeführt. V. Position, rechter Fuß vor, demi-plié, linker Fuß gleitet nach rück, beschreibt einen Viertelkreis en dedans; Sprung auf den linken Fuß, rechter Fuß gleitet durch die I. Position nach rück croisé in demi-plié, und auf drei werden die Füße geschlossen. Die Bewegung der Arme ist die gleiche.

Grand pas de basque

Um diesem Sprung mehr Kraft zu verleihen, werden die Arme nach oben genommen. Bei Beginn des Schrittes führe die Arme zur II. Position, dann durch die Vorbereitende und I. Position zur III. Position. Die Beine führen alle Bewegungen in Höhe von 90° aus. Mit dem rechten Bein wird ein Viertelkreis en dehors in Höhe von 90° zur II. Position beschrieben, während das linke Bein im demi-plié ist; springe mit einem großen Sprung auf den rechten Fuß (die Arme sind in der III. Position). Das linke Bein ist hoch eingebogen und wird nach vorn zur Höhe von 90° herausgeworfen. Die Arme werden langsam zur II. Position geöffnet. Der linke Fuß wird vorn croisé auf den

Abb. 74
Grand pas de basque

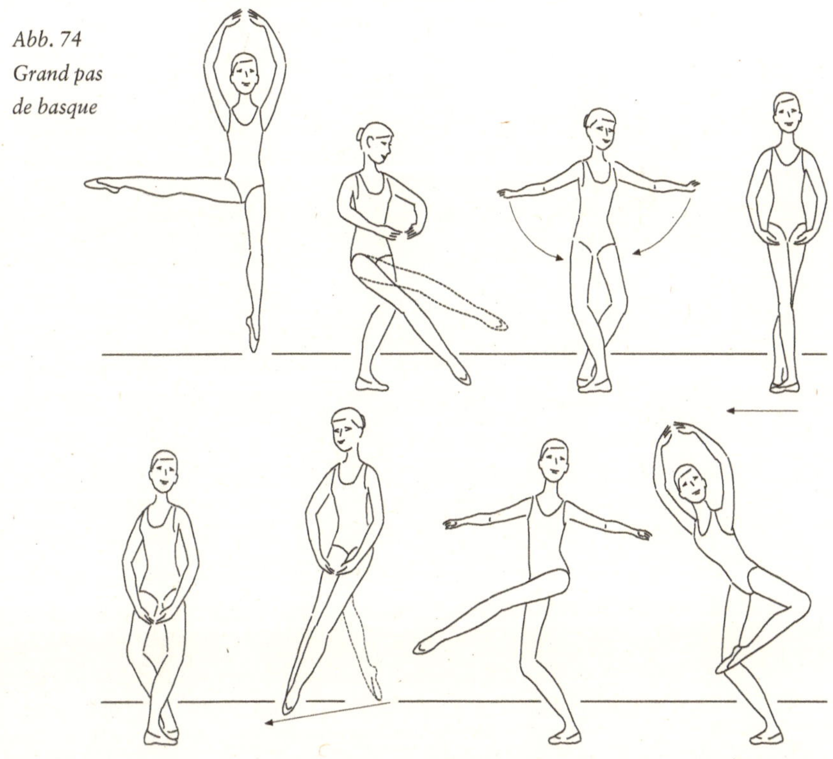

Boden gesenkt und die Füße zur Abschlusshaltung gebracht, die die gleiche wie im kleinen pas de basque ist. Um diesem Schritt den letzten Schliff zu geben, neige am Anfang der Bewegung Kopf und Körper vorwärts; in dem Augenblick, in dem die Arme nach oben genommen werden, wird der Körper aufgerichtet.

Um die Bewegung nach rück auszuführen, beschreibe den Kreis mit dem linken Fuß en dedans, führe das Bein in Höhe von 90° zur II. Position, springe auf den linken Fuß, der rechte Fuß ist hoch eingebogen und wird nach rück geöffnet; falle auf den rechten Fuß in croisé rück. Der Abschluss der Bewegung, die Haltung oder die Bewegung der Arme sind die gleichen wie beim grand pas de basque nach vor.

Saut de basque

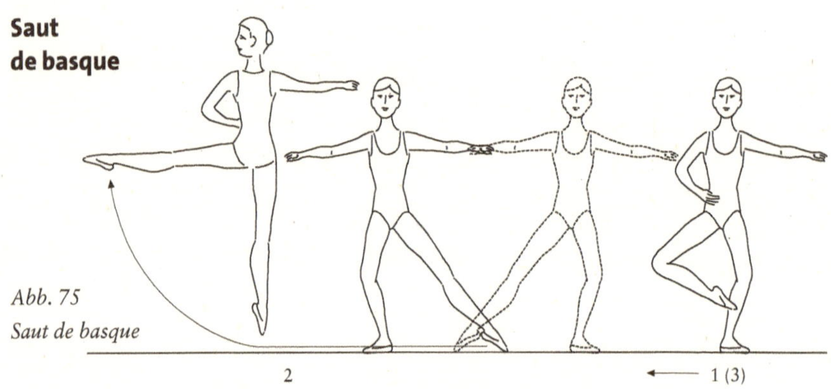

Abb. 75
Saut de basque

Stand: V. Position, rechter Fuß vor, Arme in der Vorbereitenden Position.

Ausführung:

1. führe mit dem rechten Fuß coupé ohne Sprung aus, hebe ihn bis zum Knie, auf dem linken Fuß demi-plié, Ferse fest am Boden, führe rechten Arm zur I. Position, linken zur II.
2. führe den rechten Fuß mit einer überleitenden Bewegung leicht zur II. Position und übertrage das Körpergewicht auf diesen Fuß, öffne rechten Arm zur II. Position, wende den Körper dabei nach rechts.
3. wirf das linke Bein durch die I. Position nach vorn zur Höhe von 90°, springe, Sprung und Drehung erfolgen rechts herum, während des Sprunges führe den linken Arm durch die I. Position.

4. Rückfall auf den linken Fuß, demi-plié, führe rechtes Bein eingebogen zum Knie. Dieses Einbiegen erfolgt unmittelbar, nachdem der Fuß den Boden verlassen hat, ohne eine zusätzliche Bewegung des Beines, wie sie oft zu beobachten ist, wenn der Schritt ungenau ausgeführt wird. Führe die Arme in die Ausgangsstellung zurück, d. h., rechten Arm zur I. Position, linken Arm zur II.

Es ist notwendig, in diesem Schritt beide Beine vollkommen auswärts zu drehen, besonders ist dabei auf das rechte zu achten, dessen Knie stark zur Seite gedreht ist.

Bei diesem Schritt geschieht die Fortbewegung nach der Seite des herausgeworfenen Beines; es ist also darauf zu achten, dass man nicht am Platz bleibt. Die Arme können auch in der III. Position gehalten werden, dazu werden sie von der Ausgangsstellung seitlich zur halben Höhe geführt, um dann durch die Vorbereitende Position und die I. Position während des Sprunges nach oben genommen zu werden. Dadurch haben wir einen guten Auftrieb. Wenn dieser Sprung mehrere Male wiederholt wird, so werden die Arme nicht in die Ausgangsposition zurückgeführt, sondern zur Seite und von da durch die Vorbereitende Position geführt, um mit ihnen Schwung für den folgenden Sprung zu gewinnen.

Gargouillade Dieser alte französische Fachausdruck wird in der Italienischen Schule beibehalten. In der Russischen Schule nennen wir diesen Schritt rond de jambe doublé.

Stand: V. Position, rechter Fuß vor, Arme in der Vorbereitenden Position.

Ausführung:

1. demi-plié mit dem linken Bein, gleichzeitig führe mit dem rechten Fuß rond de jambe en l'air en dehors aus. Das rechte Bein befindet sich dann in der II. Position.
2. springe auf den rechten Fuß in demi-plié, gleichzeitig führe mit dem linken Fuß rond de jambe en l'air en dehors aus. Dieses rond de jambe beginnt und endet an der rechten Wade.
3. führe das linke Bein am Boden nach vor in demi-plié croisé.

Dies ist die einfache Form des Schrittes; die endgültige Form, wie sie Fortgeschrittenen gelehrt wird, ist komplizierter. Das rond de jambe des rechten Fußes wird nicht im demi-plié, sondern in der Luft während des Sprunges ausgeführt.

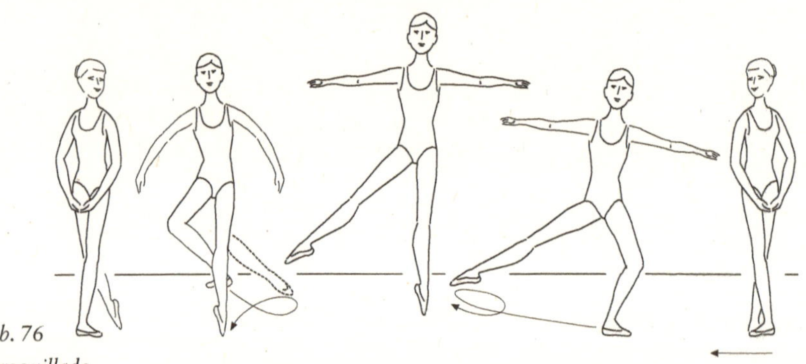

Abb. 76
Gargouillade

Dieser Schritt wird als Überleitung gebraucht. Die Bewegung der Arme wird daher von der vorhergehenden und nachfolgenden Bewegung bestimmt.

Der gleiche Schritt en dedans wird auf der Bühne selten angewendet, er ist jedoch im Unterricht gebräuchlich. Er wird auf folgende Weise ausgeführt: Stehe in der V. Position, rechter Fuß vor. Führe mit dem linken Fuß rond de jambe en l'air en dedans aus. Übertrage das Körpergewicht mit einem Sprung auf dieses Bein in demi-plié. Führe mit dem rechten Bein rond de jambe en l'air en dedans aus, beginnend und endend an der Wade, und führe das Bein, entsprechend den Anweisungen für en dehors, nach rück.

Pas ciseaux

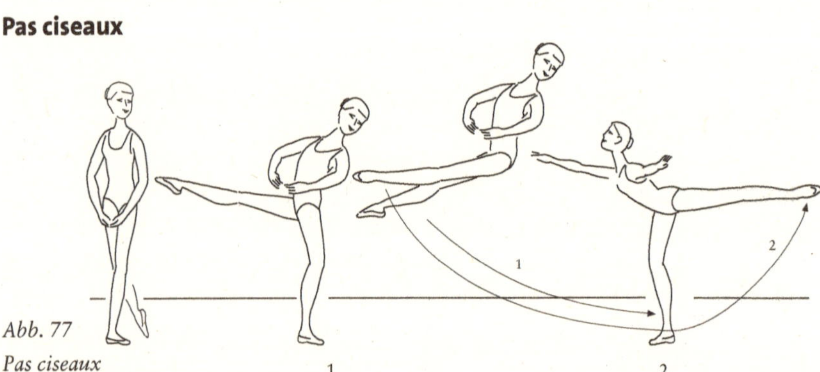

Abb. 77
Pas ciseaux

Stand: Stehe auf dem linken Fuß, rechter Fuß croisé rück mit der Fußspitze auf dem Boden, Arme in der Vorbereitenden Position.

Ausführung:

1. linker Fuß demi-plié; führe mit dem rechten Bein ein kurzes, kräftiges grand battement nach vor effacé zur Höhe von 90° aus, neige den Körper zurück.
2. springe vom linken Fuß ab und wirf das linke Bein an dem rechten vorbei.
3. unmittelbar danach führe das linke Bein zurück durch die I. Position in die 1. arabesque, gleichzeitig Rückfall auf den rechten Fuß in demi-plié. Führe die Arme zur Haltung der 1. arabesque.

Der charakteristische Augenblick dieses Schrittes ist der, in dem beide Beine in der Luft sind. Das Aneinandervorbeiwechseln der Beine wird auf eine Zeit ausgeführt. Diese Art des pas ciseaux ist für den Ballettsaal gebräuchlich, für die Bühne gibt es eine andere, wirkungsvollere Form. Nach einem anderen Schritt, der in croisé mit dem linken Bein vor in Höhe von 90° endet, führt man mit diesem Bein ein coupé aus und wirft das rechte heraus usw.

Der Körper ist in diese Bewegung vollkommen mit einbezogen. Er ist während des Aneinandervorbeiführens in der Luft stark zurückgeneigt und später, während der arabesque, nach vorn geneigt.

Pas ballotté

In ihrer korrekten Form ist dies eine sehr schwierige Bewegung, sie erfordert Kraft in den Beinen und im Körper. Frauen haben darin selten Erfolg. Gewöhnlich vereinfachen sie den Schritt erheblich, machen daraus ein Springen mit Herauswerfen des Beines jeweils nach vor und zurück und beugen dabei das Bein so stark, dass das ballotté völlig seine ursprüngliche Form verliert.

Der Ausdruck ballotté ist sehr bildhaft, er erweckt die Vorstellung eines Bootes, das auf den Wellen schaukelt, und ein gut ausgeführtes ballotté gleicht solch einem Schaukeln. In der Bewegung darf kein Halt, keine Pause sein. Die Tänzerin schwingt in der Luft mit jeweils geschlossenen und gestreckten Beinen vor- und rückwärts um einen Punkt herum, der der Mittelpunkt der Bewegung ist. Der Körper ist zuerst stark zurückgeneigt und dann, wenn die Beine gestreckt sind, nach vorn geneigt. Dies gibt dem Schritt seine ihm eigentümliche Form und erinnert an lässiges Schaukeln.

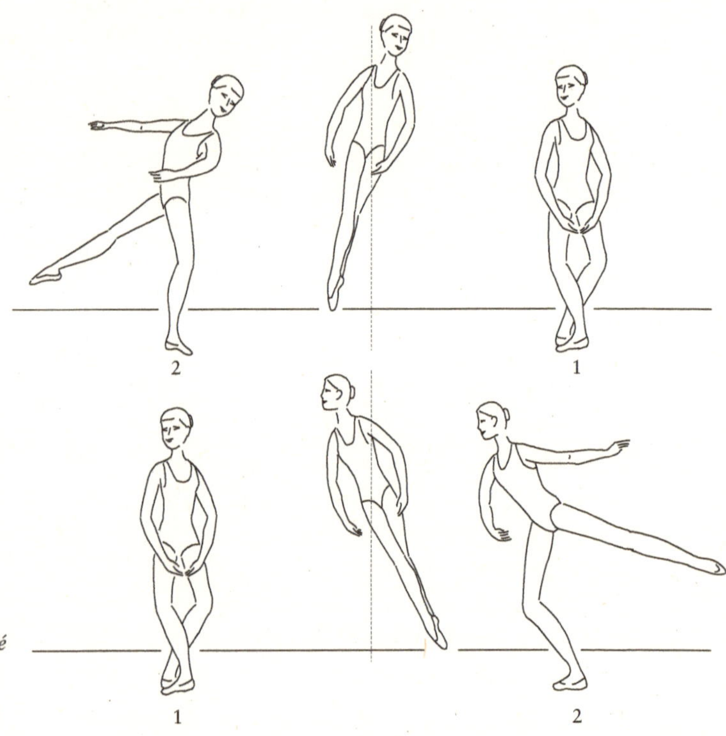

Abb. 78 Pas ballotté aus der V. Position

Ballotté kommt im ersten Akt von »Giselle«, bei der ersten Begegnung Giselles mit Albert vor. Man wird dabei beobachten, dass gerade der Tänzer das ballotté in der richtigen Form ausführt. Bedingt durch seine Beinkraft und seine Ausdauer im Sprung, gelingt ihm dieser Schritt überhaupt besser. Ballotté wird folgendermaßen ausgeführt:

Stand: Stehe auf dem rechten Fuß, linker Fuß rück croisé, Arme in der Vorbereitenden Position.

Ausführung:

1. rechtes Bein demi-plié.
2. springe hoch und schließe dabei die Beine in der V. Position, führe sie nach vor an dem ursprünglichen Standpunkt vorbei, neige den Körper dabei zurück (dies unterstützt die Bewegung).

3. Rückfall auf den linken Fuß, demi-plié, öffne rechtes Bein nach vor effacé, führe linken Arm zur I. Position, den rechten zur II.
4. ohne das rechte Bein einzubiegen springe hoch, schließe die Füße wieder in der Luft zur V. Position und führe sie nach rück an dem ursprünglichen Standpunkt vorbei, neige den Körper dabei nach vorn. Rückfall auf den rechten Fuß demi-plié, führe linkes Bein nach rück effacé; führe rechten Arm zur I. Position, linken zur II.

Die Beine sollen gestreckt sein. Körper und Beine haben eine Linie. Wenn wir das befolgen, erreichen wir das weiche, wellenförmige Schaukeln. Die Arme balancieren mit den Beinen gemeinsam. Das Wechseln der Arme geschieht weich.

Es ist besser, das Studium des ballotté von der V. Position aus zu beginnen: demi-plié, springe und halte die Füße während des Sprunges geschlossen in der V. Position. Bei Beginn des Sprunges halte die Füße mit gestreckten Spitzen fest zusammen. Auf diese Art bewegen wir uns von dem Platz, an dem wir zu Anfang standen, vorwärts. Rückfall auf den linken Fuß demi-plié. Öffne rechtes Bein nach vor effacé in Höhe von 45°, schließe mit assemblé. Nach rück wird ballotté ebenso ausgeführt, das heißt, nach dem Sprung aus der V. Position erfolgt eine Rückwärtsbewegung vom Platz, Rückfall auf den rechten Fuß in demi-plié, führe linkes Bein nach rück in effacé zur Höhe von 45°. Schließe mit assemblé.

Pas ballonné

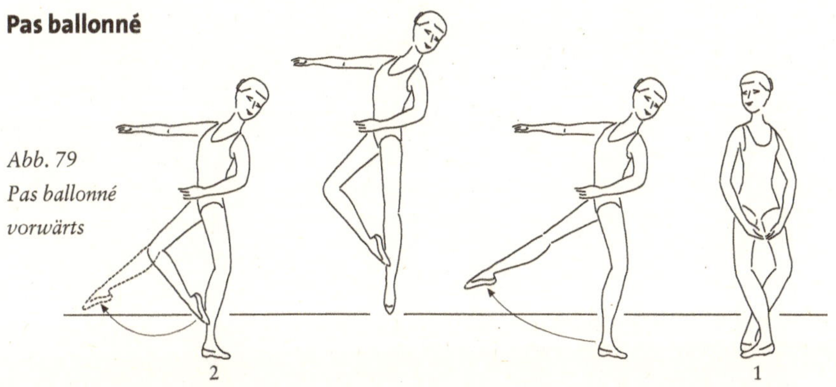

Abb. 79 Pas ballonné vorwärts

Stand: V. Position, rechter Fuß vor, Arme in der Vorbereitenden Position.

Ausführung:

1. demi-plié, mit einer gleitenden Bewegung führe den rechten Fuß zur II. Position zur Höhe von 45°.
2. springe so vom Platz weg, als ob du auf die Spitze des rechten Fußes springen wolltest.
3. Rückfall auf den linken Fuß in demi-plié, gleichzeitig führe rechten Fuß sur le cou-de-pied vor.

Wenn Kinder diesen Schritt lernen, achten die Lehrer oft nicht auf das genaue Anlegen des Fußes sur le cou-de-pied. Der Fuß wird am anderen Bein vorbeigeführt, die Beine sind dann gekreuzt, das Ergebnis ist ungenau und unschön.

Ballonné wird in allen Richtungen geübt, effacé, croisé vor und rück, écarté vor und rück. Die Arme werden der jeweiligen Richtung entsprechend gehalten. Wird z. B. ballonné en effacé mit dem rechten Fuß ausgeführt, so wird der linke Arm in der I. Position, der rechte in der II. gehalten. Wenn wir die Körperhaltung etwas ändern, die rechte Schulter nach vor drehen, so erhalten wir einen Sprung en écarté. Dabei ist es besser, den rechten Arm in der I. und den linken in der II. Position zu halten. Der Körper wird leicht nach links geneigt, wie es die Haltung écarté verlangt. Man kann auch den einen oder beide Arme in der III. Position halten.

Im grand ballonné (zu 90°) muss der Fuß zum Knie eingebogen werden, aber im kleinen ballonné ist es korrekter, den Fuß sur le cou-de-pied zu halten.

Beim ballonné werden die Arme und der Körper nicht bewegt, da sonst die Bewegung die Leichtigkeit verliert und angestrengt wirkt.

Zuerst wird ballonné ohne seitliche Fortbewegung geübt, das heißt: V. Position demi-plié; führe rechtes Bein mit einer gleitenden Bewegung zur II. Position zur Höhe von 45°; springe mit dem linken Bein, führe rechten Fuß sur le cou-de-pied; Rückfall auf den linken Fuß in demi-plié.

Pas chassé Dieser Schritt wird im Frauentanz wenig angewendet, häufiger im Männertanz. Gewöhnlich wird er mehrere Male hintereinander ausgeführt.

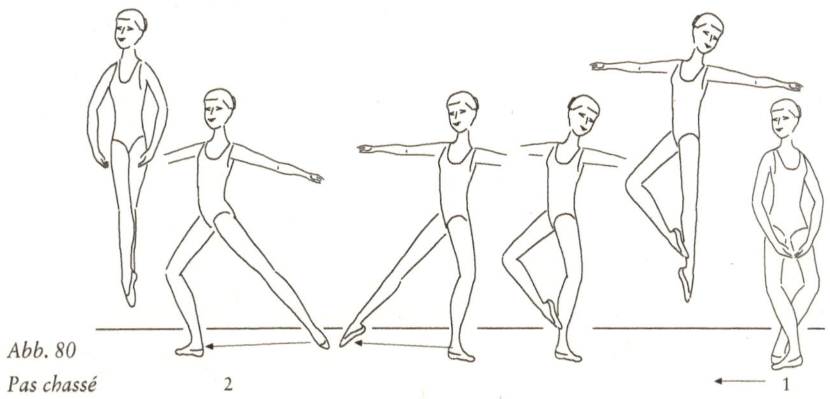

Abb. 80
Pas chassé

Stand: V. Position, rechter Fuß vor, Arme in der Vorbereitenden Position.

Ausführung:

1. demi-plié.
2. springe nach oben und öffne rechtes Bein zur II. Position zur Höhe von 45° (sissonne tombée, aber in fließenderer Bewegung als bei diesem sonst üblich).
3. bringe mit einer gleitenden Bewegung das linke Bein an das rechte heran.
4. schließe die Füße während des nächsten Sprunges zur V. Position. Der Sprung soll so hoch wie möglich sein, mit einer Fortbewegung in der entsprechenden Richtung.
5. öffne das rechte Bein unmittelbar nach dem Sprung und führe die Bewegung fort.

Dieser Schritt wird in allen Richtungen und in verschiedenen Haltungen geübt.

Pas glissade Schon der Name weist auf den gleitenden Charakter dieses Schrittes hin. Aber leider unterscheidet sich diese Bewegung in der Ausführung selten von anderen. Meist lässig und verwischt ausgeführt, geht die Wirkung des Schrittes auf der Bühne verloren. Besonders im Männertanz ist es schwer zu sehen, was ein glissade und was ein einfacher Anlauf zum Sprung ist.

Diese Unkorrektheit ist für die Tänzer bedauerlich, denn ein korrekt ausgeführtes glissade unterstützt den Sprung, während der einfache Anlauf mit einer ungenauen Beinführung die korrekte Ausführung eines Sprunges verhindert; der Sprung verliert so seine Schönheit und Kraft.

Glissade kann mit und ohne Wechsel der Füße geübt werden. Wir wollen glissade ohne Wechsel der Füße analysieren.

Abb. 81
Pas glissade

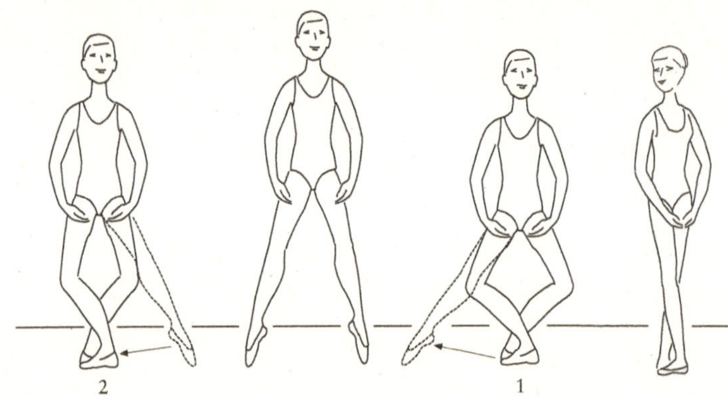

Stand: V. Position, rechter Fuß vor, Arme in der Vorbereitenden Position.

Ausführung:

1. demi-plié, gleichzeitig führe den rechten Fuß mit einer gleitenden Bewegung und gestreckter Spitze am Boden zur II. Position.
2. übertrage unmittelbar danach das Körpergewicht auf den rechten Fuß, ohne die Füße vom Boden zu heben; schließe den linken Fuß mit einer gleitenden Bewegung in der V. Position rück in demi-plié.

Das wesentliche Kennzeichen des glissade ist, dass es mit plié beginnt und mit plié endet. Das letzte plié unterstützt einen eventuell folgenden Sprung, und aus diesem Grund ist glissade die beste Vorbereitung für den Sprung.

Das glissade wird nach verschiedenen Richtungen und in verschiedenen Haltungen ausgeführt.

Es ist falsch, glissade wie jeté fermé auszuführen, falsch ist aber auch, am Boden zu kleben. Um dieses »Kleben« zu vermeiden, soll der Übergang vom rechten auf das linke Bein mit einem Schwung erfolgen, wobei sich die Füße aber nicht vom Boden erheben dürfen.

Wird glissade als Vorbereitung für einen großen Sprung benutzt, so werden die Arme gleichzeitig mit den Beinen zur II. Position geöffnet, um dann wieder zur Vorbereitenden Position geschlossen zu werden. Das gibt den Auftrieb für den folgenden Sprung.

Pas failli

Diese Bewegung wird auf eine Zeit ausgeführt. Ihre einzelnen Teile gehen ineinander über, es liegt etwas Flüchtiges in der Bewegung.

Stand: V. Position, rechter Fuß vor, Arme in der Vorbereitenden Position.

Ausführung:

1. demi-plié.
2. springe mit fest in der V. Position geschlossenen Füßen nach oben, gleichzeitig öffne die Arme zur II. Position, während des Sprunges wende den Körper nach rechts in effacé rück.
3. öffne während des Rückfalls auf den rechten Fuß in demi-plié das linke Bein effacé rück zur Höhe von 45°, unmittelbar danach schleife den linken Fuß durch die I. Position zur IV. Position vor croisé in demi-plié, gleichzeitig führe den linken Arm nach vorn. Neige den Körper nach links.

Das Charakteristische bekommt failli erst durch die korrekte Begleitung der Arme. Diese sollen weich und selbstverständlich bewegt werden.

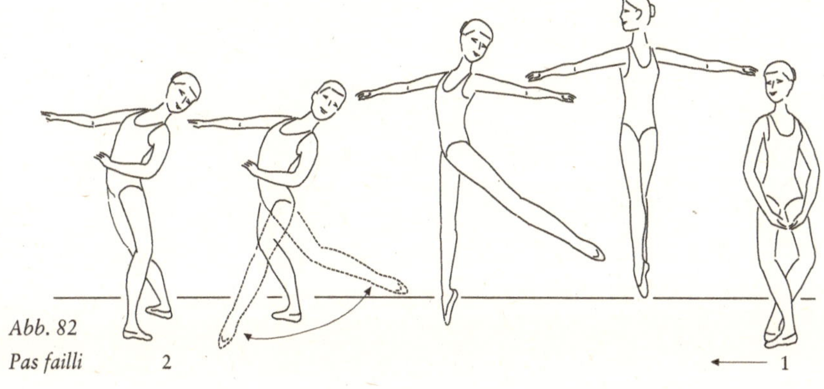

Abb. 82
Pas failli

Man kann die Bewegung auch anders beenden, indem man die Arme in die Haltung einer préparation für eine tour führt, sodass die Endhaltung des failli als préparation für Drehungen und andere Bewegungen aus der IV. Position dient.

Pas emboîté

Stand: V. Position, rechter Fuß vor.

Ausführung:

1. demi-plié, biege das rechte Bein in Höhe von 45° ein.
2. strecke das rechte Bein und springe nach oben.
3. Rückfall auf den rechten Fuß in demi-plié, gleichzeitig biege linkes Bein vorn ein in Höhe von 45°.
4. springe mit dem rechten Bein ab, biege es in der Luft in Höhe von 45° vorn ein.
5. beende die Bewegung auf dem linken Fuß in demi-plié, das rechte Bein vorn eingebogen.

Emboîté rück wird auf die gleiche Weise ausgeführt.

Emboîté kann auch hoch ausgeführt werden (grand emboîté). Das Bein wird dabei weniger eingebogen, etwa bis Kniehöhe, und höher herausgeworfen. Auf der Bühne ist emboîté mehrere Male hintereinander sehr wirkungsvoll. Man beginnt mit niedrigen, sehr kleinen emboîtés und wirft dann die Beine höher und höher bis zum grand emboîté.

Pas emboîté en tournant

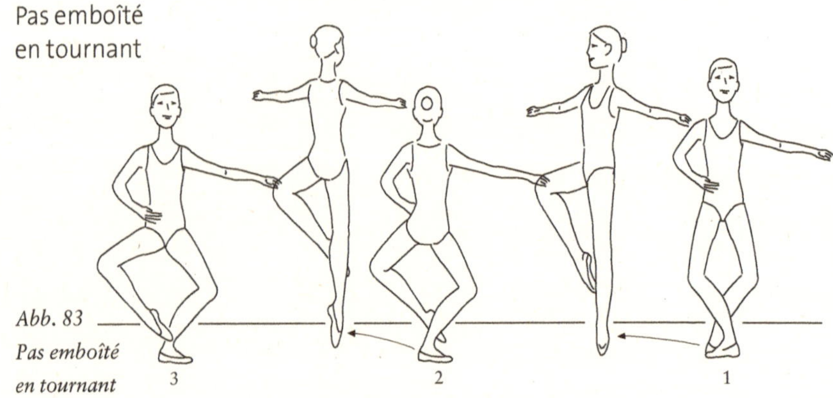

Abb. 83 Pas emboîté en tournant

Stand: V. Position, rechter Fuß vor, rechter Arm in der I. Position, linker Arm in der II.

Ausführung:

1. demi-plié, gleichzeitig Absprung von beiden Beinen in seitlicher Richtung, halbe Drehung in der Luft, gleichzeitig biege das linke Bein vorn ein; führe rechten Arm zur II. Position, linken zur I.
2. Rückfall auf den rechten Fuß in demi-plié, Rücken zum Zuschauer.
3. springe mit einer halben Drehung und der gleichen Fortbewegung wie vorher und biege das rechte Bein vorn ein. Führe den linken Arm zur II. Position, den rechten zur I.
4. Rückfall auf den linken Fuß in demi-plié en face; setze die Bewegung fort.

Pas balancé Dies ist ein einfacher Schritt des allegro, der selbst Kindern leicht fällt. Im Klassischen Tanz wird dazu oft Walzer-Tempo benutzt.

Stand: V. Position, rechter Fuß vor, Arme in der Vorbereitenden Position.

Ausführung:

1. demi-plié, führe rechtes Bein zur II. Position und
2. springe ein leichtes jeté zur Seite und führe den linken Fuß sur le cou-de-pied rück (auf die erste Zeit).
3. übertrage das Körpergewicht auf die halbe Spitze des linken Fußes; bringe rechten Fuß sur le cou-de-pied vor (auf die zweite Zeit).
4. Rückfall auf den rechten Fuß in demi-plié; führe linken Fuß sur le cou-de-pied rück (auf die dritte Zeit).

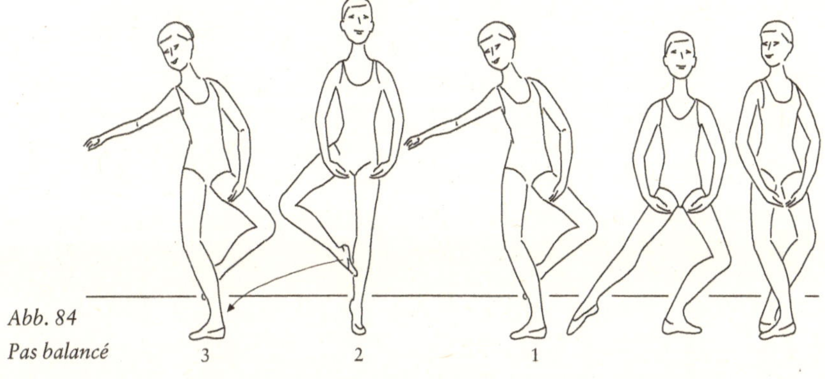

Abb. 84
Pas balancé

Kopf, Körper und Arme begleiten die Bewegung. Das nächste balancé wird nach links ausgeführt, das heißt, führe linkes Bein zur II. Position, jeté nach links usw.

Cabriole

Für die Ausführung des cabriole gibt es folgende Möglichkeiten: vor, rück, croisé, effacé, écarté, en arabesque, aus der V. Position oder aus einer anderen préparation, wie kleines sissonne tombée oder coupé. Die Form des cabriole wechselt nicht mit der Richtung, und deshalb beschreibe ich hier die gebräuchlichste: cabriole en effacé vor. Wir beginnen cabriole niedrig zu üben; alle folgenden Regeln in Höhe von 90° gelten auch dann, wenn es in Höhe von 45° ausgeführt wird.

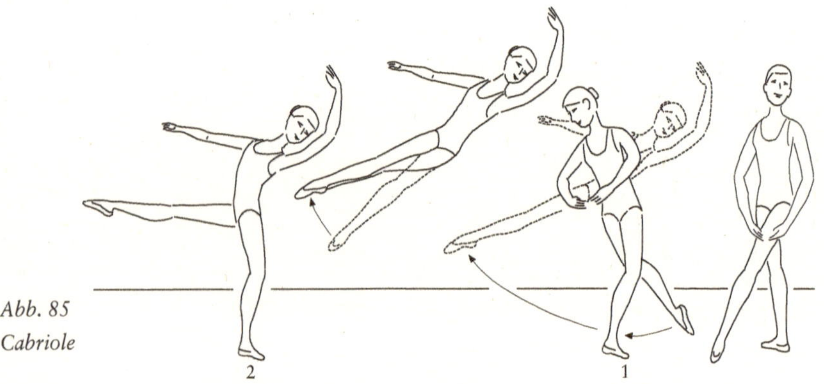

Abb. 85
Cabriole

Wie in allen Beispielen, beginnen wir cabriole mit dem rechten Fuß.

Stand: Linker Fuß vor, rechter Fuß croisé rück mit gestreckter Fußspitze auf dem Boden, Arme in der Vorbereitenden Position.

Ausführung:

1. demi-plié mit dem linken Bein.
2. wirf rechtes Bein nach vorn heraus in effacé, unmittelbar danach springe hoch; führe die Arme durch die I. Position, den linken zur III., den rechten zur II. Position.
3. führe während des Sprunges linkes Bein an das rechte heran und schlage die Waden aneinander, neige den Körper dabei etwas zurück. Knie und Spitzen sind dabei völlig gestreckt. Um das linke Bein zu treffen, darf das rechte nicht gesenkt werden.
4. Rückfall auf den linken Fuß in demi-plié, halte rechtes Bein in der jeweils geforderten Haltung, in diesem Falle effacé vor.

Cabriole fermée unterscheidet sich von dem vorangegangenen dadurch, dass das Bein nicht geöffnet bleibt, sondern in der V. Position schließt. Dabei beendet das rechte Bein die Bewegung in der gleichen Zeit wie das linke Bein, und zwar in demi-plié in der V. Position.

Bei cabriole nach vorn wird der Körper zurückgeneigt. Bei cabriole in der 3. und 4. arabesque ist es gut, von derselben préparation auszugehen. Der Körper soll dabei mehr nach vorn geneigt werden, eine Körperhaltung, die für diese arabesque üblich ist.

Wenn wir cabriole in der II. Position oder en écarté mit dem rechten Bein ausführen, so ist die préparation croisé rück mit dem linken Bein, mit dem ein coupé ausgeführt wird.

Beim Abschluss der Bewegung im plié soll der Körper stark nach der linken Seite geneigt werden. Dies muss sorgfältig ausgeführt werden, um die korrekte und schöne Linie zu bewahren. In allen Fällen haben die Arme die entsprechende Haltung einzunehmen.

Cabriole in der 1. und 2. arabesque kann man durch ein kleines sissonne tombée in der Richtung der Bewegung vorbereiten.

Cabriole ist eine der schwierigsten Sprungformen. Anfängern können wir den Sprung auf folgende Weise nahe bringen: Öffne das rechte Bein in Höhe von 45° zu effacé vor, plié auf dem linken Fuß, mit einem Sprung wirf das linke Bein an das rechte, sodass es die Wade berührt, und beende die Bewegung mit demi-plié auf dem linken Fuß. Cabriole rück wird auf die gleiche Weise ausgeführt.

Im Männertanz wird cabriole doppelt ausgeführt, das heißt, die Waden werden zweimal aneinander geschlagen. Sehr kräftige Tänzer können es auch noch öfter tun. Man muss darauf achten, dass die Beine jedes Mal gut geöffnet werden, da sonst die virtuose Wirkung dieses schwierigen Sprunges verloren geht.

Im Allgemeinen soll man mit dem Studium des großen cabriole erst dann beginnen, wenn die Schwierigkeiten der anderen Sprünge überwunden sind. Cabriole ist der schwierigste und komplizierteste Sprung und erfordert daher eine gut entwickelte élévation mit ballon.

Batterie*

Mit dem französischen Fachausdruck batterie bezeichnet man den Schlag eines Beines gegen das andere. Diese Schläge oder battus bringen Brillanz und Virtuosität in den Tanz. Deshalb erlaubt ihre Ausführung keine Nachlässigkeiten oder Vereinfachungen, sonst würden die battus ihren Sinn verlieren. Beim Üben der battus muss man folgende Regeln beachten, die für einen scharfen und brillanten Schlag erforderlich sind:

Während des battu müssen beide Beine gut gestreckt sein. Man soll nie mit einem Bein schlagen, während das andere passiv bleibt. Man darf nicht vergessen, vor jedem battu die Beine leicht zu öffnen, damit man einen scharfen und klaren Schlag erzielt. Wird ein battu von der V. Position zu Beginn eines Sprunges ausgeführt, so müssen die Beine leicht nach den Seiten geöffnet werden. Wenn wir diese Regel nicht befolgen, erreichen wir nur eine verwischte Bewegung, die mehr wie eine Behinderung des Tanzes wirkt und nicht wie ein virtuoser Schritt.

Wenn zu Beginn des battu beide Beine geöffnet sind, d. h., nicht in der V. Position, müssen die Beine nach dem Schlag noch einmal geöffnet werden und dürfen erst dann die erforderte Endhaltung einnehmen. Battus dürfen nicht vereinfacht werden, sondern sie sollen im Gegenteil in ihrer kompliziertesten Form geübt werden. Kleine battus z. B., wie royal, entrechat trois, quatre, cinq, werden in geringer Höhe geübt; das zwingt uns, die Beine sehr schnell mit einer kurzen, scharfen Bewegung zu kreuzen. Das ist viel schwieriger, aber in solchen battus ist mehr Kraft, Energie und Brillanz. Werden diese kleinen battus während eines großen Sprunges hoch in der Luft

* Die unter »Batterie« angeführten Sprünge sind nicht in einzelne Phasen zerlegt, da die einzelnen Bewegungen zu klein sind und ein Zergliedern nicht zum besseren Verständnis führt. (Anm. d. Übers.)

gemacht, so haben wir zu viel Zeit für die Schläge, und die Ausführung verliert ihre Brillanz.

Es gibt drei verschiedene Formen dieser Bewegung: pas battu, entrechat und brisé.

Pas battus

Jeder Schritt, der durch einen Schlag bereichert wird, wird pas battu genannt. Wenn die Schüler anfangen, die schwierigen Schritte des allegro zu üben, können sie diese auch mit einem battu verbinden, z. B. saut de basque, der sehr schwierig ist, jeté en tournant mit einem battu, der gewöhnlich von Männern verwendet wird, usw. Wir wollen nun einige weitere Beispiele analysieren.

Ein assemblé mit einem battu des rechten Beines entwickeln wir folgendermaßen: Wir öffnen von der V. Position das rechte Bein zur Seite, und bei der Rückkehr zur V. Position schlagen wir mit dem rechten Bein vorn das linke und öffnen wieder leicht, um in der V. Position rück zu schließen. Um keine verwischte Bewegung zu bekommen, muss man daran denken, dass die Beine mit den Waden schlagen und geöffnet sein müssen, ehe man sie in der V. Position schließt.

Jeté mit einem battu des rechten Beines wird folgendermaßen ausgeführt: Wir schlagen mit dem zur Seite geworfenen rechten Bein gegen das linke Bein vorn an; bevor der Sprung im demi-plié endet, öffnen wir das rechte Bein noch einmal leicht.

Kleines échappé mit einem battu: Nach dem plié in der II. Position schlagen wir die Beine mit den Waden aneinander, rechtes Bein ist vorn, öffnen die Beine leicht und enden in der V. Position, rechter Fuß rück.

Échappé battu kann auch in einer komplizierteren Form ausgeführt werden: Wenn wir den Sprung aus der V. Position beginnen, öffnen wir leicht die Beine, schlagen mit dem rechten Fuß vorn an und gehen in die II. Position demi-plié; zurück zur V. Position schlagen wir wieder mit dem rechten Bein vorn an, öffnen leicht die Beine und schließen in der V. Position rück.

Dieses échappé kann auf folgende Weise noch weiter kompliziert werden: Vor dem Öffnen der Beine zur II. Position führe ein battu vom Typ entrechat quatre aus und wiederhole dieses beim Rückweg von der II. zur V. Position. Für diese

Form des échappé muss man fast so hoch wie bei einem grand échappé springen, obgleich ich im Allgemeinen für entrechat quatre einen niedrigen Sprung empfehle. Aber die beschriebenen Bewegungen sind komplizierter und verlangen mehr Zeit, deshalb könnte man sie während eines niedrigeren Sprunges nicht ausführen. Auf die geschilderte Weise werden alle battus in der Rückwärtsbewegung gemacht; in der Vorwärtsbewegung werden sie entgegengesetzt ausgeführt, d. h., wir schlagen mit dem Bein hinten an, und der Abschluss ist vorn.

Es ist leichter, das Studium der battus mit échappé zu beginnen und dann mit assemblé und jeté fortzufahren.

Entrechats

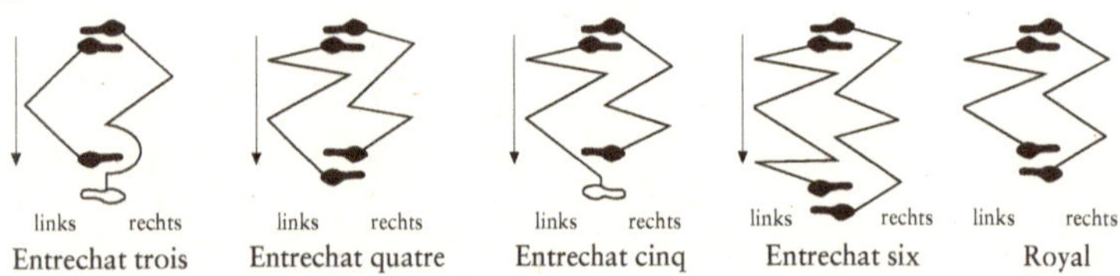

Royal Stehe in der V. Position, rechter Fuß vor, demi-plié, kleiner Sprung, öffne leicht beide Beine; mit der Wade des rechten Beines schlage die Wade des linken vorn an, beide Beine sind vollkommen gestreckt; öffne die Beine leicht zur Seite und führe das rechte Bein nach rück in die V. Position in demi-plié.

Entrechat quatre Stehe in der V. Position, rechter Fuß vor, demi-plié, kleiner Sprung, öffne die Beine leicht und schlage die Wade des linken Beines hinten an; öffne die Beine leicht zur Seite und schließe mit dem rechten Fuß vorn in demi-plié. Entrechat quatre wird so genannt, weil das Bein eine viermal unterbrochene Bewegung hat: 1. öffnen, 2. battu rück, 3. öffnen, 4. schließen in der V. Position.

Entrechat six Stehe in der V. Position, rechter Fuß vor, demi-plié, öffne während des Sprunges die Beine, schlage mit dem rechten Bein hinten an, öffne die Beine zur Seite, schlage mit dem rechten Bein vorn an, öffne die Beine und schließe in der V. Position, rechter Fuß rück.

Dieser Sprung muss etwas höher sein; aber selbst hierbei sollte man nicht zu hoch springen, weil während eines hohen

Sprunges jeder Zeit hat, alle Schläge auszuführen. Die Brillanz der Ausführung kann nur in einem kleinen Sprung zur Geltung kommen, da dieser Schritt große Exaktheit und Schnelligkeit verlangt.

Entrechat huit

Wir fügen ein weiteres Öffnen und Schließen hinzu und enden dadurch mit dem rechten Bein vorn.

Entrechat trois

Stehe in der V. Position, rechter Fuß vor, demi-plié, kleiner Sprung, öffne die Beine, schlage mit dem rechten Bein vorn an, öffne das rechte Bein leicht und führe es sur le cou-de-pied rück; Rückfall auf den linken Fuß in plié. Dieses entrechat wird wie alle ungeraden battus auf einem Bein beendet.

Entrechat cinq

Stehe in der V. Position, rechter Fuß vor, demi-plié, kleiner Sprung, öffne die Beine während des Sprunges, schlage mit dem rechten Bein rück an, öffne die Beine, schlage mit dem rechten Bein vorn an; beim Rückfall bleibe auf dem rechten Bein in demi-plié und führe linkes Bein sur le cou-de-pied rück.

Entrechat sept

Stehe in der V. Position, rechter Fuß vor, demi-plié, Sprung, öffne während des Sprunges die Beine, schlage mit dem rechten Bein rück an, öffne die Beine, schlage mit dem rechten Bein vorn an, öffne die Beine, führe die Beine in der Luft wieder zusammen (rechtes Bein rück), Rückfall auf den linken Fuß in demi-plié, rechtes Bein bleibt erhoben oder wird sur le cou-de-pied oder zur II. Position zur Höhe von 45° oder 90° geführt, je nach Anordnung.

Entrechat trois und entrechat cinq können auch in verschiedenen Haltungen beendet werden.

Im Allgemeinen beenden wir entrechat trois und entrechat cinq mit dem rechten Bein sur le cou-de-pied rück; sie können aber auch ebenso mit dem Bein sur le cou-de-pied vor beendet werden. In diesem Falle, wenn das rechte Bein zu Beginn vorn ist, öffne die Beine nach dem kleinen Sprung und schlage mit dem linken Bein rück an die Wade des rechten Beines, öffne leicht und führe das rechte Bein sur le cou-de-pied vor. Entrechat sept kann auch in einer anderen Haltung beendet werden, und zwar vor in effacé oder croisé oder rück in arabesque oder attitude.

Entrechat de volée

Wir springen entrechat nicht nur am Platz, sondern auch mit einer Fortbewegung vom Platz in irgendeine Richtung. Die beste Form ist von glissade oder coupé aus, aber man kann auch von der V. Position ausgehen.

Abb. 86 Entrechat six de volée

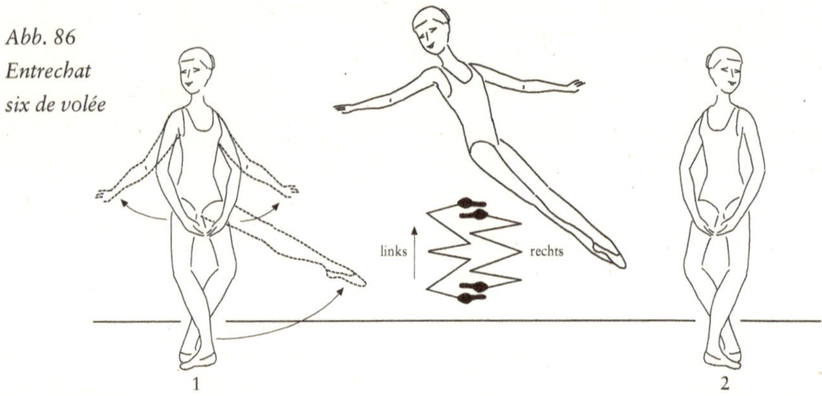

Entrechat six de volée

V. Position, rechter Fuß vor, demi-plié, wirf linkes Bein zur Höhe von 90° zur II. Position heraus, Sprung zur Seite, während die erforderlichen Schläge des entrechat six ausgeführt werden. Ende in der V. Position, linker Fuß vor, in demi-plié.

Entrechat huit de volée wird auf die gleiche Art ausgeführt, nur ist die Anzahl der Schläge entsprechend größer.

Die Haltung der Arme und die Haltung des Kopfes entsprechen der Haltung croisé. Wenn wir den Fuß sur le cou-de-pied halten, sind die Arme nicht hoch, der eine in der I. Position in Höhe von 45° und der andere in der gleichen Höhe in der II. Position; ist das Bein zu 90° erhoben, so nehmen die Arme die Haltung der attitude oder arabesque ein, oder sie sind vorwärts oder zur II. Position zu 90° erhoben. Dabei wird ein Arm in der III. Position, der andere in der II. Position sein, wie es die jeweilige Haltung verlangt.

Brisé

Es gibt zwei Arten von brisés: erstens solche, die in der V. Position enden, und zweitens solche, die auf einem Fuß dessus oder dessous enden.

1. Um die Bewegung mit dem rechten Fuß zu beginnen, stehe in der V. Position, linker Fuß vor, demi-plié; führe rechtes Bein mit einer gleitenden Bewegung zur Seite zur Höhe von 45°

(zwischen Punkt 2 und 3), schlage rechtes Bein vorn an die linke Wade an, linkes Bein bringe während des Sprunges an die Stelle, an der sich die Spitze des rechten Fußes befand, als das Bein herausgeworfen war; öffne die Beine leicht und ende in der V. Position in demi-plié, rechtes Bein rück.

Abb. 87
Brisé

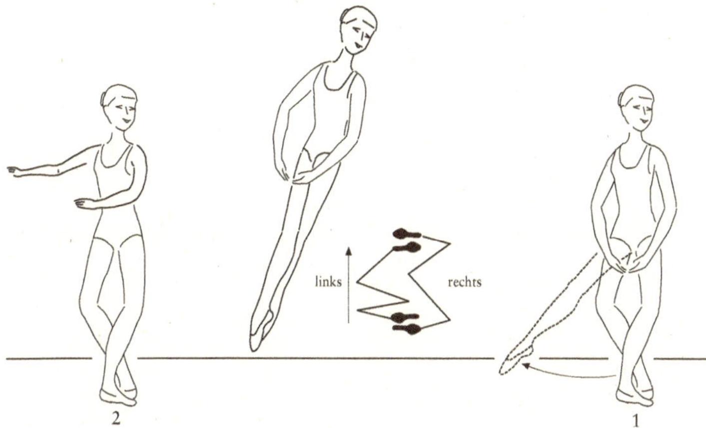

Diese Vorwärtsbewegung wird sehr oft im Tanz auf der Bühne angewendet. Brisé rückwärts kommt seltener vor, aber wir wollen es der Vollständigkeit halber beschreiben.

Um die Bewegung rückwärts auszuführen, stehe in der V. Position, linker Fuß vor, demi-plié; gleite mit dem linken Fuß zur Seite zur Höhe von 45° zwischen Punkt 6 und 7; schlage mit dem linken Bein an die rechte Wade rück an; springe in dieselbe Richtung, in der das linke Bein sich bewegt; öffne beide Beine und ende mit dem linken Bein vor in demi-plié. Es ist darauf zu achten, dass das linke Bein gut auswärts gedreht ist.

Um ein klares brisé zu erreichen, müssen die Richtungen zwischen Punkt 2 und 3 für die Bewegung vorwärts und zwischen Punkt 6 und 7 für die Bewegung rückwärts gut eingehalten werden. Wenn man sich nur diagonal bewegt, wird das brisé ein nachlässiges und unvollendetes Aussehen erhalten, da die Beine dann nicht in der Lage sind, ihren Platz in der V. Position zu erreichen, und sich nur mit den Fersen berühren werden.

Die Arme nehmen im brisé folgende Haltung ein: Während des Sprunges öffne die Arme zur II. Position, am Ende des brisé vorwärts ist der rechte Arm in der I. Position, der linke in der II. Am Ende des brisé rückwärts ist der linke Arm in der I. Position und der rechte in der II. In beiden Fällen sollen die Arme nicht höher als 45° gehoben sein.

2. Brisé dessus-dessous. Die Bewegung beginnt auf folgende Weise: Stehe in der V. Position, linker Fuß vor, demi-plié; gleite mit dem rechten Fuß am Boden entlang und wirf ihn in die II. Position, schlage mit dem rechten Bein vorn an die linke Wade, öffne die Beine; Rückfall auf den rechten Fuß in demi-plié, linker Fuß sur le cou-de-pied vor.

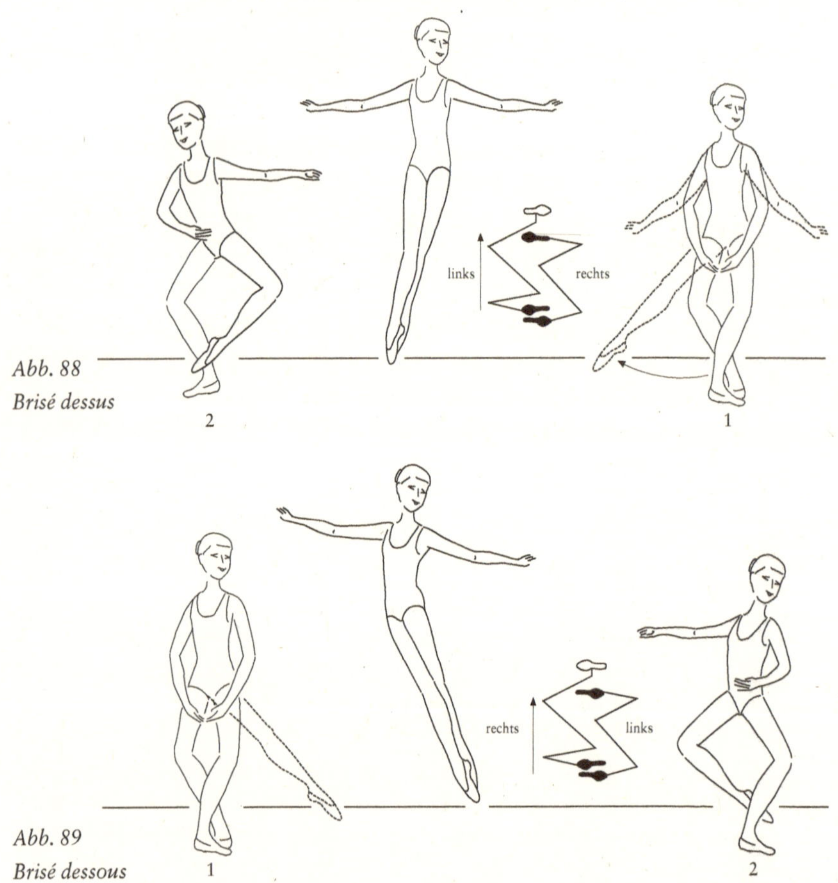

Abb. 88
Brisé dessus

Abb. 89
Brisé dessous

Es ist üblich, danach brisé dessous folgen zu lassen. Öffne linkes Bein zur II. Position, schlage rück an die rechte Wade; öffne die Beine; während des Rückfalls auf das linke Bein in demi-plié hebe den rechten Fuß sur le cou-de-pied rück. Brisé dessus wird in Vorwärtsbewegung und brisé dessous in Rückwärtsbewegung ausgeführt.

Im brisé hat der Körper eine leichte Bewegung, er wird je nach der Bewegung vor- oder rückwärts geneigt. Im brisé dessus muss der Körper zur rechten Hüfte geneigt werden, im brisé dessous zur linken. Der Kopf wird auf die gleiche Weise bewegt.

Der rechte Arm ist gebeugt, der linke zur Seite geöffnet; im Augenblick des Wechsels von einem brisé zum anderen wechseln auch die Arme. Der rechte Arm wird geöffnet, der linke gebeugt, wenn der Kopf nach links geneigt ist.

Der Spitzentanz*

Beim Spitzentanz bewegt sich die Tänzerin mit gestrecktem Spann auf den äußersten Spitzen der Zehen. Es gibt verschiedene Arten von Spitzen, dies hängt von dem unterschiedlichen Bau des Fußes ab. Der geeignetste Fuß für den Spitzentanz ist der, bei dem die Zehen gleich lang sind – wie »abgehackt« –, der Spann niedrig ist und der Knöchel stark und fest.

Im täglichen Leben bezeichnen wir den Fuß als schön, der einen hohen Spann, leicht geschwungene schlanke Knöchel und korrekt gruppierte Zehen hat. Aber für solch einen Fuß sind Bewegungen auf der Spitze schwer, besonders solche Bewegungen, die Sprünge auf der Spitze verlangen. Obgleich der letztbeschriebene Fuß nicht auf alle Zehen platziert werden kann, wie es die Regeln dieses Tanzes erfordern, so kann durch fleißige Arbeit an der Auswärtsstellung geholfen werden. Dadurch steht der Fuß auf so vielen Zehen wie möglich, und das ganze Gewicht ruht nicht nur auf der großen Zehe.

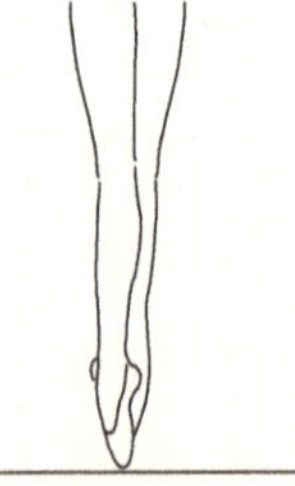

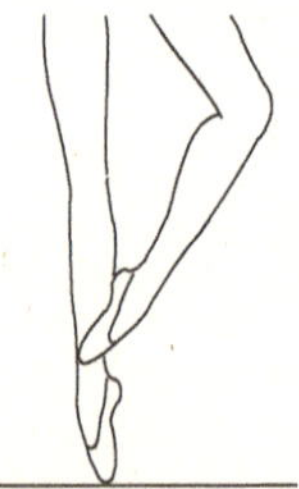

Abb. 90
Spitze

In Bezug auf den Spitzentanz ist die Italienische Schule ohne Zweifel führend. Cecchetti lehrte, sich mit einem leichten Sprung auf die Spitzen zu erheben, indem man sich deutlich vom Boden abstößt. Diese Methode entwickelt einen elasti-

*Die folgenden Schritte sind nicht in einzelne Phasen zerlegt, da es sich um bereits beschriebene Schulschritte handelt. (Anm. d. Übers.)

schen Fuß und lehrt, das Gleichgewicht des Körpers auf einen Punkt zu konzentrieren. Die französische Methode, sich weich auf die Spitzen zu erheben, und zwar schon von Beginn des Studiums an, erschwert die spätere technische Perfektion. Für Anfänger ist es schwer, sich mit einem leichten Sprung, z. B. in der V. Position, auf beide Spitzen zu erheben. Es scheint leichter zu sein, sich vom Laufen aus auf die Spitze eines Fußes zu erheben, aber es ist nutzlos. Man soll daher am Anfang sorgfältig lernen, sich auf die Spitzen *beider* Füße zu erheben, um dadurch die Muskeln der Füße zu kräftigen. Bei einem unüberlegten Training wird es dem Schüler nur schwer gemacht, die korrekte Methode zu lernen.

Anfänger sollen das Studium an der Stange beginnen (Gesicht zur Stange). Wir halten uns mit beiden Händen an der Stange und heben uns in allen Positionen auf die Spitze; es geschieht dies mit einem Abstoß der Fersen vom Boden vor jeder Bewegung. Unter keinen Umständen dürfen Anfänger Spitzen-Sprünge ausführen, bevor die Muskeln der Füße gekräftigt sind.

Im Freien soll folgende Reihenfolge eingehalten werden:

1. Temps levé auf beiden Füßen — Stehe in der I. Position, demi-plié, stoße mit beiden Fersen vom Boden ab, und erhebe dich mit einem leichten Sprung auf die Spitzen; Rückfall in demi-plié; setze die Bewegung fort. Es ist darauf zu achten, dass die Beine vollkommen auswärts gedreht sind. Nun folgt die gleiche Bewegung in der II. und V. Position.

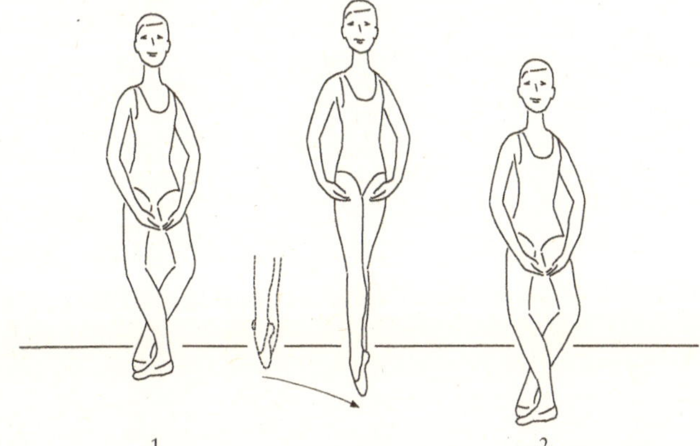

Abb. 91. Sus-sous

Wird temps levé aus der V. Position in die V. Position mit einer kleinen Fortbewegung nach vor, rück oder zur Seite geübt, wird dieses sus-sous genannt. Im Augenblick des Sich-Erhebens auf die Spitzen müssen die Füße eng geschlossen sein, einer hinter dem andern, sodass man den Eindruck eines Fußes hat. Sauber ausgeführt, gibt dieser Schritt dem Tanz eine vollendete Form.

2. Échappé auf Spitze — V. Position, demi-plié, stoße mit den Fersen vom Boden ab und springe auf die Spitzen zur II. Position. Rückfall in die V. Position in demi-plié. Man kann auch bei der Rückkehr in die V. Position die Füße wechseln. Bei échappé croisé oder effacé geht die Bewegung von der V. zur IV. Position.

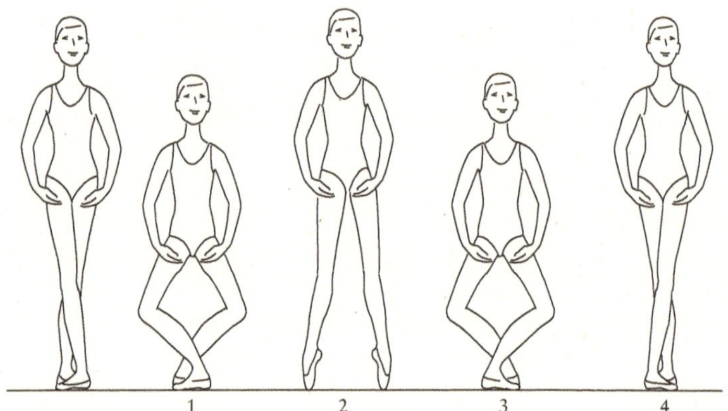

Abb. 92 Échappé auf Spitze

3. Glissade — Stehe in der V. Position, rechter Fuß vor, demi-plié; gleite mit der Spitze des rechten Fußes zur Seite (ein Schritt nach rechts), erhebe dich auf die Spitze dieses Fußes, setze das linke Bein auf

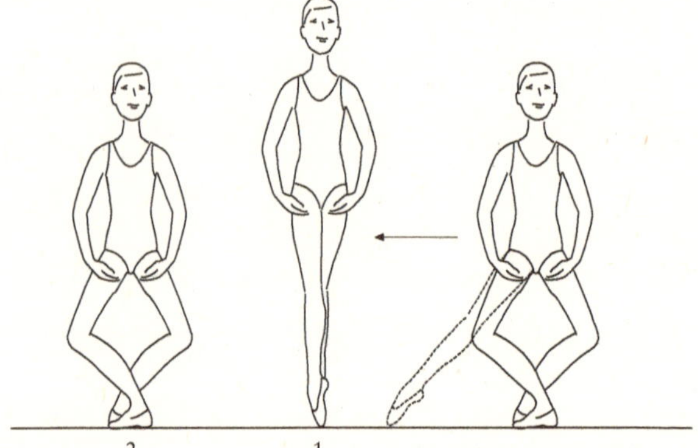

Abb. 93 Glissade auf Spitze

Spitze vor oder hinter das rechte in die V. Position. Rückfall in die V. Position in demi-plié.

4. Temps lié Stehe in der V. Position, rechter Fuß vor, beide Arme in der I. Position, demi-plié, gleite mit der Spitze des rechten Fußes nach vorn croisé, das linke Bein bleibt im demi-plié; erhebe dich auf die Spitze des rechten Fußes, führe den linken Arm von der I. zur III. Position, den rechten Arm zur II. Position; schließe linken Fuß rück auf Spitze. Rückfall in demi-plié V. Position, Front zum Zuschauer; führe linken Arm zur I. Position, gleite mit der Fußspitze des rechten Fußes zur Seite in die II. Position, führe linken Arm zur Seite und lasse linkes Bein im demi-plié. Übertrage das Körpergewicht auf das rechte Bein, erhebe dich auf die Spitze, schließe den linken Fuß V. Position vorn auf Spitze; führe die Arme zur Vorbereitenden Position. Wiederhole die ganze Bewegung mit dem linken Fuß. Das Glei-

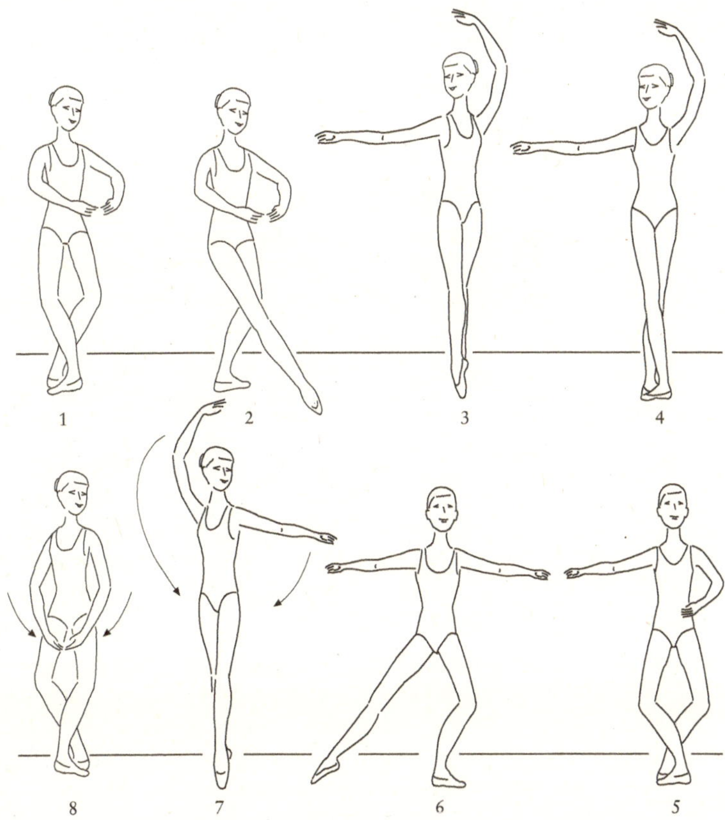

Abb. 94 Temps lié auf Spitze

che wird nach rück ausgeführt. Der Kopf ist dabei in korrekter épaulement-Haltung zu bewegen.

5. Assemblé soutenu

Stehe in der V. Position, rechter Fuß vor, demi-plié, gleichzeitig gleite mit dem rechten Bein mit der Fußspitze am Boden zur Seite, ziehe das Bein zur V. Position, linker Fuß vor, zurück und erhebe dich mit einem leichten Sprung auf die Spitzen beider Füße; stoße gut mit der Ferse des linken Fußes vom Boden ab. Rückfall in die V. Position in demi-plié. Wiederhole die gleiche Bewegung mit dem linken Fuß vor.

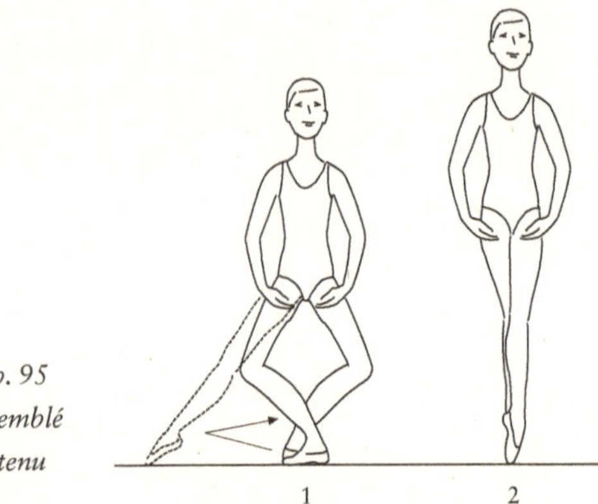

Abb. 95 Assemblé soutenu

6. Jeté auf Spitze

Stehe in der V. Position, rechter Fuß vor, demi-plié, führe die Spitze des rechten Fußes am Boden zur Seite und hebe das Bein zur Höhe von 45°; führe das rechte Bein in die V. Position hinter das linke und erhebe dich mit einem leichten Sprung auf seine Spitze, zur gleichen Zeit hebe linken Fuß sur le cou-de-pied vor; Rückfall auf den rechten Fuß in demi-plié; führe linkes Bein zur Seite und setze die Bewegung mit dem anderen Bein fort.

Auf die gleiche Art und Weise wird jeté vor, rück, croisé, effacé und écarté ausgeführt. Dieser Schritt ist eine Vorbereitung für Haltungen und Bewegungen auf der Spitze eines Fußes. Fortgeschrittene können das Bein in einer Höhe von 90° halten. Wir öffnen das Bein mit einem kleinen développé in die gewünschte Richtung und erheben uns in arabesque, attitude oder anderen Haltungen auf die Spitze.

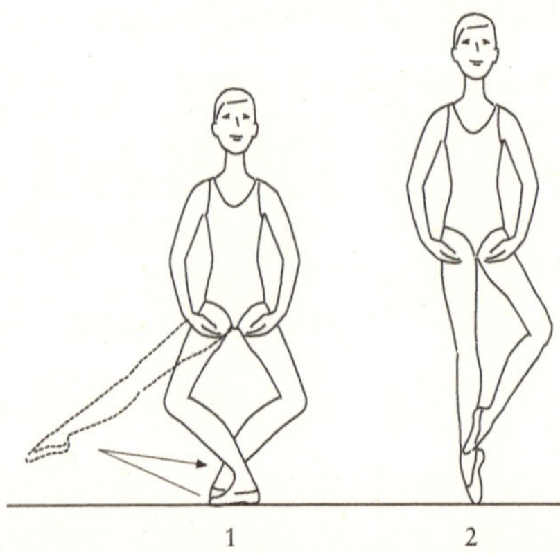

Abb. 96 Jeté auf Spitze

7. Sissonne simple

Zuerst üben wir es an der Stange, Gesicht zur Stange.

Stehe in der V. Position, rechter Fuß vor, demi-plié; springe auf die Spitze des linken Fußes, führe rechten Fuß sur le cou-de-pied vor und ende in der V. Position demi-plié.

Sissonne simple kann auch auf folgende Art ausgeführt werden: Springe auf die Spitze des rechten Fußes, bringe linken Fuß sur le cou-de-pied rück und ende in der V. Position. Ein anderer Weg ist, die Füße zu wechseln, das heißt, das erhobene Bein nach vor oder rück zu setzen.

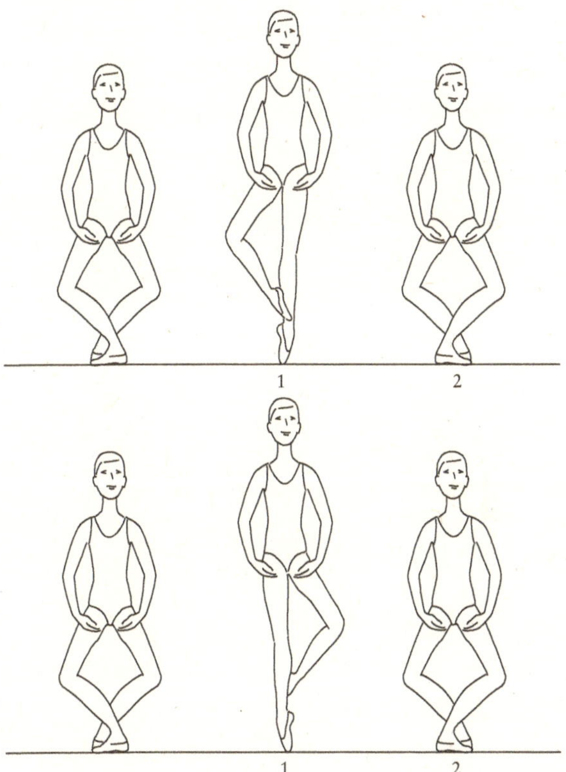

Abb. 97
Sissonne simple

Später wird sissonne simple im Freien geübt, dabei kann das Bein höher, bis zum Knie erhoben werden.

8. Sissonne ouverte

Diese Bewegung wird von der V. Position aus auf Spitze in allen Haltungen ausgeführt; man beginnt mit der leichtesten.

Demi-plié, springe auf die Spitze eines Fußes, öffne das andere Bein mit einem kleinen développé nach vorn, zur Seite oder nach rück zur Höhe von 45°. Ende mit Rückfall auf beide

Füße in der V. Position in demi-plié. Später vergrößern wir die Bewegung zum grande sissonne. Das Bein wird dabei in der gleichen Weise in allen Richtungen und Haltungen zur Höhe von 90° geöffnet.

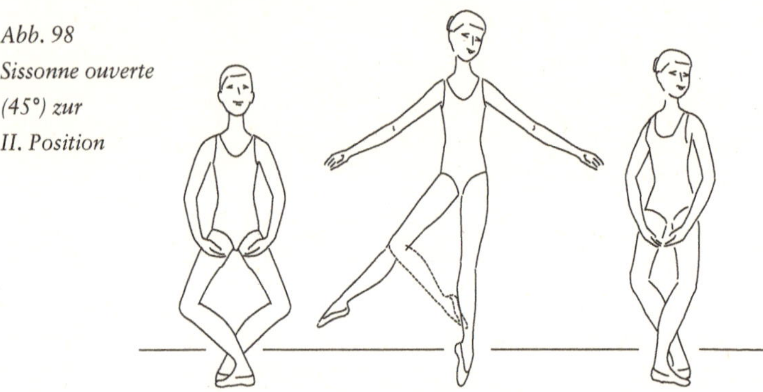

Abb. 98 Sissonne ouverte (45°) zur II. Position

Wir können uns auch beim sissonne in den verschiedenen Richtungen vom Platz bewegen. Beispiel: sissonne von der V. Position in die 1. arabesque. Nach dem demi-plié erhebe dich auf die Spitze, springe zur Seite in arabesque und ende mit Rückfall in die V. Position in demi-plié. Die Bewegung wird fortgesetzt. Es ist darauf zu achten, dass das Bein in der arabesque in der richtigen Höhe gehalten wird.

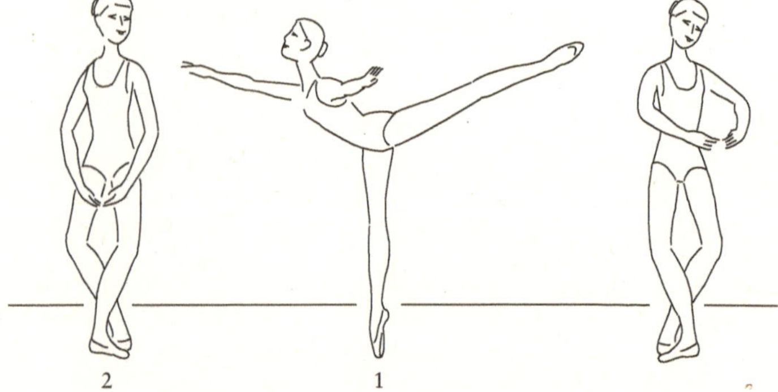

Abb. 99 Sissonne in die 1. arabesque

Alle Bewegungen auf Spitze müssen stets mit einem demi-plié verbunden sein, und man muss sich mit einem kleinen Sprung auf die Spitze erheben. Bei Sprüngen auf Spitze muss die Ferse fest gehalten werden. Spann und Knöchel sind fest gespannt und ohne jede Weichheit. Sprünge auf Spitze gehören zu den schwierigsten Bewegungen des Spitzentanzes, und ihre Entwicklung verlangt große Sorgfalt.

Oft wird die Spannung des Knöchels auf den Körper übertragen. Dies gibt der Tänzerin ein verkrampftes Aussehen. Trotz der Tatsache, dass der Rücken gerade zu halten ist (wie im Kapitel über aplomb beschrieben), müssen Arme und Kopf die Freiheit der Bewegung bewahren. Erst dann, wenn die Sprünge den Eindruck der Leichtigkeit und des Nichtangestrengtseins erwecken, werden sie ihre Wirkung haben.

Touren

Tour ist ein alter französischer Fachausdruck, der in der Ballettliteratur gebräuchlich ist; er bezeichnet eine Drehung des Körpers auf einem Bein. Der Fachausdruck pirouette sollte heute in Bezug auf den Frauentanz als veraltet betrachtet werden.*

Wir sprechen daher nur von Touren. Tänzer halten noch an dem Ausdruck pirouette fest und bezeichnen damit mehrfache Drehungen auf dem Platz, z. B. ihre grande pirouette à la seconde in Höhe von 90°. Aber wir werden hier nur von Touren sprechen.

Vorbereitung für das Studium

Ich empfehle, den vorbereitenden Übungen für die Touren in ihrer elementaren Form auf halber Spitze unter gleichem stufenweisem Vorangehen die gleiche Aufmerksamkeit zu widmen wie später den vorbereitenden Übungen für die Touren auf der Spitze. Man darf die elementaren Übungen, die zum Ziele führen, nicht vernachlässigen; z.B. muss man lernen, während aller Phasen der Tour die richtige Beinhaltung einzunehmen, ohne die der Schüler sich leicht eine unsorgfältige und nur annähernd richtige Ausführung angewöhnen kann. Genauso streng muss beim Studium auf die genaue Teilnahme der Arme geachtet werden. Die spätere Korrektur einer falschen Ausführung wird unendlich mehr Zeit und Anstrengung erfordern als sorgfältige Arbeit am Anfang. Aus diesem Grunde empfehle ich die folgende Anordnung für das Studium der Touren (erst auf halber Spitze und später auf Spitze).

* In Deutschland ist der Ausdruck pirouette üblich, und mit Ausnahme von tours chaînés und tour en l'air kann er an Stelle von tour verwendet werden. (Anm. d. Übers.)

Drehungen lehren wir Kindern in ihrer anfänglichen, vorbereitenden Form. Bei diesen ersten Übungen an der Stange sind folgende Drehungen üblich:

1. Drehungen auf beiden Füßen.
   Bei Fortgeschritteneren:
2. Drehungen auf einem Fuß. Bei jeder Übung, bei der es notwendig ist, die Beine zu wechseln, wird schnell gedreht und die Bewegung mit dem anderen Bein fortgesetzt.
3. Drehungen auf dem Fuß, auf dem man steht, mit Rückkehr zur Ausgangsposition.

   Diese Drehungen werden Fortgeschrittenen gelehrt und sind bei tendus battements, petits battements, petits battements sur le cou-de-pied, battements développés usw. gebräuchlich.

Bei allen diesen Bewegungen werden die Hände an der Stange gewechselt. Dabei lernen wir den Körper drehend zu bewegen. Zum eigentlichen Studium der Touren kommen wir erst später.

Wir beginnen mit Drehungen auf beiden Füßen und fahren in folgender Anordnung mit Drehungen auf einem Fuß fort:

1. Touren aus dégagé.*
2. Touren aus der IV. Position.
3. Touren aus der V. Position.

Nun folgen Touren in attitude, arabesque, à la seconde usw. Nach dem Studium der Touren auf halber Spitze folgt das Studium der Touren auf Spitze, und wir behalten die gleiche Abstufung und die gleichen vorbereitenden Übungen bei. Touren auf Spitze in attitude, arabesque und à la seconde werden erst am Ende der tänzerischen Ausbildung studiert.

Wir wollen mit einfachen Drehungen im Freien, mit Drehungen auf beiden Füßen, anfangen. Diese Bewegung gehört zum Typ des battement soutenu.

En dehors: Stehe in der V. Position, rechter Fuß vor; demi-plié, gleichzeitig führe den rechten Fuß mit ausgestreckter Spitze am Boden

* Dégager heißt freimachen, loslösen, und bedeutet tänzerisch das »Freimachen« eines Fußes aus einer geschlossenen Position als Vorbereitung eines Schrittes. (Anm. d. Übers.)

zur II. Position; erhebe dich mit dem linken Bein auf halbe Spitze, gleichzeitig führe rechten Fuß zur V. Position zurück und drehe rechts herum (en dehors). Um die Bewegung abzuschließen, bringe rechten Fuß zur V. Position vor. Bei dieser Bewegung helfen die Arme den Beinen. Zu Beginn der Bewegung öffne die Arme zur II. Position in halber Höhe. Mit einer kräftigen Bewegung vereinige die Arme in der Vorbereitenden Position.

En dedans: Von derselben Position ausgehend, führe nach demi-plié den linken Fuß zur II. Position, erhebe dich auf die halbe Spitze des rechten Fußes, während der linke zur V. Position vorn schließt. Es folgt eine Drehung nach rechts (en dedans). Am Ende der Drehung ist der rechte Fuß wieder vorn. Die Begleitung der Arme ist die gleiche wie bei der vorhergehenden Übung. Es ist darauf zu achten, dass das Bein bei der Drehung en dehors wie bei der en dedans keine unnötigen Bogen auf dem Boden beschreibt, sondern in einer geraden Linie aus der II. Position in die V. Position geführt wird.

Die nächste Übung ist ein Wechsel von einem Fuß auf den anderen mit einer halben Drehung auf halber Spitze.

Stehe in der V. Position, rechter Fuß vor, demi-plié, dégagé mit dem rechten Fuß zur II. Position, die gestreckte Spitze auf dem Boden, erhebe dich auf die halbe Spitze dieses Fußes. Führe den linken Fuß an den rechten heran und schließe mit einer Drehung en dedans zur V. Position, linker Fuß rück. Halte mit dem Rücken zum Zuschauer gewendet an, demi-plié, dégagé mit dem linken Fuß zur II. Position, erhebe dich

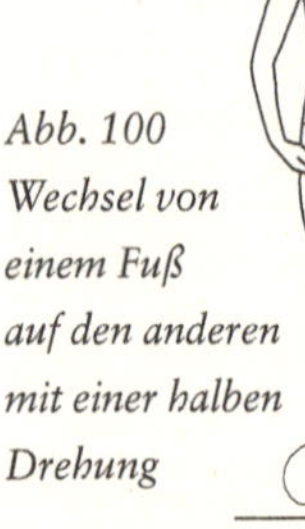

Abb. 100 Wechsel von einem Fuß auf den anderen mit einer halben Drehung

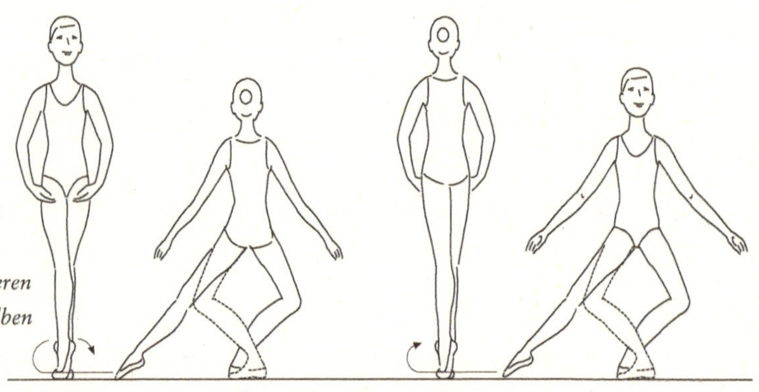

auf die halbe Spitze des linken Fußes, führe den rechten mit einer halben Drehung en dehors zur V. Position vor.

Während des dégagé werden die Arme zur II. Position geöffnet, und während der Drehung werden sie zur Vorbereitenden Position gebracht. Dies geschieht mit der gleichen schwungvollen, kräftigen Bewegung wie in den vorherigen Übungen.

Zum gleichen Bewegungstyp gehört jeté auf halber Spitze mit einer halben Drehung. Bei jedem Wechsel der Füße erfolgt eine Seitwärtsbewegung, und mit dem Körper wird jeweils eine halbe Drehung ausgeführt, d. h. vor – rück – vor – rück usw. Das Bein wird zur Seite geführt und jedes Mal zur Höhe von 45° erhoben. Während des dégagé des rechten Beines zur II. Position ist der rechte Arm in der I. Position und der linke in der II. Während des dégagé mit dem linken Bein ist der linke Arm in der I. Position, der rechte in der II.

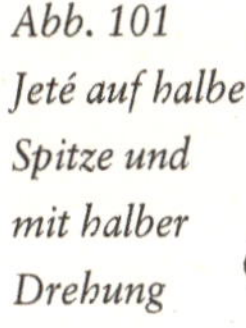
Abb. 101 Jeté auf halber Spitze und mit halber Drehung

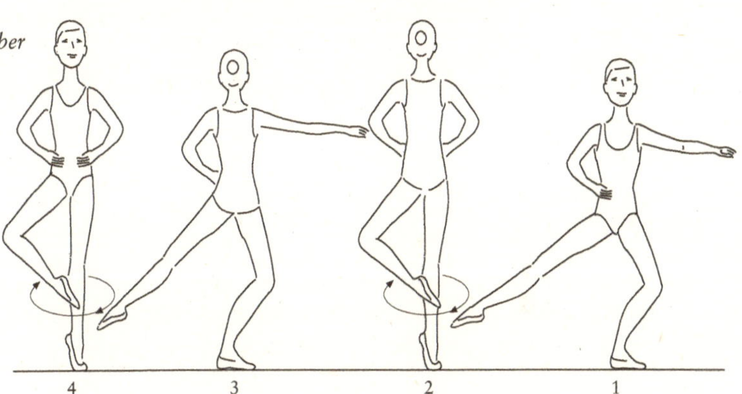

Bei dieser Bewegung lernt der Schüler, sich selbst zu kontrollieren, besonders bei der zweiten Drehung, wenn der Rücken zum Zuschauer gewendet ist. Es ist darauf zu achten, dass das Bein, mit dem das demi-plié ausgeführt wird, gut auswärts gedreht ist.

Nachdem die oben erwähnten Drehungen auf halber Spitze gemeistert sind, kann die Schülerin ohne Schwierigkeit damit beginnen, sie auf Spitze zu studieren. Nach diesen vorbereitenden Übungen kann man anfangen, Touren in ihrer einfachsten Form auszuführen.

Touren von einer préparation dégagée

En dehors: Stehe in der V. Position, rechter Fuß vor, demi-plié; dégagé mit dem linken Bein zur II. Position zur Höhe von 45°; setze das linke Bein auf halbe Spitze vor das rechte auf den Boden und führe auf ihm eine ganze Drehung aus, hebe den rechten Fuß sur le cou-de-pied vor. Rückfall auf den rechten Fuß in demi-plié; führe linkes Bein zur Seite zur Höhe von 45° und setze die Bewegung fort.

Abb. 102
Tour dégagé en dehors

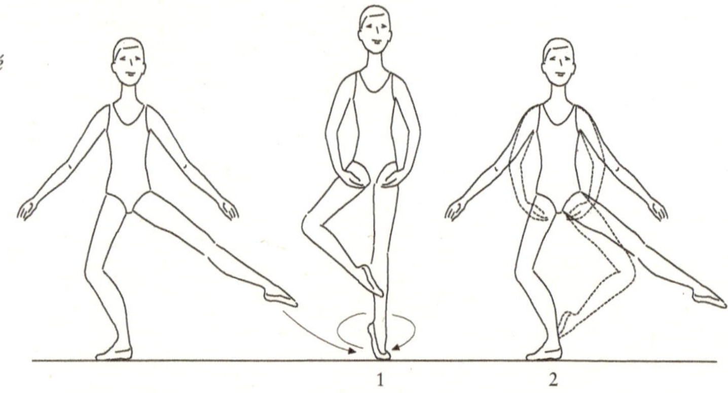

Diese Touren können auch auf der Diagonale geübt werden. Dabei wird das linke Bein nach dem plié auf dem rechten Bein seitlich in Richtung der Diagonalen herausgeführt. Die Arme führen wir dabei wie folgt: Während des dégagé öffne die Arme zur II. Position in halber Höhe, während der Drehung führe sie zur Vorbereitenden Position. Diese Bewegung der Arme gibt die nötige Kraft für die Tour. Man darf während der Tour nicht mit den Armen zappeln oder sonstige unruhige Bewegungen machen. Wir würden uns so weder im Gleichgewicht noch auf der richtigen Stelle halten können.

En dedans: Die folgende Form ist gebräuchlicher: Stehe in der V. Position, rechter Fuß vor, demi-plié; dégagé mit dem rechten Bein zur II. Position zur Höhe von 45°, setze die halbe Spitze des rechten Fußes auf den Boden, ohne ihn an den linken heranzubringen, und drehe auf dem rechten Bein en dedans, führe den linken Fuß sur le cou-de-pied vor, setze ihn in demi-plié auf, hebe den rechten Fuß sur le cou-de-pied vor und setze die Bewegung fort.

Später wird auch diese Tour auf der Diagonalen geübt und weiterhin auch im Kreis. Dabei wird der linke Fuß sur le cou-de-pied rück gehalten. Zu Beginn der Bewegung wird der Körper in effacé gewendet. Während der Drehung wird der Fuß sur le cou-de-pied rück gehalten.

Die Armführung ist die gleiche wie bei den Touren en dehors.

Abb. 103
Tour dégagé en dedans

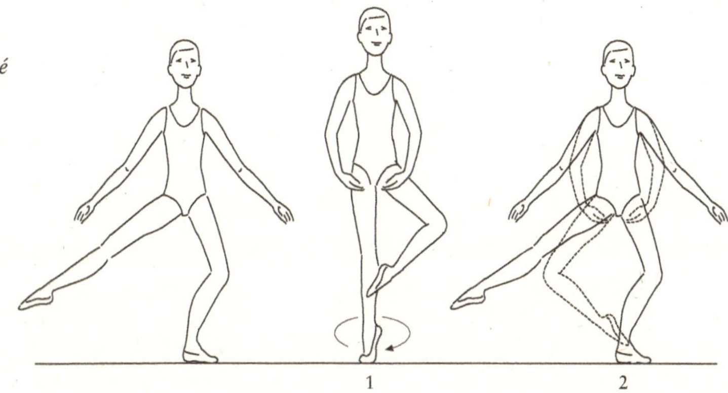

Nun folgt das Studium der Touren aus der IV. Position. Touren mit einer préparation in der IV. Position sind leichter zu lernen als Touren aus der V. Position, die ich später beschreibe.

Touren aus der IV. Position

Dem Studium dieser Touren gehen vorbereitende Übungen voraus, die ohne Drehungen alle Bewegungen dieser Touren enthalten. Diese Bewegungen sollen Anfängern gelehrt werden.

En dehors: Stehe in der IV. Position croisé, linker Fuß vor, demi-plié, stoße mit beiden Fersen ab (das ist sehr wichtig), erhebe dich mit einem kurzen Abstoß hoch auf die halbe Spitze* des linken Fußes, als ob du auf ihn springst. Dies ist die Methode der Ita-

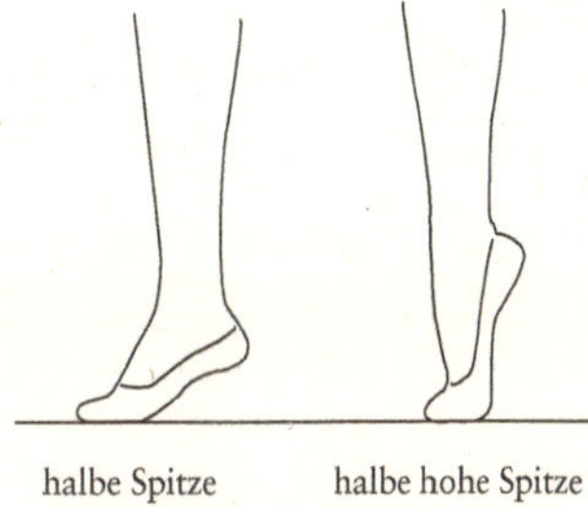

*Das Exercice auf halber Spitze wird, um nicht die für den Klassischen Tanz so wichtige Auswärtsdrehung des Beines zu verlieren, bei nicht sehr erhobener halber Spitze ausgeführt, so, wie es nebenstehend ersichtlich ist. Nur bei kraftvollen Bewegungen, z. B. Touren, bei denen die Fersen sehr schnell gehoben werden, wird die hohe halbe Spitze genommen. Wenn die Auswärtsdrehung bei niedriger halber Spitze erarbeitet ist, geht sie auch bei großen Anstrengungen auf hoher halber Spitze nicht verloren.

lienischen Schule und ist streng einzuhalten, da sie für die Ausführung der Touren eine große Hilfe ist. Bringe den rechten Fuß so fest wie möglich sur le cou-de-pied vor. Die Genauigkeit dieser Haltung ist wichtig für das Gelingen der Tour. Bleibe in dieser Haltung und versuche ein gutes Gleichgewicht zu wahren. Ende in der IV. Position, demi-plié, rechter Fuß rück.

Die Arme: Während der préparation in der IV. Position ist der rechte Arm nach vorn ausgestreckt, Körper und Arm haben die Richtung der 3. arabesque, der linke Arm ist zur Seite gehalten, die Hände sind leicht gehoben. Erhebe dich auf halbe Spitze und führe die Arme zur I. Position zur Höhe von 45° zusammen, halte sie gerundet und in einer gewissen Spannung. Zum Abschluss öffne nur die Unterarme, die Oberarme bleiben in derselben Haltung. Mit dieser Übung bereiten wir Touren en dehors vor, sie gibt uns die préparation und den Abschluss für die Tour.

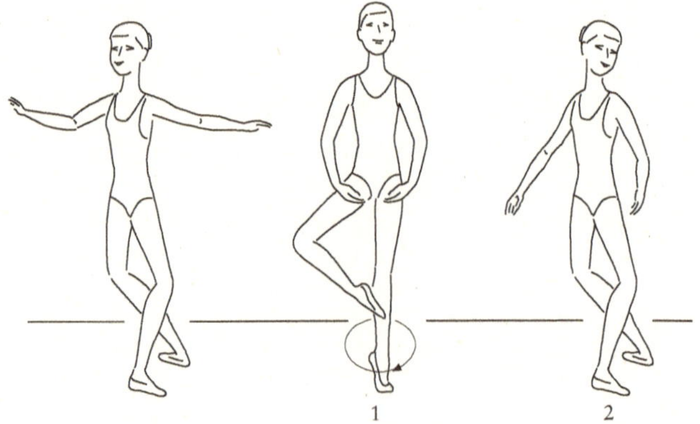

Abb. 104 Tour en dehors aus der IV. Position

En dedans: Touren en dedans werden auf die gleiche Weise studiert. Der Unterschied liegt in dem Ansatzpunkt, von dem man die Kraft für die Tour nimmt. Bei der Tour en dehors stößt man mit *beiden* Füßen aus der IV. Position vom Boden ab. Bei Touren en dedans stößt man mit der Ferse des *linken* Fußes vom Boden ab, öffnet das rechte Bein zur II. Position zur Höhe von 45°, springt scharf auf die halbe Spitze des linken Fußes und schließt den rechten Fuß sur le cou-de-pied. Wenn man in der IV. Position steht, so ist der linke Arm in der I. Position, der rechte in der II. Während des dégagé werden beide Arme zur II. Position geöffnet und vereinigen sich vor dem Körper in

Höhe von 45° (halbe Höhe I. Position). Bei der Abschlusshaltung in der IV. Position in demi-plié, rechter Fuß rück, werden die Arme aus der Vorbereitenden Position leicht geöffnet.

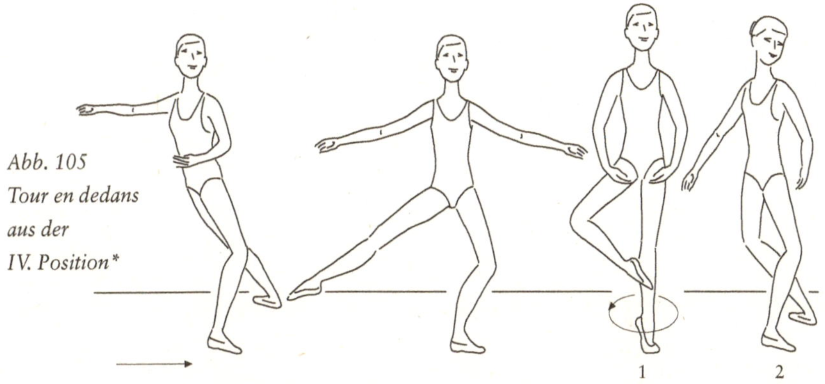

Abb. 105
*Tour en dedans aus der IV. Position**

Diese Tour kann auch in der V. Position, rechter Fuß vor, geschlossen werden. Erst wenn die Schüler genügend vorbereitet sind, lehrt man sie, eine und später zwei und drei Touren auszuführen. Danach werden sowohl die vorbereitenden Bewegungen wie die Touren auf Spitze gelehrt. Besonders zu Beginn des Studiums muss daran erinnert werden, dass die Kraft für die Touren in den Armen liegt und niemals im Körper, der unbeteiligt sein muss. Ebenso muss darauf geachtet werden, dass die Kraft nicht aus den Schultern genommen wird und die Drehung nur um die eigene Achse erfolgt.

Touren aus der V. Position

Touren aus der V. Position sind komplizierter. Ohne die vorbereitenden Bewegungen, die wir in der IV. Position hatten und die einen guten Aufschwung geben, müssen wir uns hier am meisten auf die Arbeit der Arme verlassen. Wir bereiten diese Touren mit den gleichen Übungen vor.

En dehors: Stehe in der V. Position, rechter Fuß vor, demi-plié, springe mit demselben Abstoß wie in der vorhergehenden Übung auf die halbe Spitze des linken Fußes, der rechte wird sur le cou-de-pied vor erhoben.

* Man kann diese Tour auch in der IV. Position, rechter Fuß vor, beenden, s. Zeichnung. (Anm. d. Übers.)

Der rechte Arm ist in der I. Position, der linke in der II., und es ist der linke Arm, der während der Drehung die Kraft gibt; in dem Augenblick, in dem wir uns auf die halbe Spitze erheben, vereinigen sich die Arme in der I. Position in Höhe von 45° (halbe Höhe), wie im ersten Beispiel. Beende die Übung in der V. Position, rechter Fuß rück, oder in der IV. Position.

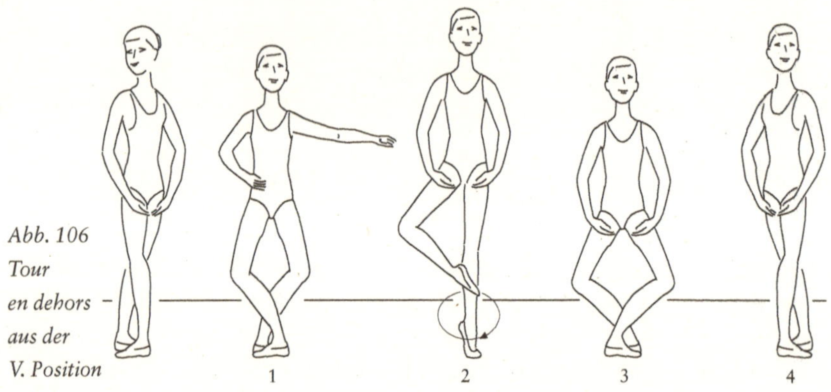

Abb. 106 Tour en dehors aus der V. Position

Dieser Bewegungsablauf wird dann mit einer Drehung verbunden. Werden mehrere Touren hintereinander ausgeführt, so kann der rechte Fuß nach Beendigung einer jeden Tour in der V. Position vor geschlossen werden.

En dedans: Für eine Tour en dedans stehe in der V. Position, rechter Fuß vor, demi-plié, springe auf den rechten Fuß, linker Fuß sur le cou-de-pied vor. Abschluss in der V. Position, linker Fuß vor. Am Ende der Tour muss man sich etwas zurückhalten, um eine

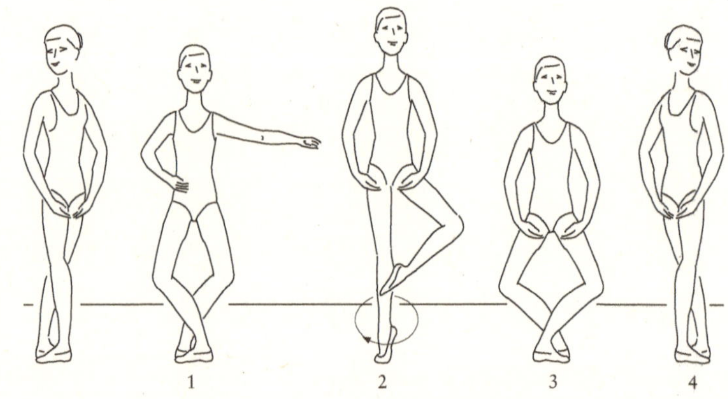

Abb. 107 Tour en dedans aus der V. Position

genaue Ausführung zu gewährleisten. In der IV. Position zu enden ist leichter und erfordert nicht solch ein genaues Zurükkhalten.

Die Arme haben die gleiche Bewegung wie bei den Touren en dehors, obgleich das linke Bein erhoben ist.*

Touren in attitude, arabesque und anderen Haltungen

Wir bereiten das Studium dieser großen Touren mit Übungen auf halber Spitze vor, die ähnlich den vorbereitenden Übungen für kleine Touren die gleichen vorbereitenden Haltungen haben.

En dehors: Behandeln wir zuerst die Vorbereitung für die Tour in attitude. Die vorbereitende Haltung ist die IV. Position, rechter Fuß rück, der rechte Arm ist vor dem Körper, der linke in der II. Position. Demi-plié, erhebe dich auf die halbe Spitze des linken Fußes in der Art wie oben beschrieben und nimm dabei die Haltung attitude croisée ein. Um zu enden, setze die Fersen auf den Boden. Dann führe eine Tour auf halber Spitze aus. Wird diese Tour im adagio verwendet, so ist es vorzuziehen, sie auf halber Spitze zu beenden, ohne die Haltung zu ändern. Wie in den vorhergehenden Übungen, müssen wir uns auch hier aus dem plié der IV. Position mit beiden Fersen vom Boden abstoßen. Stehen wir auf der halben Spitze des linken Fußes, so müssen wir sofort, schon vor der Tour, die Haltung der attitude einnehmen und bei der Drehung darauf achten, dass wir die Auswärtsstellung des linken Beines nicht verlieren. Besonders bei zwei oder drei Touren ist es bei dieser Übung schwer, die nötige Kraft zu entwickeln. Man muss große Gewandtheit erlernen im Abstoßen der Fersen und beim Hochwerfen der Arme, die während der préparation mit den Handflächen nach unten ausgestreckt waren. Im Augenblick des Sich-Erhebens zur Tour werden die Arme zur erforderten Haltung gebracht. Alles dies gibt die Kraft für die Bewegung.

Touren in der 3. und 4. arabesque und à la seconde haben dieselbe préparation. Zu Beginn wird der rechte Arm in Rich-

* Bei den vorbereitenden Bewegungen für die Erlernung der Touren sind die Arme in der I. Position, aber bei der endgültigen Ausführung – besonders zweier oder mehrerer Touren und vor allem mit Partner – müssen die Arme etwas niedriger gehalten werden (s. Zeichnung 104–107).

tung der Tour en dehors herausgeschlagen, dies hilft Kraft zu gewinnen. Auf die gleiche Weise können Touren in développé vor effacé ausgeführt werden, d. h., während der Tour wird das rechte Bein vorn erhoben.

En dedans: Für Touren en dedans entwickeln wir die Kraft auf andere Art, wie wir es schon bei den vorbereitenden Übungen gelernt haben. Stehe in der préparation, IV. Position, rechter Fuß rück; linker Arm in der I. Position, rechter in der II. Erhebe dich auf die halbe Spitze des linken Fußes in attitude effacée, und in der gleichen Weise wie in der vorhergehenden Übung senke dich auf die Ferse zurück. Wenn wir zu drehen beginnen, so nehmen wir die Kraft mit dem linken Arm, er wird schnell zur Seite geführt, der rechte Arm erhebt sich zur Haltung der attitude. Das Gewicht wird auf das Standbein verlegt. In der gleichen Weise führen wir die Touren in der 1. und 2. arabesque aus. Dabei öffnen sich der linke und der rechte Arm zur 1. und 2. arabesque. Der Arm muss fest und sicher die Richtung wahren, da sonst der nach vorn geneigte Körper leicht das Gleichgewicht verliert und nicht die nötige Ruhe bewahrt (siehe Beschreibung der arabesque).

Bei den Touren mit dem Bein in développé vor croisé wird die Kraft wie bei den Touren à la seconde gewonnen, nur dass sich das Bein während der Tour nach vor croisé bewegt und der linke Arm erst durch die II. Position geht. Außerdem ist bei der Tour à la seconde darauf zu achten, dass das Bein gemeinsam mit den Armen während der Tour in der II. Position bleibt.

Touren à la seconde in Höhe von 90° aus der II. Position

Bei Touren à la seconde aus der II. Position ziehe ich die italienische Art der französischen vor, da sie prägnanter und dynamischer und deshalb moderner ist.

Wir beginnen sie mit folgender vorbereitenden Übung zu studieren:

En dehors: Stehe in der V. Position, rechter Fuß vor, demi-plié, erhebe dich auf halbe Spitze, Arme in der I. Position; darauf öffne die Arme zur II. Position und zur selben Zeit wirf das rechte Bein mit einem grand battement zur II. Position zur Höhe von 90° heraus; nun senken sich beide Füße zu demi-plié in der II. Posi-

Abb. 108
Tour à la seconde aus der II. Position (90°)

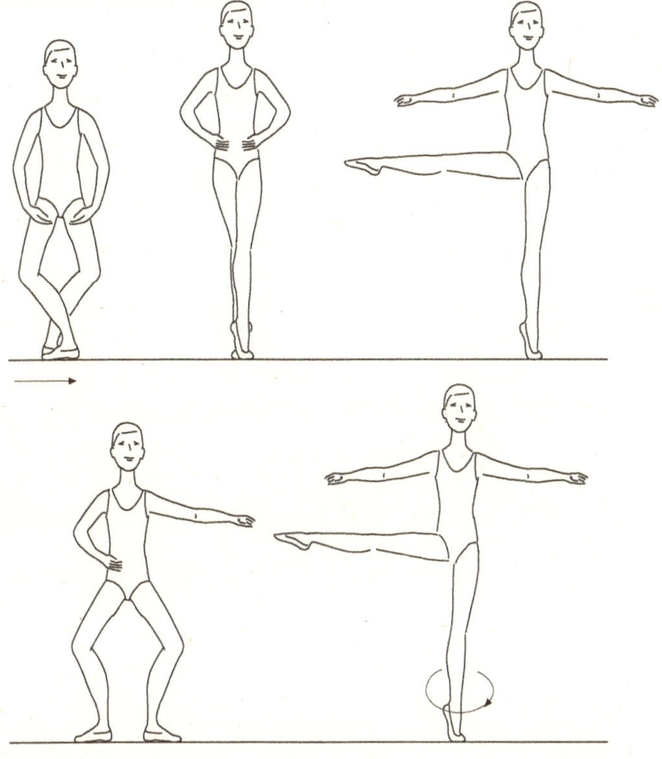

tion; führe den rechten Arm zur I. Position, der linke bleibt in der II.; mit einem kurzen, schnellen Abstoß erhebe dich auf den linken Fuß auf halbe Spitze, führe rechten Arm mit einer kräftigen Bewegung zur II. Position und erhebe rechtes Bein zur II. Position. Verharre einen Augenblick mit dem linken Fuß auf halber Spitze und dem rechten Bein à la seconde zu 90° erhoben. Die Tour à la seconde wird vom demi-plié in der II. Position aus begonnen. Es ist darauf zu achten, dass die Ferse des linken Fußes in dem Augenblick, da die Drehung beginnt, nicht nach einwärts dreht, sondern gut auswärts gedreht bleibt. Dies ist der entscheidende Faktor, um eine gut ausgeführte Tour à la seconde zu erhalten.

Die Kraft für die Tour wird durch die scharfe, schnelle Führung des rechten Armes zur II. Position nach der préparation in der II. Position gewonnen. Die Schultern müssen gerade bleiben. Es ist ein Fehler, durch die nach vorn genommene rechte Schulter die Kraft für die Tour zu gewinnen.

En dedans: Die préparation für die Tour en dedans ist bis zum demi-plié in der II. Position die gleiche wie oben. Danach wird das linke Bein erhoben, und man dreht en dedans. Während der préparation ist der rechte Arm in der I. Position, der linke in der II. Die Kraft wird mit dem rechten Arm und niemals mit der rechten Schulter genommen.

Die französische Methode ist dadurch gekennzeichnet, dass mit dem rechten Bein von der V. Position aus ein kleines développé à la seconde gemacht wird, worauf das plié in der II. Position folgt.

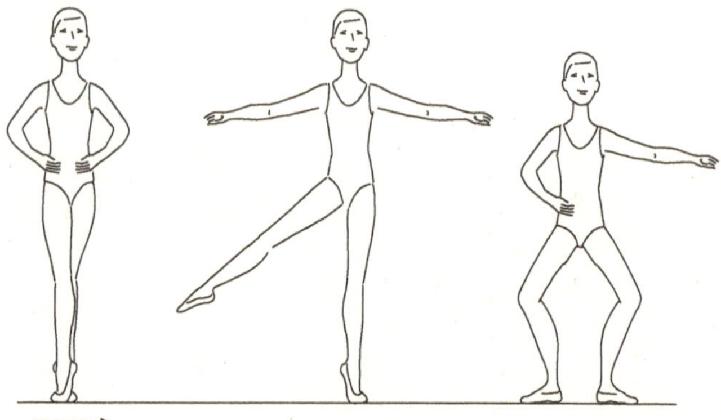

Abb. 109 Préparation für Tour sur le cou-de-pied aus der II. Position

Es gibt auch Touren sur le cou-de-pied von der II. Position aus. Sie gleichen den oben beschriebenen mit dem Unterschied, dass das rechte Bein zur Höhe von 45° und nicht zur Höhe von 90° herausgeworfen und während der Tour am linken Fuß sur le cou-de-pied angelegt wird. Während der Tour aus dieser préparation werden die Arme in der Vorbereitenden Position gehalten.

Touren aus dem tiefen plié der V. Position

Die Touren im adagio vom tiefen plié der V. Position aus werden auf eine andere Weise ausgeführt. Zu Beginn des plié sind die Fersen so lange wie möglich am Boden zu lassen. Wenn aber der äußerste Punkt erreicht ist und die Fersen vom Boden gehoben werden müssen, so soll das Bein, auf dem man dreht, sofort gestreckt und auf die halbe Spitze erhoben werden. Der Rücken ist vollkommen gerade zu halten und jedes Neigen oder Schwanken zu vermeiden. Die Arme, zu Beginn des plié in der II. Position gehalten, werden fließend zur Vorbereitenden Position geführt. Im Augenblick des Erhebens auf die halbe Spitze nehmen sie die gleiche Haltung ein wie bei den Touren aus der IV. und V. Position.

Tours chaînés Der französische Ausdruck ist tours chaînés déboulés. Ich benütze den Namen, weil er die Natur der Bewegung bildhaft charakterisiert. Eine Kette rollender Bälle: Diese Beschreibung der Bewegung gibt ein genaues Bild. Chaînés werden in sehr schnellem Tempo ausgeführt, jede Drehung auf 1/8 oder 1/16. Die Bewegung verläuft diagonal nach vorn, von Punkt 6 nach Punkt 2 unseres Diagramms. Chaînés werden häufig benützt, um eine Variation zu beenden, aber sie sind innerhalb einer Variation oder eines Tanzes ebenso wirkungsvoll. Chaînés werden auf folgende Weise ausgeführt:

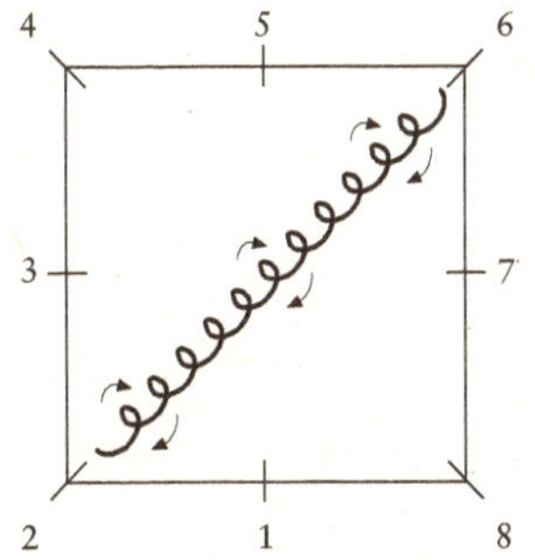

Abb. 110
Tours chaînés

Bei der Bewegung nach rechts geschieht die Drehung auf dem rechten Fuß, der in Richtung der Diagonale gesetzt wird. Am Ende der Drehung wird der linke Fuß an den rechten (niemals hinter den rechten) ebenfalls in Richtung der Diagonale gesetzt. Gib dir einen Anstoß durch Herauswerfen des rechten Armes, dann vereinige die Arme vor dem Körper. Zu Beginn des Studiums dieser Touren wird die Bewegung der Arme bei jeder Drehung wiederholt. Wird die Technik der Drehung beherrscht und das Tempo mehr und mehr gesteigert, so hat die Tänzerin keine Zeit mehr, den Arm nach vorn herauszuwerfen. Sie unterstützt dann nur mit kleinen Bewegungen der Arme, aber ohne sie zu weit vom Körper auszustrecken. Bei schnellem Tempo gibt man sich selbst bei der ersten Drehung mit dem Bein einen Anstoß und bewegt sich nach dem Gesetz des Beharrungsvermögens in derselben Richtung weiter, obgleich die Füße keinen Schritt machen, sondern geschlossen bleiben. Die gesamte Bewegung wird von den Armen unterstützt. Um chaînés gut auszuführen, muss die Tänzerin den Rücken vollkommen gerade halten. Zum Ende hin wirkt die Bewegung wie eine Kette von Drehungen, die zu einem unerwarteten Halt kommen muss. Dabei ist es notwendig, in einer klaren Haltung ruhig zu schließen.

Die Bewegung ist virtuos, die Schnelligkeit, die erreicht wird, ist atemberaubend. Chaînés werden zuerst auf halber Spitze und später auf Spitze geübt. Hinzufügen möchte ich noch, dass tours chaînés, jeté par terre und einige andere Bewegungen oft im Kreis auf der Bühne gezeigt werden.

Tours en l'air

Diese Touren sind eine Bewegung des Männertanzes, den ich hier nicht eingehend behandle. Obgleich die Schritte und die täglichen Stunden die gleichen sind, verlangt der männliche Tanz durch die kräftigere physische Entwicklung des Tänzers kompliziertere Bewegungen. Seine Arbeit ist erleichtert, weil der Spitzentanz für ihn wegfällt, der schon einen großen Teil der Zeit und der Energie der Tänzerin beansprucht. Diese Kraft und Zeit wendet der Tänzer an die besonders sorgfältige Ausführung der Schritte, die er mit der Tänzerin gemeinsam hat. Diese dann, vom Tänzer ausgeführt, werden einen anderen Charakter und einen anderen Grad der Virtuosität erhalten. Ebenso verwendet der Tänzer weniger Zeit für adagio. Die Tänzerin braucht das adagio als Übung, um ihren Körper zu kräftigen, der von Natur aus biegsamer und schwächer ist als der männliche Körper. Diese größere Biegsamkeit des Körpers ermöglicht der Tänzerin, eine so vollkommene Linie zu erreichen, wie sie dem Tänzer mit wenigen Ausnahmen nicht möglich ist.

Wenn ich hier tours en l'air erwähne, so deshalb, weil sie auch von Tänzerinnen ausgeführt werden können und Choreographen sie heute ab und zu auch für sie verwenden.

Stehe in der V. Position, rechter Fuß vor, demi-plié, tiefer als sonst üblich (kurz bevor sich die Fersen vom Boden lösen); linker Arm in der II. Position, rechter in der I. Stoße mit den Fersen vom Boden ab, springe in die Luft, drehe in der Luft und führe während der Drehung die Arme zusammen. Rückfall in die V. Position demi-plié, rechter Fuß rück; die Arme werden leicht geöffnet. Beim Entwickeln der Kraft ist darauf zu achten, dass die rechte Schulter vor dem Sprung nicht nach vorn bewegt wird. Der Körper soll vollkommen en face bleiben.

Allgemeine Bemerkungen über Touren

Die erste Bedingung für eine gute Tour ist ein vollkommen gerade gehaltener Körper. Man darf den Punkt, an dem man anhält, nicht verlieren, und man muss immer wissen, wo vorn ist. Wenn z. B. die Tänzerin in den üblichen 32 fouettés den Punkt vor sich verliert, so kann sie beim demi-plié den Schwung nicht steuern, und der virtuose Charakter dieser Bewegung geht verloren. Theoretisch soll der Kopf bei allen Touren so lange wie möglich zum Zuschauer gewendet sein. Von Anfang an muss bei Touren die Beteiligung des Kopfes sehr sorgfältig beachtet werden. Es ist darauf zu achten, dass der Kopf nicht zur Seite geneigt wird und sich damit außerhalb der Körperachse befindet, um die gedreht wird. Beachtet man dies nicht, so verliert man leicht das Gleichgewicht. Um die Anzahl der Touren zu erreichen, die bei der heutigen Technik möglich ist, muss die Bewegung des Kopfes gemäßigt sein; betone die Bewegung des Kopfes nur mit den Augen, d. h., jedes Mal, wenn du dem Zuschauer zugewandt bist, sieh hin und halte dich mit den Augen dort so lange wie möglich fest.

Bei gehaltenen Touren muss der Tänzer fest auf den Füßen stehen. Ein unerfahrener Tänzer neigt bei Beginn der Touren seinen Körper unwillkürlich zurück und neigt sich nur bei der letzten Tour nach vorn. Dabei stößt er seine Partnerin und bringt sie aus dem Gleichgewicht. Er muss vollkommen gerade stehen, damit seine Partnerin zwischen seinen Händen drehen kann. Das Übrige hängt von der Tänzerin ab. Dreht sie gut, kann man ihr die Ausführung allein überlassen, dreht sie nicht gut, muss der Partner sie mit seinen Händen unterstützen.

Im adagio gibt es verschiedene Arten von Touren. Diese Touren werden von der V. Position aus auf Spitze gemacht, und die Kraft wird folgendermaßen entwickelt: bleibe auf der Spitze des linken Fußes, führe das rechte Bein nach vorn croisé, führe es kräftig zur Seite – vermeide es, die Position der Hüfte zu verändern, die Kraft wird nur aus dem Bein genommen –, beuge es zum linken Knie vor oder rück und drehe. Der Partner unterstützt die Tänzerin, indem er sie in der Taille hält. Zu Beginn ist ihre rechte Seite etwas nach vor zu drehen. Für die Tour selbst gibt der Partner mit der linken Hand einen leichten Anstoß. Von derselben préparation aus führt die Tänzerin Touren aus, bei denen sie sich am Mittelfinger der über den Kopf gehaltenen rechten Hand des Partners festhält. Die

Tänzerin muss den Finger mit der ganzen Hand halten. Der Partner hilft ihr dadurch, dass er seinen Finger etwas dreht. Aber die Kraft wird aus der gleichen kräftigen Beinführung gewonnen. Die Gewandtheit dieser Touren liegt in der erfahrenen Ausnützung der Hilfe, die der Finger des Partners der Tänzerin gibt. Bei allen Touren mit Partner werden die Arme vor dem Körper gekreuzt gehalten. Und noch ein abschließender Hinweis: Bei Touren en dehors, bei denen die préparation mit dem vorn befindlichen Arm gemacht wird, muss die Tour ohne einen zusätzlichen Schwung aus dieser préparation gemacht werden.

Andere Arten von Drehungen

Drehungen im adagio

Beim adagio im Freien werden langsame Drehungen auch auf der ganzen Sohle des Fußes gemacht. Diese Drehungen werden auch gelegentlich im Tanz auf der Bühne angewandt und können in allen Haltungen des Körpers ausgeführt werden, in attitude, arabesque, in der II. Position zu 90° und développé vorn. Diese langsame Drehung wird durch eine leichte Bewegung der Ferse zur erwünschten Seite hin erreicht.

Renversé

Renversé, wie der Ausdruck besagt, ist das Neigen des Körpers während einer Drehung. Es gibt verschiedene Formen des renversé, es ist eine der kompliziertesten Bewegungen des Klassischen Tanzes. Sie ist sehr schwer zu beschreiben, und nichts kann das lebendige Beispiel des Unterrichts ersetzen. Um es einwandfrei zu demonstrieren, muss der Lehrer selbst den Tanz virtuos meistern.

Renversé en dehors: Die Bewegung beginnt mit attitude croisée, demi-plié, der Körper wird leicht nach vor geneigt, und durch Neigen des Kopfes wird die Bewegung betont; dann springe auf halbe Spitze in attitude und verlege zur gleichen Zeit den Antrieb der Bewegung in den Rücken. Dieser ist bei Beginn der Drehung en dehors stark zurück und nach links geneigt. Der Antrieb für die Drehung kommt aus dem Körper. Die Beine folgen dieser Bewegung im letzten Augenblick mit pas de bourrée en dehors, und zwar dann, wenn der Körper mit seinem verlagerten Gleichgewicht sie dazu zwingt, diesen Schritt zu tun. Der Körper zwingt die Beine, sich zu bewegen, und nicht die Beine den Körper. Am besten nehmen wir zu dieser Bewegung einen 3/4 Takt. Auf eins neigt sich der Körper, und die Drehung beginnt mit dem Erheben des linken Fußes auf halbe Spitze. Auf zwei – und – wird der Körper herumgeworfen, sodass wir mit dem

Rücken zum Zuschauer gewendet sind und auf dem rechten Bein stehen; der Rücken ist kräftig gebogen, der Kopf im Profil. Diese Stellung wird so lange wie möglich gehalten, sodass für den letzten Teil der Drehung und für pas de bourrée der kürzeste Teil des dritten Viertels bleibt (das zweite Viertel wird punktiert). Nicht genügend geübte Tänzerinnen machen den Fehler, dass sie den Körper im renversé durch die Bewegung der Arme und durch die Schritte der Füße drehen, ihn dem Antrieb der Arme folgen lassen. In solchen Fällen bleibt lediglich der Name der Bewegung; außerdem verliert die Tänzerin die Selbstkontrolle. Der fehlerhafte Ansatz der Bewegung zeigt sich auch, wenn die Tänzerin die Bewegung mehrere Male hintereinander wiederholt. Sie wird dann ihren Standplatz verlieren und zur Seite kommen; um das Gleichgewicht wieder zu finden, verliert sie den Rhythmus usw.

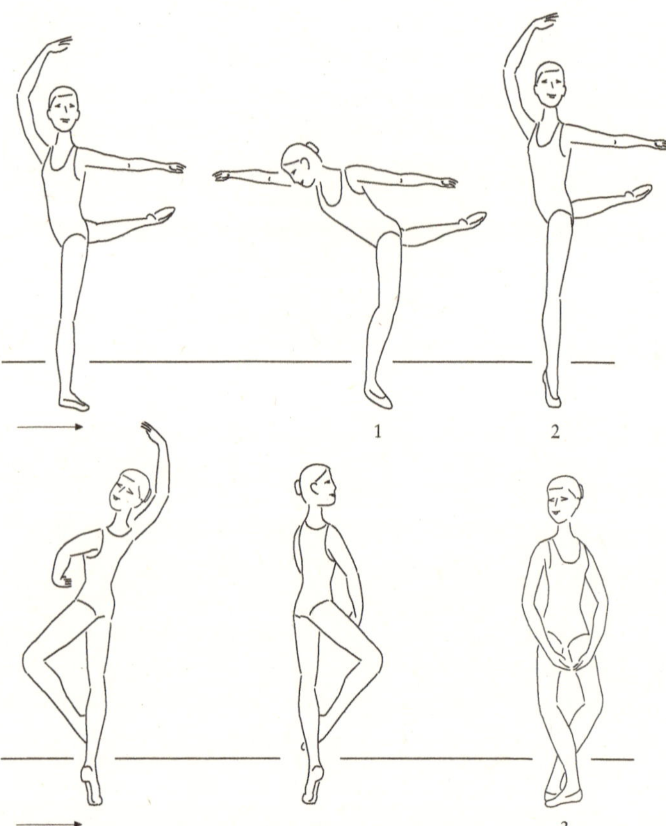

Abb. 111 Renversé en dehors

Renversé en dedans: Renversé en dedans ist die umgekehrte Bewegung und viel einfacher und leichter. Développé nach vor croisé, der Körper neigt sich nach vorn und hat die entsprechende Biegung und Verzögerung in croisé wie bei der Bewegung en dehors; abschließend folgt ebenfalls ein pas de bourrée.

Renversé en écarté: Die Bewegung beginnt aus der 4. arabesque. Zu Beginn der Drehung wird die Spitze des rechten Fußes zum Knie des Standbeines in der Haltung en tire-bouchon* gebracht. Das Standbein wird zur halben Spitze erhoben, die Drehung en dedans beginnt, und zur selben Zeit neigt sich der Körper stark nach rechts vorn zum Knie des linken Beines. Während der Drehung richtet sich der Körper wieder auf, und am Ende der Drehung neigt er sich rückläufig, d. h. entgegengesetzt. Zur selben Zeit wird die Ferse des Standbeines fest auf den Boden gesetzt und das andere Bein zu écarté rück geöffnet und zur Ferse des Standbeines gesenkt. Die Arme werden mit einer kräftigen Bewegung zur Vorbereitenden Position gebracht, dabei befindet sich das Bein en tire-bouchon. Gleichzeitig mit dem Öffnen des Beines und dem Neigen des Körpers werden die Arme scharf zur III. Position in écarté rück geführt. Dieses renversé en écarté wie auch die erste Form des renversé setzen einen gut trainierten Körper und ein Wissen um den Ansatzpunkt der Bewegung voraus.

Fouetté en tournant in Höhe von 45°

En dehors: Man beginnt vom plié des linken Beines aus; das rechte Bein wird zur gleichen Zeit zur II. Position zur Höhe von 45° geöffnet, Tour en dehors auf dem linken Bein, während der Tour schwinge das rechte Bein hinter die Wade und bringe es schnell vor die Wade. Der Abschluss ist wieder im demi-plié; öffne Arme und Bein zur II. Position: Gleichzeitig mit der Anfangsbewegung des Beines zur II. Position öffne die Arme ebenfalls zur II. Position. Während der Tour schließe sie zur Vorbereitenden Position.

*En tire-bouchon ist die Haltung des zur Höhe von 90° erhobenen und im Knie eingebogenen Beines; die Spitze des erhobenen Fußes ist fest am Knie des Standbeines angelegt. Eine pirouette in dieser Haltung gibt den Eindruck eines Korkenziehers.

En dedans: Dieses wird wie das Vorhergehende ausgeführt, nur wird das Bein zuerst vor die Wade und dann hinter die Wade gebracht. Wenn fouettés hintereinander geübt werden, muss man sich einen Anschwung geben. Das kann auf die Art geschehen, dass man vorher pas de bourrée en dedans ausführt und dann mit fouetté beginnt. Aber diese Vorbereitung ist nicht sehr zuverlässig, sie gibt dem Körper nicht das nötige Gleichgewicht und kann die Tänzerin leicht von der Stelle bringen. Alles hängt von der jeweiligen Besonderheit des Körpers ab. Eine bessere Einleitung für fouetté ist folgende: Nimm eine préparation in der IV. Position, erhebe dich mit einem kleinen Sprung auf die Spitze, führe eine Tour en dehors aus und fahre fort, fouetté zu drehen.

Grand fouetté

Obgleich bei diesem fouetté nicht gedreht wird, beschreibe ich es hier mit den anderen fouettés. Das grand fouetté, das wir ausgearbeitet haben, unterscheidet sich von den anderen. In ihm sind Elemente der Italienischen und Französischen Schule enthalten. Zunächst wollen wir das italienische fouetté, bei dem der Körper immer en face bleibt, betrachten.

En dehors: Stehe croisé, linker Fuß rück. Coupé mit dem linken Fuß auf halber Spitze, öffne die Arme zur II. Position; senke dich auf das linke Bein in demi-plié, führe linken Arm zur I. Position, führe das halb eingebogene Bein nach vor zur Höhe von 90°; erhebe dich auf die halbe Spitze des linken Fußes, führe schnell mit dem rechten Fuß ein grand rond de jambe nach rück aus und ende auf dem linken Fuß in demi-plié in der 3. arabesque en face.

Während des grand rond de jambe führen wir mit den Armen folgendes port de bras aus: Der linke Arm wird zur III. Position erhoben und dann zur II. geführt, während der rechte zur III. Position und darauf durch die I. Position in die Haltung der 3. arabesque gebracht wird, die er in dem Augenblick erreicht, in dem das linke Bein in demi-plié geht.

Ich werde jetzt das fouetté beschreiben, das ich meinen Schülern lehre, obwohl es praktisch unmöglich ist, mit Worten die Ausführung der Bewegung verständlich zu machen, die nötig ist, um das zeitlich richtige Zusammenspiel der Arm- und Beinbewegungen zu erreichen. Dieses fouetté wird von den Armen aus bestimmt, sie geben dem Körper die Bewegung:

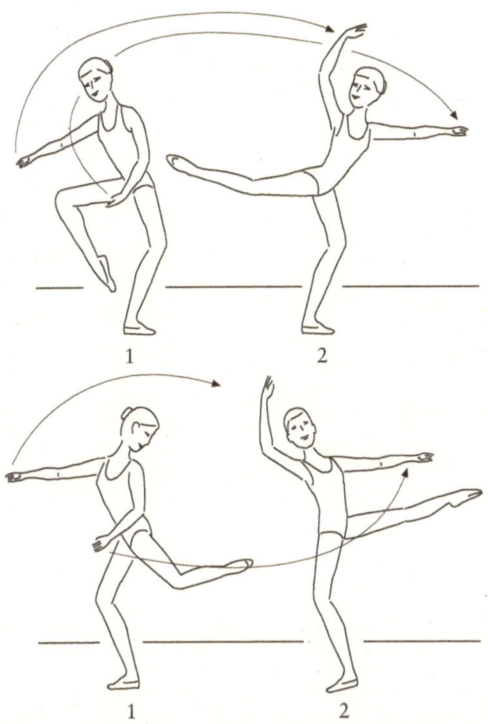

Abb. 112.
Grand fouetté

Préparation, das gleiche coupé, öffne die Arme zur II. Position, führe linken Arm zur I. Position, erhebe dich auf die halbe Spitze des linken Fußes, demi-plié mit dem linken Bein, wende den Körper in effacé, führe rechtes Bein halb gebogen in effacé vor zur Höhe von 45°, neige den Körper zum rechten Bein, wobei die rechte Seite verkürzt wird, die linke gebogen; erhebe dich auf halbe Spitze, führe das rechte Bein durch grand rond de jambe, hebe es dabei, wende den Körper zur attitude effacée, wobei das Bein die Höhe von 90° und höher erreicht, da man mit diesem Schwung die größte Höhe erzielen kann; gleichzeitig wird der linke Arm zur III. Position erhoben und zur II. geöffnet; der rechte Arm wird von der II. Position zur III. Position effacé geführt. Demi-plié mit dem linken Bein.

Die auf diese Art ausgeführte Bewegung bekommt eine plastische und klassische Form, während das italienische fouetté trockener und schematischer bleibt und ohne die Übergangshaltungen ist, die croisé und effacé mildern.

En dedans: Das rechte Bein ist halb gebogen in effacé rück in Höhe von 45°, der Körper ist zum Bein geneigt; der rechte Arm ist in der I. Position, der linke zur II. geöffnet. Erhebe dich auf die halbe Spitze des linken Fußes, führe mit dem rechten Bein ein rond de jambe aus, wie bei en dehors beschrieben, öffne das Bein nach vor effacé in Höhe von 90° und höher. Öffne rechten Arm durch die Vorbereitende Position zur II. Position und führe den linken zur III. Position. Demi-plié mit dem linken Bein. Diese Bewegung kann ebenso auch im Sprung ausgeführt werden.

Grand fouetté en tournant

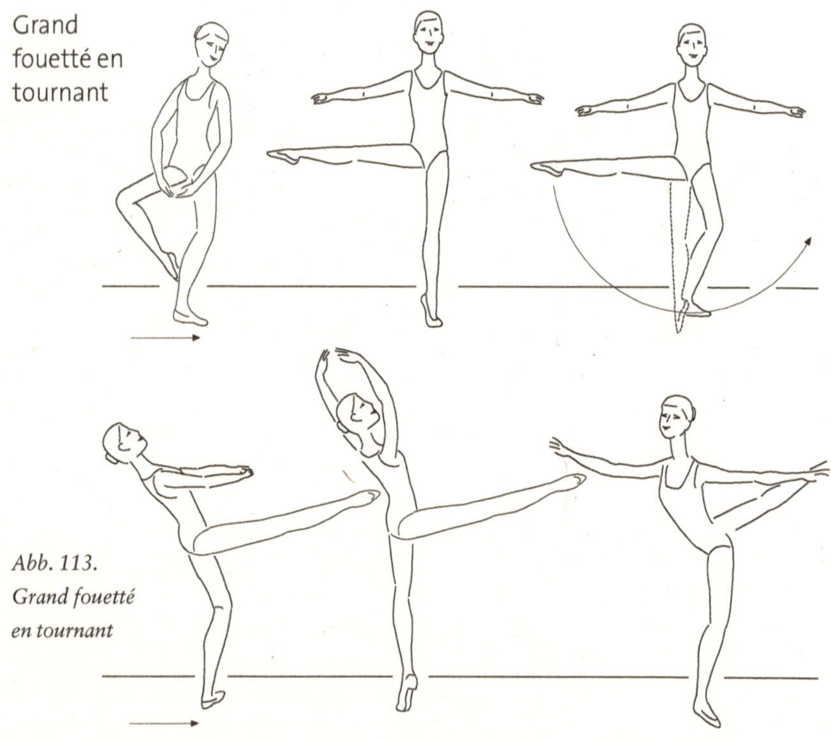

Abb. 113. Grand fouetté en tournant

En dedans: En dedans ist gebräuchlicher als en dehors. Stehe croisé, linker Fuß vor, demi-plié auf dem linken Fuß, dann erhebe dich auf diesem Fuß auf halbe Spitze und wirf das rechte Bein mit einem grand battement jeté in die II. Position zur Höhe von 90°. Öffne die Arme zur II. Position; demi-plié mit dem linken Bein;

während der Drehung wirf das rechte Bein, den Boden streifend, mit einem battement nach vorn zur Höhe von 90° in Richtung auf Punkt 6, wobei es dicht am Standbein vorbeigeführt wird; erhebe dich auf halbe Spitze; neige den Körper zurück und beende die Drehung en dedans, das rechte Bein behält seine Höhe. Beende die Bewegung mit der 3. arabesque in demi-plié. Man kann auch in der 1. arabesque schließen. Während das Bein nach vorn bewegt wird, werden die Arme durch die Vorbereitende Position in die III. Position geführt und enden in der 3. arabesque.

En dehors: Stehe croisé, linker Fuß rück, coupé, demi-plié mit dem linken Bein, wirf das rechte Bein zur II. Position zur Höhe von 90 ° heraus, erhebe dich auf die halbe Spitze des linken Fußes; öffne die Arme zur II. Position, wirf rechtes Bein durch die I. Position in die 3. arabesque in demi-plié; führe die Arme durch die Vorbereitende Position zur 3. arabesque. Mit einer Drehung en dehors drehe auf halber Spitze, beende die Bewegung croisé vor in Höhe von 90°, gib den Armen die erforderte Haltung.

Grand fouetté en tournant sauté

Die gleiche Bewegung kann auch mit einem Sprung ausgeführt werden. Wir beginnen auf die gleiche Weise, und nach demi-plié auf dem linken Fuß wird das rechte Bein zur II. Position herausgeworfen, das linke Bein löst sich währenddessen im Sprung vom Boden. Die Drehung erfolgt während des Sprunges.

Erstes Beispiel einer Unterrichtsstunde

Exercice an der Stange*

Geeignet für Fortgeschrittene. – Alle Übungen werden auf halber Spitze ausgeführt.

1. **Pliés in den fünf Positionen (auf 2 $^{4}/_{4}$-Takte).**
Ein langsames auf $^{4}/_{4}$, ein zweites, schnelles auf $^{2}/_{4}$, und auf die anderen $^{2}/_{4}$ erhebe dich auf halbe Spitze.

2. **Battements tendus (auf 4 $^{2}/_{4}$-Takte).**
Vorwärts auf je $^{1}/_{4}$, zwei mit plié, zwei ohne plié, drei jedes auf $^{1}/_{8}$, auf das vierte Achtel Halt, sieben jedes auf $^{1}/_{16}$, auf das achte Sechzehntel Halt.
Zur Seite: dasselbe.
Rückwärts: dasselbe.
Zur Seite: dasselbe.
Diese Übung wird mit dem anderen Bein wiederholt.

3. **Battements fondus und frappés (Kombination, 8 $^{4}/_{4}$-Takte).**
Vorwärts: ein fondu langsam auf $^{2}/_{4}$, zwei schnelle auf je $^{1}/_{4}$.
Zur Seite: dasselbe.
Rückwärts: dasselbe.
Zur Seite: dasselbe.
Zwei langsame frappés jedes auf $^{1}/_{4}$, drei schnelle jedes auf $^{1}/_{8}$, auf das vierte Achtel Halt.
Wiederhole die Übung viermal.
Wiederhole die ganze Übung und beginne dabei nach rück.
Diese Übung ist mit dem anderen Bein zu wiederholen.

4. **Ronds de jambe (2 $^{4}/_{4}$-Takte).**
Drei schnelle ronds de jambe par terre en dehors auf $^{3}/_{8}$, auf das

* Der korrekte Fachausdruck ist: exercices à la barre = Übungen an der Stange. (Anm. d. Übers.)

vierte Achtel erhebe dich auf halbe Spitze, wobei das Bein zur II. Position erhoben wird. Drei ronds de jambe en l'air en dehors auf $^{3}/_{8}$, auf das vierte Achtel Halt, vier ronds de jambe en l'air en dehors auf $^{4}/_{8}$. Plié sur le cou-de-pied und Tour en dehors auf $^{4}/_{8}$.

Die ganze Kombination wird en dedans wiederholt.

Die gleiche Übung ist mit dem anderen Bein zu wiederholen.

5. **Battements battus und petits battements** (8 $^{4}/_{4}$-**Takte**).
Viermal battement battu double auf $^{4}/_{4}$ mit einem Halt in effacé vor in plié nach jedem Viertel. Während des nächsten Taktes führe battements battus hintereinander aus mit einem Halt auf dem vierten Viertel in effacé vor in plié. Viermal petit battement auf $^{4}/_{4}$ mit einem Halt in der II. Position nach jedem Viertel. Ein Takt hintereinander petits battements mit einem Halt in der II. Position in plié auf das vierte Viertel. Viermal petit battement auf $^{4}/_{4}$ mit einem Halt in effacé rück in plié nach jedem Viertel. Ein Takt petits battements mit einem Halt auf dem vierten Viertel in effacé rück in plié.

Wiederhole die beschriebenen zwei Takte von petits battements mit einem Halt in der II. Position.

Die gleiche Übung wird mit dem anderen Bein wiederholt.

6. **Développé** (2 $^{4}/_{4}$-**Takte**).
Führe das rechte Bein mit der Fußspitze am Boden nach vorn, demi-plié mit dem linken Bein – erstes Viertel, erhebe rechtes Bein zur Höhe von 90°, linkes Knie wird gestreckt – zweites Viertel, mit dem erhobenen Bein kleines, kurzes balancé – drittes Viertel, anschließend führe rechtes Bein zur II. Position – viertes Viertel. Biege rechtes Knie ein – erstes Viertel, öffne zur 2. arabesque, erhebe dich auf die halbe Spitze – zweites Viertel, Rückfall auf das rechte Bein rück in demi-plié, strecke die Spitze des linken Fußes vorn, d. h., führe ein battement développé tombé aus – drittes Viertel, erhebe dich schnell auf die halbe Spitze, wobei das rechte Bein zur attitude croisée erhoben wird – viertes Viertel.

Die ganze Kombination wird, rückwärts beginnend, in umgekehrter Reihenfolge wiederholt.

Die dritte Kombination ist in der II. Position, alle Bewegungen sind seitwärts. Der Abschluss ist in dem einen Falle écarté rück, im anderen écarté vor. Wiederhole die Übung mit dem anderen Bein.

7. **Grands battements jetés balancés (1 4/4-Takte).**
Wir beginnen die Bewegung, indem wir das Bein mit gestreckter Spitze nach rück führen, das Bein wird durch die I. Position nach vorn herausgeworfen und wieder zurück – erstes und zweites Viertel, und zweimal durch die I. Position zur II. Position geworfen – drittes und viertes Viertel. Das nächste Mal wird das Bein nach rück, nach vor und zur II. Position geführt. Wiederhole die gleiche Übung mit dem anderen Bein.
Der Körper muss sich so bewegen, wie unter battement balancé beschrieben.

Nach meiner Meinung entwickeln diese Übungen vollkommen die Muskeln und Sehnen und Bänder. Ich halte alle künstlichen und unnatürlichen Dehnübungen, wie sie gelegentlich an der Stange und im Freien geübt werden, für überflüssig, z.B. Dehnübungen, bei denen man das Bein auf die Stange legt*. Ich empfehle sehr die beschriebenen Übungen, sie können durch die folgende unterstützt werden: I. Position, das Gesicht ist zur Stange gewendet, die Beine sind vollkommen gestreckt, mit beiden Händen halten wir uns an der Stange fest. Wir ziehen uns nach der rechten Seite, wobei die Fersen nicht vom Boden gelöst werden dürfen. Kehre zum Ausgangspunkt zurück und wiederhole dasselbe nach links. Diese Übung wird einige Male wiederholt.

Exercice im Freien**

Mit Rücksicht auf die begrenzte Zeit einer Unterrichtsstunde empfehle ich folgende Übungen im Freien:

1. Petit adagio. Kombiniere plié mit verschiedenen développés und battements tendus.

*Man darf bei der tänzerischen Entwicklung nicht den Faktor Zeit übersehen. Das Dehnen der Sehnen und Bänder muss der Entwicklung der Muskeln entsprechen. Durch das übermäßige Dehnen leidet unter Umständen die Festigkeit des Gelenkes. Deshalb ist ein Dehnen ohne gleichzeitige Kräftigung der Muskeln schädlich. (Anm. d. Übers.)

**Der korrekte Fachausdruck ist: exercices au milieu = wörtlich: Übungen in der Mitte. (Anm. d. Übers.)

2. Bringe im zweiten petit adagio Kombinationen mit battements fondus und frappés und ronds de jambe en l'air.
3. Grand adagio. Dies umfasst die schwierigsten Übungen des adagio, wie sie dem Stand der Klasse entsprechen.
4. Zu Beginn des allegro gebe ich kleine, niedrige und einfache Sprünge.
5. Allegro mit großen Bewegungen.
6. Für die ersten Übungen auf Spitze nehme ich solche, die auf beiden Beinen ausgeführt werden: échappé in der II. und dann in der IV. Position. Diese Vorsicht ist notwendig, da, obgleich die Schülerin sich schon warm gemacht hat, die neuen Bewegungen neue Muskeln zur Arbeit bringen, und die müssen für diese Arbeit vorbereitet werden.
7. Um die durch die intensive Arbeit angeregten Muskeln wieder in ihren normalen Tonus zu bringen, beschließen wir die Stunde mit kleinen changements de pied. Um die Geschmeidigkeit des Körpers zu entwickeln, lassen wir port de bras folgen.

Petit adagio

1. Grand plié in der V. Position, ein und eine halbe Tour en dehors sur le cou-de-pied, halte in der 1. arabesque mit dem Rücken zum Zuschauer an, setze die Bewegung in derselben Richtung fort, führe das Bein nach vor croisé und sieh unter dem zur II. Position erhobenen rechten Arm durch; führe das Bein auf dem Boden zur 2. arabesque; plié und zwei Touren en dehors in attitude croisée; schließe mit renversé en dehors ab. Zwei battements rück mit dem linken Bein, mit dem rechten Bein zwei battements tendus vor, jedes auf $1/4$; drei schnelle battements tendus mit dem linken Fuß und Halt auf $1/8$. Wiederhole mit dem rechten Bein. Sechs battements tendus zur Seite in der II. Position, jedes auf $1/8$, flic-flac en dehors. Anhalten in der IV. Position, préparation, eine und zwei Touren auf dem linken Bein en dehors sur le cou-de-pied.
2. Grand relevé en dehors zur II. Position zur Höhe von 90°, führe das Bein auf dem Boden zur attitude croisée, coupé auf dem rechten Fuß, vier ronds de jambe en l'air en dehors mit dem linken Bein, plié und pas de bourrée en dehors. Dasselbe en dedans.

Grand adagio

Stehe croisé mit der linken Fußspitze rück auf dem Boden, plié, coupé auf dem linken Fuß und ballonné en écarté vor und Anhalten in effacé, das rechte Bein ist hinter dem Knie eingebogen, in der gleichen Richtung rückwärts strecken, auf dem gleichen Bein zwei Touren en dedans sur le cou-de-pied, halte in écarté rück an mit dem linken Bein. Beide Arme befinden sich in der III. Position.

Drehe langsam und führe das geöffnete Bein zur 1. arabesque. Der Körper ist nach Punkt 2 gewendet, die Arme werden zur II. Position geöffnet und durch die Vorbereitende Position nach vorn geführt und die Hände gekreuzt. Coupé auf dem linken Fuß und pas ciseaux (Anhalten auf dem rechten Fuß), wende nach effacé mit dem linken Bein vor, chassé in effacé, falle auf den linken Fuß in plié, danach übertrage das Gewicht auf den rechten Fuß und nimm die Haltung attitude croisée ein und wende dich schnell en dehors, stehe auf dem linken Fuß in der 4. arabesque, renversé en écarté rück, pas de bourrée en dehors, zwei Touren sur le cou-de-pied en dehors aus der IV. Position, pas de bourrée en dehors und entrechat six de volée mit dem rechten Bein.

Allegro

1. Großes sissonne vorwärts croisé en tournant en dehors, assemblé vorwärts und sissonne soubresaut auf das rechte Bein zur attitude effacée, fahre linkes Bein über den Boden nach vor, mit dem rechten Bein glissade zur Seite und schließe mit cabriole fermée effacée mit dem rechten Bein.
2. a) Saut de basque und renversé sauté en dehors, wiederhole sissonne tombée vorwärts in effacé, cabriole in der 1. arabesque, pas de bourrée, cabriole in der 4. arabesque, sissonne tombée en tournant en dehors en croisé vor auf dem rechten Fuß, coupé auf dem linken Fuß und jeté fermé fondu auf dem rechten Fuß zur II. Position.
   b) Vier sauts de basque auf der Diagonalen, die Arme in der III. Position, vier chaînés nach Punkt 2, préparation in der IV. Position croisé und zwei Touren sur le cou-de-pied en dehors. Abschluss in der IV. Position.
3. Préparation croisé, linkes Bein vor, mit dem rechten Bein grande cabriole fermée en effacé, drehe en dedans auf halber Spitze aus der V. Position. Wiederhole dasselbe. Sissonne tombée vom rechten Bein aus rück in croisé, vom linken Bein aus in

effacé, mit dem rechten Bein jeté en tournant en dehors en croisé, cabriole in der 4. arabesque und pas de bourrée. Diese Kombination kann auf Walzertakt ausgeführt werden.

Übungen auf Spitze

1. Préparation croisé, linkes Bein rück, coupé mit dem linken Fuß und mit dem rechten Fuß grand fouetté en dehors auf Spitze, beuge das Knie und führe das rechte Bein schnell nach vor croisé, zweimal auf die Spitze erheben, sissonne zur 3. arabesque auf dem rechten Fuß, coupé mit dem linken Fuß, fouetté en dehors auf dem linken Fuß in Höhe von 45°; pas de bourrée en dehors, préparation in der IV. Position und auf dem rechten Fuß zwei Touren sur le cou-de-pied en dedans. Abschluss in der V. Position.
2. Pas de chat, beenden am rechten Knie, développé nach vor, auf Spitze mit dem rechten Bein effacé, unmittelbar darauf, ohne von der Spitze zu gehen, führe das Bein nach effacé rück. Pas de bourrée, beenden auf dem rechten Fuß, linker Fuß wird sur le cou-de-pied gehalten, fouetté en dedans auf dem rechten Fuß und en dehors auf dem linken, Abschluss in der V. Position.
3. Auf dem linken Fuß viermal je eine Tour en dehors (beginnt jedes Mal mit dégagé mit dem linken Bein), diagonal von Punkt 6 zu Punkt 2 zwei fouettés en dehors und ein drittes fouetté double ebenso auf dem linken Fuß. Abschluss in der IV. Position, rechter Fuß rück.

Zweites Beispiel einer Unterrichtsstunde

Exercice an der Stange Für die höheren Klassen sowie für die Meisterklasse.

Pliés in den fünf Positionen — Jedes plié wird auf 2 4/4-Takte ausgeführt, wobei jeweils eines als demi-plié, das andere als grand plié ausgeführt wird. Beim demi-plié bleibt der Arm in der II. Position, beim grand plié begleitet der Arm die Bewegung der Beine. Der Übergang zur anderen Position erfolgt mit gestreckter Spitze.

Battements tendus

24 2/4-Takte.
Zur II. Position, kombiniert mit plié
Arm und Bein werden auf den Auftakt zur II. Position geöffnet.

1. Takt — zweimal die Ferse zum Boden senken, dann die Spitze kräftig strecken und die Ferse heben, jedes auf ein Viertel,
2. Takt — tiefes plié in der II. Position auf zwei Viertel mit Senken und Erheben des Armes,
3. – 4. Takt — diese Bewegungskombination wird wiederholt,
5. – 8. Takt — acht battements tendus, jedes auf ein Viertel,
8 Takte — alles vom Anfang wiederholen,
8 Takte — 32 battements tendus jetés auf Achtel ausführen.
Dasselbe wird mit dem anderen Bein wiederholt.

Ronds de jambe par terre und grands ronds de jambe jetés

8 4/4-Takte.

1. Takt — drei ronds de jambe par terre en dehors, jedes auf ein Achtel, auf das vierte Achtel Halt vorn, Spitze am Boden, dann rond de jambe par terre in demi-plié auf zwei Viertel,
2. Takt — vier grands ronds de jambe jetés en dehors, jedes auf ein Viertel,
3. Takt — drei ronds de jambe par terre, jedes auf ein Achtel, auf das vier-

te Achtel Halt vorn, Spitze am Boden, fünf ronds de jambe par terre en dehors, jedes auf ein Sechzehntel mit einem Halt auf drei Sechzehntel,

4. Takt grands ronds de jambe jetés, jedes auf ein Viertel.

Wiederholt wird die gesamte Kombination en dedans auf vier Takte. Dasselbe wird mit dem anderen Bein wiederholt.

Battements fondus und frappés

16 2/4-Takte.

1. Takt battement fondu vorwärts auf ein punktiertes Achtel, petit battement auf ein Sechzehntel, battement fondu rückwärts in gleicher Art und gleichem Zeitmaß,

2. Takt dasselbe von Anfang,

3. – 4. Takt drei fondus zur II. Position, jedes auf ein Viertel, plié mit dem linken Bein und zwei schnelle Touren en dehors aus derselben Stellung auf ein Viertel,

5. – 6. Takt acht battements frappés, jedes auf ein Achtel,

7. – 8. Takt acht battements doubles frappés, jedes auf ein Achtel.

Die ganze Kombination wird auf acht Takte wiederholt, wobei man jetzt rückwärts beginnt, die Touren erfolgen en dedans.

Ronds de jambe en l'air

4 4/4-Takte.

1. Takt drei ronds de jambe en l'air en dehors auf zwei Achtel, Halt in plié in der II. Position auf das dritte Achtel, zur halben Spitze erheben auf das vierte Achtel, drei ronds de jambe en l'air, jedes auf ein Achtel, abschließend in demi-plié V. Position, rechter Fuß rück, auf das achte Achtel Drehung en dehors auf halber Spitze auf beiden Füßen,

2. Takt aus demi-plié in der V. Position eine Tour sur le cou-de-pied en dehors auf ein Viertel, dasselbe wiederholen auf das zweite Viertel, zwei Touren auf das dritte Viertel, öffne Bein zur II. Position auf das vierte Viertel,

3. – 4. Takt wiederhole alles en dedans.

Petits battements

8 2/8-Takte.

1. – 2. Takt sechs petits battements, jedes auf ein Achtel, auf das siebente Achtel schneller Wechsel auf das andere Bein mit Drehung en dehors, auf das achte Achtel Halt,

3. – 4. Takt die Übung wird mit dem anderen Bein fortgesetzt, zum Schluss Rückkehr zur Ausgangsstellung,

5. – 8. Takt dasselbe wird mit Drehung en dedans ausgeführt.

Battements développés

8 4/4-Takte.

1. Takt auf ein Viertel – développé vorwärts,
auf ein Viertel – führe rechten Fuß zum Knie,
auf ein Achtel – développé rückwärts,
auf ein Achtel – demi-plié auf dem linken Fuß,
auf ein Viertel – erhebe dich auf halbe Spitze,

2. Takt auf ein Viertel – Drehung auf dem linken Fuß en dehors auf halber Spitze, rechter Fuß vor,
auf ein Viertel – entgegengesetzte Drehung auf halber Spitze, rechter Fuß rück,
ein Viertel – das Bein gleitet auf dem Boden durch die 1. Position nach vorn, ende in demi-plié auf dem linken Fuß*,
auf ein Viertel – linkes Bein auf halbe Spitze erheben (rechter Arm ist erhoben, Blick ist unter den rechten Arm gerichtet),

3. – 4. Takt die Kombination der Übungen der ersten beiden Takte wird in umgekehrter Folge ausgeführt, beim Übergang zu einer anderen Kombination biegt das Bein im Knie ein,

5. Takt auf ein Viertel – développé zur II. Position,
auf ein Viertel – führe rechten Fuß zum Knie,
auf ein Achtel – rechtes Bein zur II. Position,
auf ein Achtel – demi-plié mit dem linken Bein,
auf ein Viertel – erhebe dich auf halbe Spitze,

6. Takt auf ein Viertel – schnelle halbe Drehung en dedans, Beinwechsel, das linke Bein öffnet sich zur II. Position.
auf ein Viertel – noch einmal die gleiche Bewegung, jedoch umgekehrt, das rechte Bein öffnet sich zur II. Position,
auf ein Viertel – schnelles Schlagen des Beines zur I. Position und zurück zur II. Position en l'air, linkes Bein in demi-plié,

*Diese Bewegung erfolgt wie battement jeté balancé mit Rückneigen bzw. Vorwärtsneigen des Körpers.

auf ein Viertel – erhebe dich auf halbe Spitze und nimm Haltung écarté rück ein,

7. – 8. Takt die Kombination wird, beginnend vom 5. Takt, in umgekehrter Folge wiederholt, d. h., die Drehungen werden en dehors ausgeführt, und Abschluss ist écarté vor.

Grands battements jetés

8 3/8-Takte.

1. Takt drei grands battements jetés vorwärts, jedes auf ein Achtel,
2. Takt drei grands battements jetés zur II. Position,
3. Takt drei grands battements jetés rückwärts,
4. Takt drei grands battements jetés zur II. Position.

Die gesamte Kombination wird nochmals auf 4 Takte wiederholt. In den fortgeschrittenen Klassen und ganz besonders in der Meisterklasse wird das Stangenexercice wie auch das Exercice im Freien auf halber Spitze geübt.

Exercice im Freien

Übung I

16 3/4-Takte.

V. Position, demi-plié, mit dem rechten Bein développé vorwärts in effacé (Auftakt).

1. Takt auf halbe Spitze zur 1. arabesque,
2. Takt in derselben Haltung zu demi-plié,
3. Takt drehe auf dem linken Bein en dedans, ende effacé vor auf halber Spitze,
4. Takt plié in derselben Haltung effacé und Fortsetzung.

Diese Übung erfolgt viermal auf der Diagonalen von Punkt 6 zu Punkt 2 unseres Diagramms.

Zur anderen Seite verläuft die Übung von Punkt 4 zu Punkt 8.

Übung II

Anschließend erfolgt die Kombination umgekehrt mit Rückwärtsbewegung von Punkt 6 zu Punkt 2 und von Punkt 8 zu Punkt 4 (ebenfalls 16 Takte). V. Position, demi-plié, linkes Bein développé rückwärts in effacé (Auftakt).

1. Takt stehe auf dem linken Bein auf halber Spitze, öffne rechtes Bein in effacé vor,
2. Takt plié in derselben Haltung,

3. Takt auf dem rechten Fuß Drehung en dehors, ende in der 2. arabesque auf halber Spitze,

4. Takt plié in derselben Haltung.

Wiederhole das von Anfang an. Diese Kombination wird viermal nach der einen wie nach der anderen Seite wiederholt.

Die Kombination wird weich, flüssig und ohne die kleinste Springbewegung ausgeführt.

Battements tendus

8 4/4-Takte.

1. Takt vier battements tendus zur II. Position, jedes auf ein Viertel,

2. Takt sechs battements tendus jetés zur II. Position, jedes auf ein Achtel, auf das siebente Achtel flic-flac en tournant en dedans, auf das achte Achtel Halt in der II. Position,

3. Takt vier battements tendus zur II. Position, jedes auf ein Viertel, das erste battement schließt in die V. Position rück ein,

4. Takt sechs battements tendus jetés zur II. Position, jedes auf ein Achtel, das erste battement in der V. Position rück beginnend, auf das siebente Achtel flic-flac en tournant en dehors, auf das achte Achtel Halt in der II. Position,

5. Takt eine Tour en dehors mit préparation aus der II. Position in langsamer Drehung auf vier Viertel*,

6. Takt zwei Touren en dehors mit préparation aus der II. Position auf zwei Viertel, drei Touren en dehors mit préparation aus der II. Position auf zwei Viertel,

7. Takt eine Tour en dedans auf dem rechten Bein mit préparation aus der II. Position in langsamer Drehung auf vier Viertel,

8. Takt zwei Touren en dedans mit préparation aus der II. Position auf zwei Viertel, drei Touren en dedans mit préparation aus der II. Position auf zwei Viertel.

Dasselbe erfolgt mit dem anderen Bein.

* Eine Tour auf vier Viertel ausgeführt, ist im Prinzip eine langsame Drehung, vorteilhaft anzuwenden bei der Erlernung der Touren für die Erreichung einer richtigen Körperhaltung.

Battements fondus und frappés (kombiniert)

8 2/4-Takte.

1. – 2. Takt drei battements fondus zur II. Position, jedes auf ein Viertel, und zwei Touren en dehors sur le cou-de-pied auf ein Viertel,

3. Takt fünf battements frappés auf drei Achtel, Halt in der II. Position,

4. Takt flic-flac en dehors, enden in effacé vor in Höhe von 45° und Halt in dieser Haltung.

Wiederholen, mit dem linken Bein beginnend.

1. – 2. Takt drei battements fondus zur II. Position, jedes auf ein Viertel, und zwei Touren en dedans sur le cou-de-pied auf ein Viertel,

3. Takt petits battements auf Sechzehntel auf zwei Viertel,

4. Takt flic-flac en dedans, enden in attitude effacée und Halt in derselben Haltung.

Großes adagio*

4 4/4-Takte.

V. Position, demi-plié, rechtes Bein wird zur II. Position zur Höhe von 45° geführt, pas de bourrée en tournant en dehors, die Bewegung schließt in der V. Position demi-plié, rechter Fuß vor (Auftakt).

1. Takt auf ein Viertel zwei Touren sur le cou-de-pied en dedans, auf ein Viertel Halt in attitude effacée mit dem linken Bein, auf ein Viertel eine halbe Tour en dedans zur rückwärtigen Stellung in Richtung auf Punkt 6, auf ein Viertel mit einem kurzen battement linkes Bein durch die I. Position nach vor croisé führen,

2. Takt zwei große chassés croisés nach Punkt 6 mit dem Rücken zum Zuschauer, Halt in dieser Richtung auf dem linken Bein in der 3. arabesque, auf zwei Viertel, kurze Drehung en dehors zu effacé vor, zwei große chassés effacé vor, Halt auf dem rechten Bein in der 1. arabesque, auf zwei Viertel.

3. Takt mit dem linken Bein zweimal grand fouetté en dedans zur attitude effacée, jedes auf zwei Viertel,

4. Takt sissonne tombée mit dem linken Bein nach croisé rück auf ein

*Die Bezeichnung einer Gruppe von Tanzbewegungen mit dem musikalischen Terminus »adagio« erfordert nicht unbedingt adagio als musikalisches Zeitmaß, möglich sind auch andere langsame tempi wie andante, moderato usw.

Viertel, sissonne tombée mit dem rechten Bein nach croisé rück auf ein Viertel, mit Halt préparation in der IV. Position, drei Touren en dehors sur le cou-de-pied auf ein Viertel, Halt in der IV. Position, die Arme werden zur III. Position erhoben.

Allegro (Sprünge)

Übung I — 4 2/4-Takte.

1. Takt — aus der V. Position demi-plié mit dem rechten Bein rond de jambe double en l'air sauté, ausgeführt während einer halben Drehung en dehors, Halt in rückwärtiger Stellung, auf ein Viertel, ende mit assemblé, rechter Fuß vor, auf ein Viertel,

2. Takt — wiederhole dasselbe mit einer halben Drehung en dehors, das Gesicht ist wieder zum Zuschauer gewendet,

3. Takt — zweimal rond de jambe double en l'air sauté en dehors, das erste Mal aus der V. Position mit Halt in der II. Position in Höhe von 45° auf ein Viertel, das zweite Mal mit temps levé auf ein Viertel,

4. Takt — pas de bourrée en dehors, ende in der V. Position auf ein Viertel, mit dem linken Bein brisé vorwärts in die V. Position auf ein Viertel.

Mit dem anderen Bein wird die Kombination en dedans ebenfalls auf 4 Takte ausgeführt.

Übung II — Kombination für fließende tänzerische Form der Ausführung. 16 2/4-Takte.

1. – 2. Takt — V. Position demi-plié, glissade mit dem rechten Bein in écarté vor, grand jeté zur 1. arabesque,

3. – 4. Takt — mit dem linken Bein glissade zu écarté rück und grand jeté rück zu effacé, rechtes Bein in effacé vor geöffnet,

5. – 6. Takt — grande sissonne renversée en dehors, ende in demi-plié auf dem rechten Bein, linker Fuß sur le cou-de-pied,

7. – 8. Takt — mit dem linken Bein grand fouetté sauté en tournant en dedans, ende in der 3. arabesque,

9. – 10. Takt — pas de bourrée en dedans und grand jeté zu attitude effacée,

11. – 12. Takt — wiederhole die letzte Kombination,

13. – 16. Takt — coupé mit dem linken Bein und tours chaînés auf der Diagonalen zu Punkt 2 unseres Diagramms.

Das Gleiche wird mit dem anderen Bein wiederholt.

Übung III Kombination für streng rhythmische Ausführung.
8 2/4-Takte.

1. Takt V. Position, entrechat cinq, linkes Bein rück, rechter Arm in der I., linker in der II. Position, auf ein Viertel, pas de bourrée en tournant en dehors auf ein Viertel; während der Drehung schließe die Arme zur Vorbereitenden Position.

2. Takt entrechat cinq, rechtes Bein rück, linker Arm in der I., rechter in der II. Position, auf ein Viertel, pas de bourrée en tournant en dehors auf ein Viertel; während der Drehung schließe die Arme zur Vorbereitenden Position,

3. Takt entrechat cinq, rechtes Bein vor, linker Arm in der I., rechter in der II. Position, auf ein Viertel, pas de bourrée en tournant en dedans auf ein Viertel; während der Drehung schließe die Arme zur Vorbereitenden Position,

4. Takt dies wird mit dem anderen Bein wiederholt, auf zwei Viertel,

5. Takt vom linken Bein aus zwei brisés vorwärts auf zwei Viertel, linker Arm befindet sich in der I., rechter in der II. Position,

6. Takt vom rechten Bein aus zwei brisés rückwärts auf zwei Viertel, rechter Arm in der I., linker in der II. Position,

7. Takt glissade mit dem linken Bein zur II. Position auf ein Viertel, mit dem linken Bein entrechat six de volée en écarté vorwärts, im Sprung sind die Arme in der Haltung écarté, ende in der V. Position, linker Fuß vor, auf ein Viertel,

8. Takt aus der V. Position Drehung en dehors mit Wechsel der Füße, die Arme sind erhoben, ende in der V. Position, rechter Fuß vor, demi-plié, auf zwei Viertel.

Übung IV 8 6/8-Takte.
In Richtung von Punkt 6 zu Punkt 2 unseres Diagramms. Haltung croisé rück, linkes Bein demi plié (Auftakt).

1. Takt vom rechten Bein aus jeté passé vorwärts,

2. Takt dasselbe noch einmal,

3. Takt mit dem rechten Bein sissonne tombée en effacé vor, großes assemblé en tournant en dedans, ende in der V. Position, linker Fuß vor,

4. Takt mit dem linken Bein kleines sissonne tombée rück croisé und mit dem rechten Bein cabriole fermée in Höhe von 45° vorwärts in Richtung zu Punkt 8,

5. Takt aus der préparation coupé mit dem linken Bein erfolgt mit dem rechten Bein grand jeté en attitude croisée,

6. Takt dasselbe grand jeté wird einmal wiederholt,

7. Takt mit dem linken Bein sissonne tombée vor in effacé und grande cabriole auf dem linken Fuß zur 1. arabesque,

8. Takt mit dem Gesicht zum Zuschauer pas couru zu Punkt 4 und von da aus die Kombination mit dem anderen Bein wiederholen.

Wiederhole das Ganze in Richtung von Punkt 4 zu Punkt 8 unseres Diagramms.

Übungen auf Spitze

Übung I 8 2/4-Takte.

1. Takt zwei échappés zur II. Position mit Wechsel der Füße, jedes auf ein Viertel,

2. Takt drei sus-sous nach vor in croisé, rechter Fuß vor, auf drei Achtel, auf das vierte Achtel Halt in der V. Position in demi-plié, die Arme werden dabei etwas erhoben, der Kopf ist nach rechts gewendet,

3. Takt zwei échappés zur II. Position mit Wechsel der Füße, jedes auf ein Viertel,

4. Takt drei sus-sous nach rück in croisé, linker Fuß rück, auf drei Achtel, auf das vierte Achtel Halt in der V. Position demi-plié, der Kopf ist leicht nach links geneigt, der Blick über die linke Schulter nach rückwärts gerichtet,

5. Takt zwei sissonnes simples mit dem linken und dem rechten Bein, jedes auf ein Viertel,

6. Takt mit dem rechten Bein zwei ronds de jambe en l'air en dehors auf das erste Viertel, auf das zweite Viertel V. Position demi-plié, linker Fuß vor,

7. Takt vier sissonnes simples rückwärts, jedes Mal mit Wechsel der Füße, jedes auf ein Achtel, das letzte schließt mit einer préparation in der IV. Position,

8. Takt zwei Touren en dehors sur le cou-de-pied auf das erste Viertel mit Abschluss in der IV. Position auf das zweite Viertel, beide Arme sind oben, der Blick ist unter den linken Arm gerichtet.

Wiederholung mit dem anderen Bein.

Übung II 8 3/8-Takte.

1. Takt I. Position, mit dem rechten Bein auf Spitze drei chassés croisés vor auf drei Achtel, abschließend V. Position demi-plié; im Verlaufe der Übung wird der rechte Arm erhoben und geöffnet.

2. Takt mit dem linken Bein assemblé soutenu en tournant auf drei Achtel, während der Drehung werden die Arme geschlossen,

3. Takt mit dem linken Bein auf Spitze drei chassés croisés rück auf drei Achtel, ende in der V. Position demi-plié, im Verlaufe der Übung wird der linke Arm erhoben und geöffnet,

4. Takt mit dem rechten Bein assemblé soutenu en tournant en dehors auf drei Achtel, während der Drehung werden die Arme in der Vorbereitenden Position geschlossen,

5.– 7. Takt mit dem linken Bein vor auf Spitze temps couru en tournant en dedans auf zwei Achtel, der linke Arm befindet sich in der II. Position, auf das dritte Achtel wird das rechte Bein vorn in die V. Position eingesetzt, der rechte Arm geht zur I., der linke zur II. Position,

8. Takt* darauf pas de basque in der IV. Position als préparation und zwei Touren en dehors sur le cou-de-pied, ebenfalls auf drei Achtel ausgeführt.

Übung III 8 6/8-Takte.

1. – 4. Takt führe viermal grand fouetté en dehors zur II. Position in Höhe von 90° aus, jedes auf sechs Achtel, abschließend plié, rechter Fuß ist am Knie,

5. Takt von hier aus auf dem rechten Bein eine halbe Tour en dedans zur 1. arabesque und plié, und noch eine halbe Tour in der 1. arabesque und Abschluss im plié,

6. Takt zwei Touren en dedans, linkes Bein en tire-bouchon, ende auf dem linken Bein in demi-plié, rechter Fuß sur le cou-de-pied,

7. Takt wir gehen auf Spitze zurück mit Wechsel der Füße, die Arme werden erhoben und langsam geöffnet,

8. Takt préparation in der IV. Position, linker Fuß vor, und zwei Touren en dehors sur le cou-de-pied, ende in der IV. Position demi-plié, linker Fuß rück.

* Diese ganze Kombination wird in Richtung auf Punkt 2 unseres Diagramms ausgeführt.

Agrippina J. Waganowa, geboren 1879 in St. Petersburg, begann als Tänzerin, bevor sie als Ballettpädagogin einer ganzen Generation von Tänzerinnen und Tänzern den Weg wies. Von 1934 bis 1941 leitete sie die St. Petersburger Balletschule, die 1956 – fünf Jahre nach ihrem Tod – nach ihr benannt wurde.